田鹏颖 郭辰 ／著

文化哲学视野中的"中国方案"

THE INSIGHT OF
"CHINA'S PLANS"
FROM
THE PERSPECTIVE OF
CULTURAL PHILOSOPHY

社会科学文献出版社
SOCIAL SCIENCES ACADEMIC PRESS (CHINA)

序　言

　　2017年10月18日，习近平在党的十九大报告中明确指出，经过长期努力，中国特色社会主义进入了新时代，这是我国发展的新的历史方位。在这一新的历史方位中，近代以来久经磨难的中华民族实现了从"站起来、富起来到强起来"的伟大飞跃，迎来了实现中华民族伟大复兴的光明前景；科学社会主义在21世纪的中国焕发出强大的生机活力，在世界上高高举起了中国特色社会主义伟大旗帜；中国特色社会主义道路、理论、制度、文化不断发展，拓展了发展中国家走向现代化的途径，给世界上那些既希望加快发展又希望保持自身独立性的国家和民族提供了全新选择，为解决人类问题贡献了中国智慧和中国方案。从这个意义上说，在习近平新时代中国特色社会主义思想的指导下，中国共产党领导全国各族人民，统揽伟大斗争、伟大工程、伟大事业、伟大梦想，推动中国特色社会主义进入了新时代，这不但在中华人民共和国发展史上、中华民族发展史上具有重大意义，而且在世界社会主义发展史上、人类社会发展史上也具有重大意义。

　　党的十九大规划了新时代的宏伟蓝图，确立了一系列新方略，深刻回答了中国和世界共同面临的诸多重大理论和实践问题，为全球治理体系的完善贡献了更多中国理念、中国智慧、中国方案。以党的十九大为起点，中国理念、中国智慧、中国方案将在国际舞台上具有更大的影响力和感召力，中国特色社会主义的巨大优势将得到充分彰显。在新时代，我们要更加坚定中国特色社会主义的理论自信、道路自信、制度自信、文化自信，说到底是要坚定文化自信。文化自信是更基本、更深沉、更持久的力量。

历史和现实都表明，一个抛弃了或者背叛了自己历史文化的民族，不但不可能发展起来，而且很可能上演一场历史悲剧。习近平同志的重要讲话启示我们，要透过文化哲学的视角来发现中国方案的文化魅力。

人类社会自20世纪起，进入了崭新的发展阶段。伴随着文化焦虑，世界各国、各民族开始探寻实现文化自觉的道路。在这一过程中，文化哲学取得了长足的发展。卡尔·曼海姆曾经断言，在这样的时代，"我们所有的科学（除自然科学外）都已经成为文化的科学，而我们所有的哲学则都已变成文化的哲学"①。

现代哲学的重要表现形态之一就是文化哲学。现代文化哲学"吸收了一般文化学和人类学关于文化现象的研究成果，但又没有停留在对文化现象的实证研究的层面上，而是把关于人的文化的实证研究同关于人的形而上学的理性思考结合起来，从而形成关于人和文化的总体性理论。现代文化哲学并不是一个独立的、自觉的哲学学科或研究领域，而是内在于众多现代哲学流派和学说之中的哲学主流精神或哲学发展趋势"②。文化哲学的主要论题涵盖文化的界定、文化的生成与功能、文化的构成与形态、文化模式、文化危机、文化转型等众多问题。需要说明的是，本书借助文化哲学的视角，并不是要对一般文化现象作学理性的探讨，也不是要对具体文化形式和文化特质作实证性分析，而是要通过梳理中国特色社会主义文化模式的历史演进机制，探寻中国道路的文化印记，展示中国方案的文化魅力，揭示中国社会乃至世界历史的文化意蕴。

从文化哲学的视角看，人类文明迄今经历了原始文明、农业文明和工业文明三大阶段，在每一时期，占主导地位的文化模式总会出现。例如神话、图腾、巫术之于原始文明，经验、常识、习俗之于农业文明，科学、知识、信息之于工业文明。无论是对自然主义、经验主义，还是理性主义文化模式的研究，都有助于深化对人类历史发展规律的认识。

文化模式不是一成不变的，它随着生产力的发展，以及时代、地域的改变而发生变迁。当人们习以为常的文化习惯面临失范，支配人们行为的

---

① 〔德〕卡尔·曼海姆：《文化社会学论要》，中国城市出版社，2002，第11页。
② 衣俊卿：《文化哲学的主题及中国文化哲学的定位》，《求是学刊》1999年第1期。

文化观念就会发生激烈的动摇和冲突，文化危机随之出现。当一种主导性文化模式被另一种主导性文化模式所取代时，文化转型就会发生。回看人类历史，当农业文明的自发经验性文化模式被工业文明的自由理性文化所取代时，最深刻的文化转型——现代化进程中的文化转型便登上世界舞台。这场现代化进程中的文化转型始于20世纪上半叶，它不再是一个自发的进程，而是以文化的现代化和人的现代化为标志广泛引起人们的关注和参与。

马克思主义认为，文化进步与人的自由和全面发展具有一致性，从本质上看，文化的进步就是人的进步，文化发展与进步的核心价值在于人的自由和全面发展。在《政治经济学批判（1857~1858年手稿）》中，马克思论述了人的发展阶段，进而把社会历史的发展和进步与人的自由和解放联系起来。在社会历史理论中，马克思主义强调个体与社会共同体的关联与统一，认为只有在真正的共同体中，人才能获得真正的自由与发展，而人的自由与发展又反过来构成真正共同体赖以存在和发展的条件。透过马克思主义文化哲学的视角，我们可以更加深刻地审视人类社会历史的发展与进步，从而清晰地看到当代先进文化的前进方向，那就是在实践中以人的自由全面发展为红线，正确定位文化的社会历史方位。

当今时代，全球化正深刻改变着世界格局。无论是发达国家还是发展中国家，抑或是各个地区的每一个民族，都面临着共同的生存境遇问题。以经济全球化为基础，文化全球化已经成为一个带有普遍性的现象。而随着科学技术的不断发展，信息化程度日益提高，各民族、各地区的文化呈现出前所未有的整合趋势，世界文化正在形成。然而，自人类开启现代化进程之日起，多元文化和价值观的冲突就无可避免。任何一个地区、一个民族的文化，都要在多元文化的交流、碰撞、冲突中经历转型，走向现代化。

从文化的视角看，当今世界的全球化实质上是在西方文化主导下的全球化，兼具基督教文明与生俱来的"普世主义"文化扩张因素。西方国家依靠经济和技术优势，强力输出资本主义文化及其价值观，形成文化霸权，推行"西方中心论"，否定其他国家发展道路、体制、模式的差异性，结果是破坏了世界文化的平等性和多样性。在西方国家所推行的文化霸权下，全球非但没有迎来普遍的社会发展和文化繁荣，反而陷入了更加不平等的世界体系和国际秩序。人类所面临的问题不是少了，而是更多了。

面对正在发生深刻复杂变化的国内外形势，中国该如何应对，这是关系到中华民族命运和全体中国人民切身利益的重大问题。从历史唯物主义的视角看，世界上没有放之四海而皆准的唯一发展模式，各国都有不同的发展道路。西方国家的历史与文化决定了西方发展道路，这种道路或模式并不能用来改造全世界。我们愿意借鉴人类一切文明成果，但不会照抄照搬任何国家的发展模式。中华人民共和国成立近70年以来，中国经济发展速度始终保持7%，改革开放39年以来，中国的年均国民生产总值增长率为9.8%。随着市场经济和现代化建设的高速发展，中国已经超越日本，成为世界第二大经济体。我们取得一切成绩和进步的根本原因，归结起来就是：开辟了中国特色社会主义道路，形成了中国特色社会主义理论体系，确立了中国特色社会主义制度，发展了中国特色社会主义文化。正所谓旗帜引领方向，道路决定命运。中国特色社会主义道路，是被实践证明了的符合中国国情、适合时代发展要求的正确道路。中国没有走封闭僵化的老路，也不走改旗易帜的邪路，而是坚定不移地走在中国特色社会主义道路上。这使我们比历史上任何时期都更接近、更有信心和能力实现中华民族伟大复兴的目标。

中国道路独具特色，它与中国千百年来的历史与文化密不可分。中国道路的成功具有世界意义，它用伟大的实践告诉世界，一个近代以来饱受侵略的民族、一个曾经积贫积弱的落后国家，完全可以依靠自己的力量，破除西方垄断，选择与国情相适应的道路，走向民族的伟大复兴。中国道路还向世界昭示，资本主义经济和政治制度并非人类社会发展的唯一出路，西方所强势输出的资本主义文化和价值观也并不优越，尊重文化和发展道路多样性仍符合世界文化的发展逻辑。一言以蔽之，中国道路向世界提供了不同于西方发展道路的"中国方案"。

文化是一个国家、一个民族的灵魂。文化兴国运兴，文化强民族强。中国特色社会主义道路、理论和制度无一不贯穿在中国文化的基本精神与文化传统中。在当代中国，不断为"中国方案"注入文化自信是具有时代性的命题。习近平在"七一"讲话中说："当今世界，要说哪个政党、哪个国家、哪个民族能够自信的话，那中国共产党、中华人民共和国、中华民族是最有理由自信的。"① 在中国共产党的正确领导下，中华民族实现了民族的独立和解放，独立自主地走上了复兴之路。"中国方案"的文化自信，是一种对中华优秀传统文化、马克思主义文化、中国革命文化、中国特色社会主义先进文化、世界优秀文化的自信。这种自信建构于马克思主义科学理论之上，它饱含对5000多年中华文明的温情与敬意，饱含对无数革命先驱的红色记忆，饱含对社会主义先进文化成果的深情，饱含对世界优秀文化的期望。

基于这样的认识，本著作通过文化哲学的视角，探寻"中国方案"的文化魅力，研究和阐发马克思主义文化理论及其文化使命，从更深的文化层面阐释中国经验、中国道路和中国模式的意义和价值，为世界文化的平等交流和人类文明的发展进步提出"中国方案"。

---

① 《习近平总书记系列重要讲话读本》，学习出版社、人民出版社，2014，第24页。

目 录

第一章 "中国方案"与文化自觉 1
  一 "中国方案"横空出世 1
  二 "中国方案"根植于中国社会土壤 16
  三 "中国方案"的制度优势与先进性 26
  四 "中国方案"彰显中国特色社会主义文化自信 34

第二章 "中国方案"与中华优秀传统文化 41
  一 中华优秀传统文化及其基本精神 43
  二 中华优秀传统文化的价值 59
  三 "中国方案"对中华文明的继承与发展 66

第三章 "中国方案"与马克思主义文化 76
  一 实践是马克思主义的文化品格 77
  二 问题意识是马克思主义的文化逻辑 90
  三 人民立场是马克思主义的文化根基 98

第四章 "中国方案"与中国革命文化 111
  一 中国文化现代化与马克思主义在中国近代的传播 112
  二 新民主主义文化道路与革命文化 119
  三 社会主义革命与社会主义制度的确立 127
  四 全面建设社会主义时期的文化建设 129

第五章　"中国方案"与中国特色社会主义先进文化 …… 134
一　改革开放与中国特色社会主义文化理论的形成 …… 135
二　中国特色社会主义先进文化的探索与实践 …… 145
三　以"五大发展理念"引领新时代中国特色社会主义文化建设 …… 154

第六章　"中国方案"与世界优秀文化 …… 168
一　"中国方案"对人类优秀文明成果的借鉴 …… 169
二　"中国方案"对市场经济经验与做法的借鉴 …… 178
三　"中国方案"对生态文明建设有益成果的借鉴 …… 191

第七章　"中国方案"与人类命运共同体 …… 204
一　从"中国道路"、"中国模式"到"中国方案" …… 205
二　共建"一带一路"的重大倡议 …… 212
三　全球治理领域的"共赢合作" …… 221
四　"人类命运共同体"的世界历史意义 …… 229

参考文献 …… 237

后　记 …… 239

第一章 "中国方案"与文化自觉

"要推动中华文明创造性转化、创新性发展,激活其生命力,让中华文明同各国人民创造的多彩文明一道,为人类提供正确精神指引。要围绕我国和世界发展面临的重大问题,着力提出能够体现中国立场、中国智慧、中国价值的理念、主张、方案。"

——习近平在哲学社会科学工作座谈会上的讲话

(2016年5月17日)

一 "中国方案"横空出世

当历史来到公元2012年11月15日,聚光灯下的中国正牵动着世界的目光。这一天,习近平同志当选中国共产党中央委员会总书记,党的新一届中央领导集体首次亮相。此时的中国正面临一个日新月异的世界:和平与发展构成时代主题,新科技兴起令人目不暇接,经贸大繁荣、金融大流通、人文大交流达到前所未有的程度,世界日益成为一个你中有我、我中有你的命运共同体。与此同时,面对国际体系和国际秩序深度调整所引发的和平赤字、发展赤字、治理赤字,世界人民谋求和平、实现发展的任务更加复杂艰巨,需要更多国家协力推动,携手同行。身处大发展、大变革、大调整时代的中国,已经进入实现民族复兴的关键阶段,正成为影响世界、塑造未来的重要力量。面对风云激荡的世界形势,中国将如何抉择、做何贡献值得深思。

"纷繁世事多元应,击鼓催征稳驭舟。"形势越是复杂,就越需要运用辩证唯物主义世界观和方法论，更好地把握时代脉搏。党的十八大以来，以习近平同志为核心的党中央深刻思考并洞察人类前途命运、中国和世界发展大势，紧紧围绕实现"两个一百年"奋斗目标和实现中华民族伟大复兴中国梦，统筹国内国际两个大局，为中国的发展提出一系列新理念、新思想、新战略，也为世界的发展铺开了充满东方智慧的道路。

"世界那么大，问题那么多，国际社会期待听到中国声音、看到中国方案，中国不能缺席。"习近平在2016年新年贺词中的这一席话，既宣示了负责任大国的雄心与担当，也彰显了"中国方案"背后的道路自信、理论自信、制度自信和文化自信。在人类共同生活的地球上，有70多亿来自不同国家、不同民族的人民，人类应该学会守望相助、同舟共济、共同发展。当前，中国人民正在追寻实现中华民族伟大复兴的中国梦，这为中国与世界的相互感知、共同发展开启了大门。

当今世界，国际力量对比深刻变化，全球性问题日益突出，全球治理体系变革大势所趋。中国将积极参与全球治理体系建设，努力为完善全球治理贡献中国智慧，同世界各国人民一道，推动国际秩序和全球治理体系朝着更加公正合理的方向发展。

在党的十九大报告中，习近平明确指出，十八大以来的五年，是党和国家发展进程中极不平凡的五年。五年来的成就是全方位的、开创性的，五年来的变革是深层次的、根本性的。五年来，中国积极参与全球治理，实施共建"一带一路"倡议，发起创办亚洲基础设施投资银行，设立丝路基金，举办首届"一带一路"国际合作高峰论坛、亚太经合组织领导人非正式会议、二十国集团领导人杭州峰会、金砖国家领导人厦门会晤、亚信峰会，倡导构建人类命运共同体，促进全球治理体系变革。一次次全球盛会应者云集，一个个战略举措众人响应，我国国际影响力、感召力、塑造力进一步提高，为完善全球治理贡献智慧，为世界和平发展贡献"中国方案"。

"中国方案"横空出世，成为中华民族屹立于世界民族之林的界标，它生动而全面地概括了中国社会发展的历史进程和时代价值，对坚持和发展中国特色社会主义、实现中华民族伟大复兴的中国梦、促进人类文明发展，具有十分深远的意义。

（一）时代背景

1. "华盛顿共识"面临质疑

1989年，针对拉美国家的债务危机，国际货币基金组织、世界银行和美国政府的研究人员，会同拉美国家代表在华盛顿召开会议。会上，美国国际经济研究所的约翰·威廉姆森（John Williamson）对拉美国家的国内经济改革提出了10条政策措施，各方达成共识，史称"华盛顿共识"。"华盛顿共识"的理论基础是新自由主义，20世纪90年代，新自由主义借"华盛顿共识"，在政策层面推行市场经济，特别是倡导所谓的"休克疗法"，为日后苏联解体和东欧剧变埋下伏笔。"华盛顿共识"实质上是由美国主导的旨在借由推行新自由主义经济政策来重构全球秩序的手段，正如美国著名学者诺姆·乔姆斯基在他的《新自由主义和全球秩序》一书中所说："新自由主义的华盛顿共识指的是以市场经济为导向的一系列理论，它们由美国政府及其控制的国际经济组织所制定，并由它们通过各种方式实施"。

然而，时至今日，多数国际学者认为，当年苏联的经济转轨是失败的。披着"华盛顿共识"外衣的新自由主义理论没能实现苏联和东欧各国的经济发展，反而使这些国家付出了高昂的代价。2008年以来，世界再次陷入经济危机，世界经济复苏速度缓慢，世界各国社会分化问题日益严重。就在美国和西方各国深陷世界经济萧条中，复苏遥遥无期之时，中国却通过自主创新，探索出一种适合国情的发展模式，美国《时代》周刊高级编辑、美国著名投资银行高盛公司资深顾问乔舒亚·库珀撰文，将中国的这一发展模式称为"北京共识"。与"华盛顿共识"相比，"北京共识"主张在实现经济增长的同时坚持独立自主。人们透过中国经济的高速发展看到结合本国国情、走自主发展道路的切实成效。时至今日，人们不得不对"华盛顿共识"基于西方视角的"教条式"规定进行反思，不能不对"华盛顿共识"外衣下的新自由主义提出质疑。

2. "历史终结论"的终结

冷战后，日裔美籍学者弗朗西斯·福山提出"历史终结论"，认为苏联解体、东欧剧变就是"历史的终结"，西方的自由和民主制度在与人类不同社会制度的竞争中取得决定性胜利，人类在意识形态领域的竞争就此结束。然而，进入21世纪以来，世界经济危机再次暴露了资本主义固有的生产社会化与资本主义私人占有形式之间的矛盾，即马克思所说的"社会化生产和资本主义占有的不相容性"[①]。事实证明，"历史终结论"的理论基础是不成立的。新自由主义的无政府状态，造成经济活动的盲目性和不平等性时刻存在，而经济的停滞与衰退必然导致社会的动乱，福山所描绘的西方自由民主体制也远没有构建起一个理想社会。

随着社会主义制度在中国取得成功，福山"社会主义制度实验的失败"的言论彻底失败，中国特色社会主义道路和中国发展模式革新了人们对于人类社会发展规律的认识，"历史终结论"走向了终结。96年来，中国共产党领导中国人民自力更生，艰苦奋斗，解放思想，实事求是，彻底改变了近代以来中华民族的历史命运，而改革开放和现代化建设更是赋予社会主义制度新的生机与活力，打破了西方模式对现代化的话语垄断。中国结合国情，走出了独立自主的、不同于西方模式的成功道路，可为其他国家所借鉴。中国特色社会主义道路的开创，是对"历史终结论"的有力回应，更是"中国方案"的理论和实践基础。与此同时，西方模式的经验和方案正面临诸多困境：西方发达国家受困于制度缺陷而陷入经济危机；众多发展中国家因单纯复制发达国家的西方模式而步入"中等收入陷阱"；一些国家和地区战争频发冲突不断。这些事实都证明，历史没有终结，也不可能终结。西方中心主义的神话已被打破，而"中国方案"作为一种不同于西方现代化的新的现代文明形态，日益为世界各国所瞩目。

3. "人类命运共同体"趋于建立

在20世纪，大国关系局限在"零和博弈"的框架之中，西方发达国家针对有限的财富和资源，打压、破坏别国的崛起与发展，在自身强大的同时，牺牲别国利益，其危害不言自明。在经历了两次世界大战之后，世界各国，特别是发展中国家越来越认识到，"零和博弈"作为西方大国"损人利己"的政治游戏，时刻伴随着"非输即赢，你赢我输"的"零和"思维，其实质是对新兴力量崛起的恐惧。冷战结束后，"冷战思维"依然为西方势力所推崇，尤以美国妄图建立单极世界、推行霸权主义为典型代表，对手思维、绝对安全、强权政治依旧支配着西方大国在世界上横行霸道。然而，

---

① 《马克思恩格斯文集》第3卷，人民出版社，2009，第551页。

进入21世纪以来,经济高速增长,科技日新月异,人们的观念也随之发生变化,随着各国利益交融日益深化,世界各国普遍认识到,"零和博弈"不可取,合作共赢才是人类应对全球重大危机与挑战的必由之路。

世界正处于大发展大变革大调整时期,和平与发展仍是时代主题。世界多极化、经济全球化、社会信息化、文化多样化深入发展,全球治理体系和国际秩序变革加速推进,各国相互联系和依存日益加深,国际力量对比更趋平衡,和平发展大势不可逆转。特别是新兴市场和发展中国家发展迅猛,和平、发展、合作、共赢日益成为世界人民的共同期待。但与此同时,世界经济和政治形势复杂变幻,人类正面临许多困难与挑战。世界经济增长动能不足、全球发展不平衡、地缘政治冲突、恐怖主义、信息安全、环境问题等全球性的挑战,都令世界走到了变革治理体系的十字路口。在这样的背景下,世界的和平与发展呈现出全局性、综合性、长远性的特征。在党的十九大报告中,习近平指出,没有哪个国家能够独自应对人类面临的各种挑战,也没有哪个国家能够退回到自我封闭的孤岛。世界各国迫切需要建立新型国际关系,构建利益共同体和命运共同体,以促进世界人民共享平等权利,共享发展成果,共享安全保障。

新型国际关系摒弃"零和博弈",主张世界各国相互联系、相辅相成,提倡以合作取代对抗,以共赢取代独占,在大国关系中打破冲突对抗的传统规律,避免"修昔底德陷阱"。中国在构建新型国际关系方面已做出努力,是合作共赢的积极倡导者。2015年9月,习近平参加第七十届联合国大会一般性辩论,他指出,中国将始终做国际秩序的维护者,坚持走合作发展的道路。中国是第一个在联合国宪章上签字的国家,将继续维护以联合国宪章宗旨和原则为核心的国际秩序和国际体系。在党的十九大报告中,他再次强调,中国秉持共商共建共享的全球治理观,倡导国际关系民主化,坚持国家不分大小、强弱、贫富一律平等,支持联合国发挥积极作用,支持扩大发展中国家在国际事务中的代表性和发言权。中国将继续发挥负责任大国作用,积极参与全球治理体系改革和建设,不断贡献中国智慧和力量。习近平语重心长地说,世界命运握在各国人民手中,人类前途系于各国人民的抉择。中国人民愿同各国人民一道,推动人类命运共同体建设,共同创造人类的美好未来!总之,在世界各国共同维护世界和平、共同谋求发展的愿望下,新型国际关系呼之欲出,"人类命运共同体"已经趋于建立。

(二)"中国方案"概念的提出

如果说时代背景为"中国方案"的提出奠定了基础,那么博大精深的中华文明就为"中国方案"提供了有力支撑。中国文化中自古以来就有"国虽大,好战必亡""己所不欲,勿施于人""以和为贵""和而不同""天下大同"的箴言,5000多年的文明发展传承了中华民族和平、和睦、和谐的理念。在"文明冲突论"仍有一定市场的当今世界,中华文明成为世界文明交流互鉴的关键,在构建新型国际关系的过程中使命重大。习近平在庆祝中国共产党成立95周年大会上指出,中国共产党人和中国人民完全有信心为人类对更好社会制度的探索提供中国方案。中国方案的提出将对不同社会制度、不同发展道路的不同国家正确处理相互关系、推动建立以合作共赢为核心的新型国际关系贡献中国智慧,为全人类的共同发展和价值实现提供中国力量。

"中国方案"概念的提出经历了以下几个阶段。

2013年9月6日,中国外交部部长王毅在介绍习近平出席二十国集团领导人第八次峰会相关情况时说,在国际金融危机影响依然存在的形势下,发达国家和新兴市场国家都十分关注中国的立场和主张,习近平在峰会上的发言提出发展创新、增长联动、利益融合等一系列新理念,倡导成员国建立伙伴关系,树立命运共同体意识,在竞争中合作,在合作中共赢。习近平还指出了增加发展中国家在全球经济治理中的代表性和发言权的问题,并介绍了中国经济发展前景。王毅最后指出:"新形势下,中国正站在更高、更广的国际舞台上纵横驰骋。我们将为世界奉献更多的中国智慧,提供更多的中国方案,传递更多的中国信心,同各国一道,致力于建设持久和平、共同繁荣的和谐世界。"[①] 这是"中国方案"首次在外交舞台上被提及,引起了媒体的普遍关注。

2013年10月7日,习近平出席在印度尼西亚举行的亚太经合组织第二十一次领导人非正式会议,发表题为《发挥亚太引领作用 维护和发展开

---

① 《宣誓中国理念 提供中国方案 传递中国信心》,《光明日报》2013年9月7日,第2版。

放型世界经济》的重要讲话,提出了共同推动亚太经济一体化进程、反对贸易保护主义、为多边贸易体制注入新的活力的主张,提出构建"亚太命运共同体"的路线图。

2014年3月28日,习近平应德国科尔伯基金会邀请,在柏林发表重要演讲。他提出相互了解、相互理解基础上的交流合作,和平发展、携手建设下的和谐世界。他表示:"我们将从世界和平与发展的大义出发,贡献处理当代国际关系的中国智慧,贡献完善全球治理的中国方案,为人类社会应对21世纪的各种挑战作出自己的贡献。"①

2014年7月14日,习近平出席金砖国家领导人第六次会晤,在出访前夕,接受四国媒体联合采访时,提出了三个"更加积极有为",其中谈到"我们将更加积极有为地参与国际事务,致力于推动完善国际治理体系,积极推动扩大发展中国家在国际事务中的代表性和发言权。我们将更多提出中国方案、贡献中国智慧,为国际社会提供更多公共产品"②。

2014年11月11日,习近平出席在北京举行的亚太经合组织第二十二次领导人非正式会议,提出共同规划发展愿景,共同应对全球性挑战,共同打造合作平台,共同谋求联动发展,打造发展创新、增长联动、利益融合的"开放型亚太经济格局",共同构建互信、包容、合作、共赢的亚太伙伴关系。

2015年10月16日,"2015减贫与发展高层论坛"在北京举行,习近平出席论坛并发表主旨演讲,提出"共建一个没有贫困、共同发展的人类命运共同体",并倡议着力加快全球减贫进程,着力加强减贫发展合作,着力实现多元自主可持续发展,着力改善国际发展环境。"四个着力"是对中国减贫经验的总结,为世界减贫与发展提供了中国智慧和中国方案。

2015年11月25日,习近平出席在法国举行的气候变化巴黎大会,并在开幕式上发表题为《携手构建合作共赢、公平合理的气候变化治理机制》的重要讲话,为达成巴黎协定、凝聚各方共识提出了中国方案。他指出:

---

① 《习近平在德国科尔伯基金会的演讲(全文)》,中国政府网,http://www.gov.cn/xinwen/2014-03/29/content_2649512.htm,最后访问日期:2017年10月31日。
② 《习近平提三个"更加积极有为"更好发挥大国作用》,人民网,http://politics.people.com.cn/n/2014/0715/c1001-25284940.html,最后访问日期:2017年11月3日。

"作为全球治理的一个重要领域,应对气候变化的全球努力是一面镜子,给我们思考和探索未来全球治理模式、推动建设人类命运共同体带来宝贵启示。"① 这一讲话倡导各国共同创造各尽所能、合作共赢的未来,奉行法治、公平正义的未来,包容互鉴、共同发展的未来。

2015 年 12 月 16 日,习近平出席在浙江省乌镇举行的第二届世界互联网大会,并发表主旨演讲,提出了共建网络空间命运共同体的中国方案,主要有五点主张:加快全球网络基础设施建设,促进互联互通;打造网上文化交流共享平台,促进交流互鉴;推动网络经济创新发展,促进共同繁荣;保障网络安全,促进有序发展;构建互联网治理体系,促进公平正义。

2016 年 9 月 3 日,习近平出席二十国集团工商峰会,在开幕式上做了题为《中国发展新起点 全球增长新蓝图》的主旨演讲,把脉世界经济形势,提出全球经济治理的中国方案:"中方主办杭州峰会的目标之一,是推动二十国集团实现从短期政策向中长期政策转型,从危机应对向长效治理机制转型,巩固其作为全球经济治理重要平台的地位。"② 他从共同维护和平稳定的国际环境、共同构建合作共赢的全球伙伴关系、共同完善全球经济治理等多个维度提出了新的政策主张,为二十国集团合作发展指明了方向,为促进世界经济增长和变革全球经济治理体系提出了中国方案。

2017 年 1 月 18 日,习近平出席世界经济论坛 2017 年年会,在开幕式上发表了题为《共担时代责任 共促全球发展》的主旨演讲,针对全球化以及世界经济困境,他深刻指出:"不能一遇到风浪就退回到港湾中去,那是永远不能到达彼岸的……经济全球化是一把'双刃剑'。当世界经济处于下行期的时候,全球经济'蛋糕'不容易做大,甚至变小了,增长和分配、资本和劳动、效率和公平的矛盾就会更加突出,发达国家和发展中国家都

---

① 《携手构建合作共赢、公平合理的气候变化治理机制——在气候变化巴黎大会开幕式上的讲话》,人民网,http://politics.people.com.cn/n/2015/1201/c1024 - 27873625.html,最后访问日期:2017 年 11 月 3 日。
② 《习近平在二十国集团工商峰会开幕式上的主旨演讲》,《人民日报》2016 年 9 月 4 日,第 3 版。

会感受到压力和冲击。"① 经济全球化是社会生产力发展的客观要求和科技进步的必然结果。针对当前全球经济领域存在增长动能不足、经济治理滞后、全球发展失衡的三大矛盾，习近平说："我们认为，融入世界经济是历史大方向，中国经济要发展，就要敢于到世界市场的汪洋大海中去游泳，如果永远不敢到大海中去经风雨、见世面，总有一天会在大海中溺水而亡。所以，中国勇敢迈向了世界市场。在这个过程中，我们呛过水，遇到过漩涡，遇到过风浪，但我们在游泳中学会了游泳。这是正确的战略抉择。"② 习近平通过讲述中国故事，总结中国经验，为世界经济走出困境提出了中国方案，即要坚持创新驱动、协同联动、与时俱进，打造富有活力的增长方式、开放共赢的合作模式、公正合理的治理模式。

2017年10月18日，习近平在党的十九大报告中指出，中国共产党是为中国人民谋幸福的政党，也是为人类进步事业而奋斗的政党。中国共产党始终把为人类做出新的更大的贡献作为自己的使命。办好中国的事情，关键在党。中国共产党不断增强自我净化、自我完善、自我革新、自我提高的能力，在应对国内外各种风险和考验的历史进程中始终成为全国人民的主心骨，在坚持和发展中国特色社会主义的历史进程中始终成为坚强领导核心。如在面对贫困这个全球性难题面前，中国共产党创造性地实施精准扶贫战略，提出建立中央统筹、省负总责、市县落实、合力攻坚的脱贫攻坚责任制，为每一位贫困户建档立卡，对症下药，取得显著成效。如在政党治理这个普遍性问题面前，中国共产党实施全面从严治党这个伟大工程，全面加强党的领导和党的建设，加强理想信念教育，完善党内法规体系，出台中央八项规定，彰显巡视利剑作用，坚持反腐败无禁区、全覆盖、零容忍，等等，不断提高党的执政能力和领导水平。这些成功的中国经验，给世界提供了全新选择。中国特色社会主义进入新时代，意味着中国特色社会主义道路、理论、制度、文化不断发展，拓展了发展中国家走向现代化的途径，给世界上那些既希望加快发展又希望保持自身独立性的国家和

---

① 《习近平主席在世界经济论坛2017年年会开幕式上的主旨演讲（全文）》，新华网，http://news.xinhuanet.com/2017-01/18/c_1120331545.htm，最后访问日期：2017年11月3日。
② 《习近平主席在世界经济论坛2017年年会开幕式上的主旨演讲（全文）》，新华网，http://news.xinhuanet.com/2017-01/18/c_1120331545.htm，最后访问日期：2017年11月3日。

民族提供了全新选择，为解决人类问题贡献了中国智慧和中国方案。

总之，"中国方案"并非一个简单的名词，它源于对新时代中国特色社会主义内涵的全面把握，是中国特色社会主义道路自信、理论自信、制度自信、文化自信的深刻体现，它的提出经历了一个逐渐发展、日趋完善的过程。"中国方案"为世界经济发展把脉，为国际减贫进程助力，推动全球气候治理，助力互联网建设……事实上，"中国方案"远不止这些，习近平在一系列讲话中至少还谈到过核安全观、反对恐怖主义、亚洲安全观，等等。总之，从内容上看，"中国方案"为人类社会应对21世纪的各种挑战做出了自己的贡献。

（三）"中国方案"的意义

中国始终是世界和平的建设者、全球发展的贡献者、国际秩序的维护者。在复杂多变的世界形势下，中国坚持"中国模式"，走"中国道路"，从而为人类对更好社会制度的探索提供"中国方案"，具有深刻的意义。

1. 彰显了中国道路的理论和实践价值

建党96年来，中国共产党始终不忘初心，牢记使命，为中国人民谋幸福，为中华民族谋复兴，团结带领全国人民相继取得了新民主主义革命和社会主义革命的伟大胜利，不断开创改革开放的新局面，实现了人民生活水平的不断提高和综合国力的显著提升。无论是在革命年代还是和平建设、改革时期，中国共产党人始终保持先进性，对科学社会主义理论不断进行继承和创新，相继形成了毛泽东思想、邓小平理论、"三个代表"重要思想、科学发展观、习近平新时代中国特色社会主义思想，开辟了有别于西方的"中国道路"，开创了独具特色的"中国模式"。"中国方案"就存在于"中国道路"下的"中国模式"中。

中国道路既具有中国特色，又具有世界意义。中国道路具有中国历史的、民族的、文化的特点，正是这些特点决定了中华民族要依靠自身，走一条不同于西方模式的民族复兴道路。资本主义社会绝非人间天堂，资本主义制度也绝不是人类社会发展进步的唯一模式。由于人类的现代化进程以西方为先，现代工业和现代科技也源于西方，资本主义在全球的扩张更是从西方世界开始的，所以很多国家都误认为西方国家的现代化之路具有普遍意义。然而，近代以来，由西方发达国家推行的所谓全球化却时刻伴随着殖民化。从某种意义上说，西方发达国家现代化的进程，就是一部掠夺和压榨殖民地和半殖民地国家的侵略史。显然，当今时代，发展中国家要实现现代化，不可能重走西方发达国家之路。那么，发展中国家的现代化之路又在何方？中国特色社会主义向世界提出了人类发展的中国方案，那就是坚持独立自主，实事求是，探索并建立适合本民族特点的社会制度和发展模式。中国道路和中国模式的成功表明，西方试图引领世界潮流的"普世模式""唯一模式"并不成立，中国道路正开启全球新时代，为世界各国提出共享发展、多元并存的中国方案。

中华人民共和国成立68年以来，中国经济发展速度始终保持7%，改革开放39年以来，中国的年均国民生产总值增长率为9.8%。[①] 当前，随着市场经济和现代化建设的高速发展，中国已经超越日本，成为世界第二大经济体。实际上，世界各国的发展完全可以采用不同的方案，而中国的崛起证明了中国方案的成功。中国方案是科学社会主义理论与中国实践的结合，是马克思主义与中国历史、文化、国情的结合，是打破西方制度神话与建立中国特色社会主义制度的结合。中国方案顺应了时代主题和国内外大环境，为世界提供了区别于西方的、极具影响力和说服力的新发展模式。

中国模式是一个综合的概念，在不同的年代具有不同的内涵。新民主主义革命时期，中国革命选择了农村包围城市、武装夺取政权的模式；社会主义革命时期，中国采取了以社会主义改造的方式完成消除资本主义、建立社会主义制度的模式；社会主义建设时期，中国优先发展工业，选择以农业为基础、以工业为主导的模式；改革开放以来，中国确立了以经济建设为中心，以坚持四项基本原则、坚持改革开放为两个基本点的现代化建设模式。在社会主义现代化建设进程中，中国模式主要包括当代中国的经济模式、政治模式、文化模式、社会建设模式、生态文明模式，等等。从经济模式看，主要是坚持了以公有制为主体、多种所有制经济共同发展的所有制制度，以及以按劳分配为主体、多种分配制度并存的分配制度，在此基础上，把市场经济与社会主义基本制度紧密结合，建立社会主义市

---

① The Growth Commission, *The Growth Report: Strategies for Sustained Growth and Inclusive Development* (Washington, D. C.: The World Bank), 2008.

场经济体制。这种经济模式使市场在社会主义国家宏观调控下对资源配置起决定性作用，有力地促进了社会生产力的发展。从政治模式看，坚持中国共产党的领导，坚持人民民主专政，坚持依法治国，在此基础上，又建立和完善了人民代表大会制、中国共产党领导下的多党合作和政治协商制、民族区域自治制、基层群众自治制等各项基本政治制度。从文化模式看，中国共产党坚持把马克思列宁主义、毛泽东思想、邓小平理论、"三个代表"重要思想、科学发展观、习近平新时代中国特色社会主义思想作为自己的行动指南，坚持为人民服务、为社会主义服务的方向，坚持"双百"方针，繁荣和发展社会主义文化。牢牢掌握意识形态工作领导权，推进马克思主义中国化、时代化、大众化，建设具有强大凝聚力和引领力的社会主义意识形态。培育和践行社会主义核心价值观，加强思想道德建设，让人民有信仰、国家有力量、民族有希望。推动文化事业和文化产业发展，讲好中国故事，提高国家文化软实力。推动中华优秀传统文化创造性转化、创新性发展，继承革命文化，发展社会主义先进文化，不忘本来、吸收外来、面向未来，更好地构筑中国精神、中国价值、中国力量，为人民提供精神指引。从社会建设模式看，以人的自由发展为目标，构建社会主义和谐社会，促进社会公平正义，着力发展社会事业，不断改善民生。从生态文明模式看，将生态文明纳入中国特色社会主义文明建设中，牢固树立社会主义生态文明观，坚持节约优先、保护优先、自然恢复为主的方针，形成节约资源和保护环境的空间格局、产业结构、生产方式、生活方式，还自然以宁静、和谐、美丽。推进绿色发展，建立健全绿色低碳循环发展的经济体系；着力解决突出环境问题，实施重要生态系统保护和修复重大工程，改革生态环境监管体系，推动形成人与自然和谐发展现代化建设新格局。总之，中国模式具有坚定不移的社会主义性质，这一模式既符合中国国情，又结合时代特征，是切合中国实际的中国特色社会主义模式。

2. 为提升国际话语权奠定基础

中国方案是运用中国智慧发现、探索、解决人类文明发展问题的总方略，它为提升中国国际话语权奠定基础。党的十八大以来，以习近平同志为核心的党中央多次对世界问题发出中国声音，提出中国方案，表达中国态度。习近平在2016年新年贺词中提出："世界那么大，问题那么多，国际社会期待听到中国声音、看到中国方案,中国不能缺席。"① 中国方案以中国特色社会主义道路、中国特色社会主义理论、中国特色社会主义制度、中国特色社会主义文化为依托,在实践、理论、制度、文化四个维度形成支撑。在经济全球化、文化多极化的当今时代,不同文化、不同国家、不同制度之间的差异明显,极易爆发冲突与危机。面对诸如金融危机、气候变化、恐怖主义、网络安全等时代难题,人类必须共同面对,共同破解。基于中国智慧的中国方案正是在这样的背景下应运而生。

如果说中国模式侧重于对经验的描述,那么中国方案则侧重于对话语的表达。从中国方案的发生语境和提出过程来看,其主要是对世界性问题和全人类问题的关注和表述,侧重于中国国际话语权的构建。事实上,中国围绕多项全球性问题提出的中国方案和中国主张均产生了积极的反响。例如,中国政府多次强调"命运共同体",倡导以"平等、合作、安全、包容"为基点,以"合作共赢"为核心,构建新型国际关系;围绕世界经济发展,提出推动经济全球化,实现互惠共赢;针对互联网治理问题,提出尊重网络主权、维护和平安全、促进开放合作、构建良好秩序的四项基本原则,倡导共同构建网络空间命运共同体;针对全球贫困问题,倡议加强国际减贫发展合作、改善国际发展环境、实现多元自主可持续发展;针对全球气候变化问题,提出公平、合理、有效、系统的解决方案。除此之外,中国还针对核安全问题、打击恐怖主义问题、国家关系问题、地区发展与合作问题提出了相应的方案。在资本逻辑占据主导和西方中心主义大行其道的当今时代,中国方案能够有效化解资本主义发展所带来的全球贫富差距、文明冲突等诸多问题,并以中国特色社会主义制度为核心,坚定地回应"人类对更好社会制度的探索"。

为适应时代变化与实践发展,必须构建话语体系。变革以思想为先声,实践以理论为指南。习近平在哲学社会科学工作座谈会上指出,发挥我国哲学社会科学作用,要注意加强话语体系建设。中国的实践和中国的理论需要解读与构建,要提升理论自觉和理论自信,让我国哲学社会科学在国际上发出中国声音。理论以创新为生命,以与时俱进为品质。源于中国道

---

① 《国家主席习近平发表二〇一六年新年贺词》,《人民日报》2016年1月1日,第1版。

路、中国实践、中国模式的中国方案是提升国际话语权的基础,是体现中国表达、中国风格、中国气派的重大方略。

坚持以马克思主义为指导是形成具有中国特色、中国风格、中国气派的话语体系的前提。要坚持以马克思主义为指导,以中国特色社会主义理论为根基,以中国特色社会主义实践为依托,以与时俱进、发展创新为动力。国际话语权的提升同样离不开中国的人文修养和文化元素,所谓"打铁还须自身硬,绣花要得手绵巧",表现中国气派的中国话语权既体现着中华民族的精神风貌,又表现出深厚的文化底蕴,是民族性与时代性的高度统一。它反映了民族的特征,代表了人民的根本利益,回应了当今时代的要求。中国方案把世界各国、各民族和人民作为一个命运共同体,将大家的利益紧紧地联系在一起,这一方案既具有鲜明的中国特色,又广泛获得世界人民的认同。事实证明,中国方案是可以被国际社会所理解和接受的标识性概念,它一经提出,就迅速吸引了国际社会的目光,进一步增强了中国的国际话语权。

3. 为世界贡献了"合作共赢"的中国智慧

当今时代,世界力量组合和利益格局正在发生深刻的变化。特别是冷战结束后,多个力量中心在世界上出现,各方势力矛盾与冲突不断,称霸与反称霸并行,这些都对世界多极化产生了重大的影响。然而,世界多极化也制约了各种力量,维护了世界和平,为各国的和平发展带来了机遇,有利于遏制霸权主义与强权政治,有利于推动建立公正合理的国际政治经济新秩序。

中国一贯奉行独立自主的和平外交政策,以和平共处五项原则为基础,同世界各国建立和发展关系,开展友好合作,求得共同发展。改革开放以来,中国牢牢抓住主题,紧密结合本国国情,走和平发展的社会主义现代化道路。邓小平指出:"中国是社会主义国家,这个社会制度的性质决定了我们对外奉行和平外交政策。"[1] 我国还处在社会主义初级阶段,要使经济持续发展、人民生活水平进一步提高,就要坚持解放和发展生产力,走和

---

[1] 中共中央文献研究室编《中国特色社会主义理论体系形成与发展大事记(1978~2008年)》,中央文献出版社,2008,第23页。

平发展的道路。从文化传统看，讲信修睦、崇尚和平是5000多年中华文化的民族特征。中国古代就有"和而不同"的伟大思想，这一"和谐以共生共长、不同以相辅相成"的观点对观察当今世界问题、化解国际化矛盾具有十分积极的作用。

中国要坚持和平发展道路，绕不开经济全球化这一前提条件。作为经济行为超越国界的世界性活动，经济全球化本质上是生产要素在全球范围内的配置与重组，它体现了世界各国经济相互依存、相互融合的趋势。近年来，西方发达资本主义国家一直试图主导经济全球化，从经济、政治、文化、科技等各个方面打压后发国家，然而，经济全球化是生产力发展的客观要求和必然结果，只要能够趋利避害，后发国家依然可以成功走上具有自身特色的发展之路，而这也符合世界各国人民对和平、稳定、繁荣社会制度的美好向往。

中国方案倡导"和而不同"，是和平发展的国际战略。这一方案倡导和谐而不千篇一律，倡导不同而不相互冲突，主张共生共长、相辅相成，可以成为世界各国和人类各种文明协调发展的基本原则。中国方案还倡导世界文明的多样性、把握人类社会基本特征，是人类文明进步的动力。因此，中国方案有利于促进世界各种文明、社会制度和发展模式的相互交流与借鉴，有利于在竞争中取长补短，有利于求同存异和共同发展。从这个意义上说，中国方案为世界贡献了"合作共赢"的中国智慧，为解决全球化过程中可能出现的问题提供了成功经验，具有重要的世界意义。正如俄罗斯科学院院士季塔连科所说："中国在对待现代文明方面的态度、实施社会政策方面的经验，客观上成为'历史末日'及'文明冲突'等自由化思潮的有力替代者，从而推动历史发展，防止文明之间的冲突，推动其转向建设性对话，实现全球的共同发展。"①

人类社会的发展规律揭示了资本主义必将被共产主义所替代，在共产主义社会，"每个人的自由发展是一切人的自由发展的条件"②。中国特色社

---

① 〔俄〕季塔连科：《论中国现代化经验的国际意义》，载《当代中国与它的外部世界——第二届当代中国史国际高级论坛文集》，当代中国出版社，2006。
② 《马克思恩格斯选集》第1卷，人民出版社，1995，第294页。

会主义和平发展的国家战略,开辟了人类追求文明进步的新路,向世界宣示了中国方案。这一方案以发展为主题,以结构调整为主线,以改革开放和科技进步为动力,以提高人民生活水平为根本出发点,以科学发展、和谐发展、可持续发展、人的全面发展为追求目标,在全球化消极因素增长以及贸易保护主义论调盛行的国际背景下展示了中国式定力,引领了世界"合作共赢"的方向。

二 "中国方案"根植于中国社会土壤

1516年,托马斯·莫尔发表《乌托邦》,标志着社会主义作为一种社会政治思潮登上历史舞台。500年来,社会主义经历了从空想到科学、从理论到实践、从一国到多国的发展历程。马克思对未来社会制度的构想时刻指引着人类对更好社会制度的探索。然而,20世纪以来,社会主义并没有像马克思当初设想的那样,即在发达资本主义国家首先取得胜利,而是在资本主义并不发达的俄国首先取得了胜利。列宁指出:"在人类从今天的帝国主义走向明天的社会主义革命的道路上,同样会表现出这种多样性。一切民族都将走向社会主义,这是不可避免的,但是一切民族的走法却不会完全一样,在民主的这种或那种形式上,在无产阶级专政的这种或那种形态上,在社会生活各方面的社会主义改造的速度上,每个民族都会有自己的特点。"① 由于不同国家的国情存在差异,社会主义制度的构建也要符合不同民族的特点。因此,社会主义的中国方案根植于中国的社会土壤。

习近平在"七一"讲话中明确指出,中国共产党建党95年来,紧紧依靠人民,为中华民族做出了伟大的历史贡献,实现了三次伟大飞跃。第一次是完成新民主主义革命,建立了中华人民共和国,实现了中国从封建专制政治向人民民主的飞跃。第二次是完成社会主义革命,确立社会主义制度,为当代中国一切发展进步奠定了根本政治前提和制度基础。第三次是进行改革开放新的伟大革命,开辟中国特色社会主义道路,形成中国特色社会主义理论体系,确立中国特色社会主义制度。这三次伟大飞跃使具有

---

① 《列宁选集》第2卷,人民出版社,1995,第777页。

5000多年历史的中华文明焕发生机,使具有500年历史的科学社会主义主张高度实现,使具有60多年历史的中华人民共和国创造奇迹。

中国方案根植于中华民族5000多年的悠久文明。中国方案不同于西方方案,它的提出离不开中国优秀传统文化,也离不开中国古代丰富的治国理政思想与经验。历史是最好的老师。揭示历史规律,从历史智慧中探寻发现世界、改造世界的历史依据,是中国共产党的优良传统。今日的中国是从昨日的和前日的中国发展而来,中华民族传承千年的治国理政经验为今天的很多事情提供了借鉴。毛泽东指出:"我们信奉马克思主义是正确的思想方法,这并不意味着我们忽视中国文化遗产和非马克思主义的外国思想的价值。"[①] "中国历史遗留给我们的东西中有很多好东西,这是千真万确的。我们必须把这些遗产变成自己的东西。"[②]

(一) 中国方案的风格与气派源于中华优秀传统文化

"中国方案"根植于中国的社会土壤,是因为中国优秀传统文化博大精深,源远流长。它积淀着5000多年的中华文明,闪耀着流光溢彩的民族精神,彰显着中华民族独有的中国风格和中国气派。

中华优秀传统文化对接了中华民族的现实需要。马克思指出:"一切划时代的体系的真正的内容都是由于产生这些体系的那个时期的需要而形成起来的。"[③] 中国文化自诞生之日起,就始终在不断适应中国人民和中华民族生存和发展的现实需要。1840年鸦片战争后,中国逐步沦为半殖民地半封建社会,国家战乱不已,人民饥寒交迫,中华民族被世界其他民族落在身后。中国人民和中华民族为了生存,必须求得民族独立和人民解放;为了发展,必须实现国家富强和人民富裕。近代以来的两大历史任务反映了中华民族在当时的最高利益与最大需要。面对第一个历史任务,中国人民和中华民族选择了马克思主义,并将马克思主义同中国文化相结合,同中国国情相结合,同中国革命的实际相结合,产生了毛泽东思想,实现了马克思主义的第一次中国化,从而完成了第一个历史任务,实现了中华民族

---

① 《毛泽东文集》第3卷,人民出版社,1996,第191页。
② 《毛泽东文集》第3卷,人民出版社,1996,第191页。
③ 《马克思恩格斯全集》第3卷,人民出版社,1960,第544页。

的独立。中华人民共和国成立后，中国面临着如何在经济文化比较落后的现实条件下建设、巩固和发展社会主义的核心问题。中国共产党始终坚持马克思主义的思想路线，不断探索和回答什么是社会主义、怎样建设社会主义，建设什么样的党、怎样建设党，实现什么样的发展、怎样发展等重大理论和实际问题。面对第二个历史任务，特别是如何解决我国处于社会主义初级阶段所面临的一系列时代课题与战略任务，中国共产党团结带领全国各族人民，走中国特色社会主义道路，建立中国特色社会主义制度，总结出中国特色社会主义理论体系，发展中国特色社会主义文化，实现了马克思主义的第二次中国化。十八大以来，中国共产党人又系统回答了新时代坚持和发展什么样的中国特色社会主义、怎样坚持和发展中国特色社会主义的问题。总之，马克思主义是指导中国革命和建设的理论基础，但作为外来文化，马克思主义也必须与中国文化相融合，体现出中华民族的民族性特征。中国革命和建设的实践表明，中国文化始终对接着中华民族的现实需要，这是中华文明民族性特征的体现。

中华优秀传统文化融合了民族精神。民族精神是民族文化的真核，5000多年来，中华民族以爱国主义为核心，形成了团结统一、和谐守礼、爱好和平、勤劳勇敢、自强不息的伟大民族精神。民族精神的形成，离不开民族文化的给养。从文化传统看，中华民族自古以来就有"和而不同""天下大同"的社会理想；有"民惟邦本，本固邦宁"的人本思想；有"天行健，君子以自强不息"的精神追求；有"立德、立功、立言"的入世精神；有"先天下之忧而忧，后天下之乐而乐"的政治抱负；有"富贵不能淫、贫贱不能移、威武不能屈"的浩然正气；有"鞠躬尽瘁死而后已"的献身精神；有"天下兴亡匹夫有责"的忧患意识……凡此种种，都体现了5000多年中华文明的优秀文化传统和民族精神。这些民族精神蕴藏着中华民族的理想与信念，体现着中华民族的思想道德观念及其行为准则，是统一思想、维系稳定的强大精神力量。总之，中华优秀传统文化是民族精神的载体，是民族凝聚力得以传承的基础。

中华优秀传统文化荟萃了民族智慧。问题是时代的先声，无论任何时代的文化，其先进与否的评价标准就在于是否荟萃了解决当时突出问题的智慧、是否真正成为时代精神的精华。在中国古代，四大发明凝聚着劳动人民的智慧与创造，成为当时先进文化的重要标识。在中国现代，马克思主义成为中国文化的灵魂，始终在突破中国革命、中国建设和改革中的重大问题，体现了民族智慧。2017年10月24日修改通过的《中国共产党章程》明确指出，以毛泽东同志为主要代表的中国共产党人，把马克思列宁主义的基本原理同中国革命的具体实践结合起来，创立了毛泽东思想。毛泽东思想是马克思列宁主义在中国的运用和发展，是被实践证明了的关于中国革命和建设的正确的理论原则和经验总结，是中国共产党集体智慧的结晶。在毛泽东思想指引下，中国共产党领导全国各族人民，经过长期的反对帝国主义、封建主义、官僚资本主义的革命斗争，取得了新民主主义革命的胜利，建立了人民民主专政的中华人民共和国；中华人民共和国成立以后，顺利地进行了社会主义改造，完成了从新民主主义到社会主义的过渡，确立了社会主义基本制度，发展了社会主义的经济、政治和文化。十一届三中全会以来，以邓小平同志为主要代表的中国共产党人，总结中华人民共和国成立以来正反两方面的经验，解放思想，实事求是，实现全党工作中心向经济建设的转移，实行改革开放，开辟了社会主义事业发展的新时期，逐步形成了建设中国特色社会主义的路线、方针、政策，阐明了在中国建设社会主义、巩固和发展社会主义的基本问题，创立了邓小平理论。十三届四中全会以来，以江泽民同志为主要代表的中国共产党人，在建设中国特色社会主义的实践中，加深了对什么是社会主义、怎样建设社会主义和建设什么样的党、怎样建设党的认识，积累了治党治国新的宝贵经验，形成了"三个代表"重要思想。十六大以来，以胡锦涛同志为主要代表的中国共产党人，坚持以邓小平理论和"三个代表"重要思想为指导，根据新的发展要求，深刻认识和回答了新形势下实现什么样的发展、怎样发展等重大问题，形成了以人为本、全面协调可持续发展的科学发展观。十八大以来，以习近平同志为核心的党中央，顺应时代发展，从理论和实践结合上系统回答了新时代坚持和发展什么样的中国特色社会主义、怎样坚持和发展中国特色社会主义这个重大时代课题，创立了习近平新时代中国特色社会主义思想。在习近平新时代中国特色社会主义思想指导下，中国共产党领导全国各族人民，统揽伟大斗争、伟大工程、伟大事业、伟大梦想，推动中国特色社会主义进入了新时代。每一个问题的解答，每一项困难的解决,都体现着中国人民的智慧。在中国特色社会主义新时代,我们依然要向中华优秀传统文化寻求智慧之光,以民族智慧应对机遇和挑战。

中华优秀传统文化彰显了中华民族的风格。任何一个民族,其文化在适应现实需求的同时,势必融入极具民族特点的风格与气派。中国文化在5000多年的演进过程中,不断吸收域外文化,并使之中国化、民族化。马克思主义源于西方,其话语系统无论从表达风格还是语言范式都带有鲜明的西方特色,与积淀千年的中国传统文化差异明显。要运用马克思主义理论,就必须推进马克思主义中国化,必须使用符合中国风格和中国气派的话语系统,使中国的老百姓能够学习马克思主义,理解马克思主义,拥有这一认识世界和改造世界的精神力量。毛泽东指出:"如果我们没有学会说群众懂得的话,那末广大群众是不能领会我们的决议的。"[①] 这是因为中国文化从本质上讲是人民大众的文化,中国共产党必须依托中国革命、建设和改革的实践,创新具有民族风格的马克思主义话语体系,将马克思主义的观点与中华优秀传统文化的民族风格有机统一起来。

(二) 中国方案的先进性源于以马克思主义为精髓的先进文化

中国方案的基本理论依据是马克思主义。马克思为我们描绘了自由全面发展的社会蓝图,到那时,每个人的自由发展是一切人的自由发展的条件。随着人类社会的向前发展,人们物质生活水平逐步提高,全球化趋势日益加强,国际社会关于建立人类命运共同体的呼声也愈发强烈。特别是金融危机以来,世界格局正在发生变革,全球各方力量都在寻找新的出路。人们再一次将目光投向马克思主义,聚焦当今中国在马克思主义指导下取得的伟大成就。毋庸讳言,中国方案是以马克思主义为指导的先进方案,是对资本主义现代化模式的超越,它的提出具有可靠的实践依据。中国这个世界上最大的发展中国家已在短时间里跃升为世界第二大经济体,同时,中国在价值观上崇尚和平、尊重文明差异,在实践中提出自力更生、合作共赢的发展理念,倡导各种文明、社会制度和发展模式交流互鉴、共同发展,为世界各国探索适合自身国情的发展道路做出了榜样。

---

① 《毛泽东选集》第3卷,人民出版社,1991,第843页。

马克思主义以科学的世界观和方法论向人们揭示了人类社会发展的基本规律，也为社会主义先进文化建设指明了方向。马克思主义是中国共产党的鲜明旗帜，在中国革命、社会主义建设和改革开放的过程中，中国共产党人始终坚持推进马克思主义与中国实际相结合，先后形成了毛泽东思想、邓小平理论、"三个代表"重要思想、科学发展观、习近平新时代中国特色社会主义思想等理论成果，这是引领中国文化不断走向先进的指导思想。马克思主义赋予了中国文化先进的思想内涵，在精神层面指引着中国人民获得解放。马克思主义是当代中国文化的灵魂，只有坚持以马克思主义指导、引领文化建设，才能在思想文化领域正确解答当代中国的历史命运和发展前途这一问题，保持中国文化的先进性。

任何一种文化的性质都必须和国家的性质相一致。中华人民共和国是人民民主专政的社会主义国家，因而，当代中国文化是以马克思主义为指导的社会主义文化，是人民大众的文化。从发展方向上看，以社会主义共同理想为目标，传承了民族精神，弘扬了时代精神，坚持为人民服务、为社会主义服务，坚持面向现代化、面向世界、面向未来，坚持民族的、科学的、大众的前进方向。从价值追求看，马克思主义决定了当代中国文化的人民性。马克思主义着眼于满足人民的精神需求，维护人民利益，促进人的全面发展。因此，当代中国文化是人民大众的文化，具有强大的吸引力与感召力，并有能力调动全体人民的热情，实现文化的繁荣与兴盛。从功能作用上看，马克思主义支撑和引领当代中国文化，解放思想，实事求是，以国家强盛、人民富裕、社会和谐为目标，推行民主法治、公平正义、诚信仁爱的精神追求与道德准则，激发昂扬向上、奋发有为、创新进取的社会风尚，实现了当代中国文化作为社会主义先进文化的主要功能。

当代中国文化是以马克思主义为精髓的先进文化，所以中国方案在文化层面上具有面向世界吸收借鉴人类一切优秀文化成果的胸怀。社会主义核心价值观作为当代中国文化的主导性价值观念，反映了全体中国人民的根本利益。坚持社会主义核心价值观，是保持社会主义文化先进性的根本保障。在坚持社会主义核心价值观主导地位的基础上，当代中国文化还注重把先进性与广泛性相结合，从而广泛团结全体人民，提高全民族的思想道德素质和科学文化水平。显然，当代中国先进文化既坚持主导性，又注重先进性与广泛性；既有面向世界吸收借鉴人类一切优秀文化成果的胸怀，又有与世界其他文化互利共赢的期待。从世界范围看，和平与发展是时代主题，共建合作共赢的和谐世界是各国的共同期盼，人类文明从未像今天这般具有共同的发展期待。中国文化是人类文明的重要组成部分，基于中国文化的中国方案有利于人类社会各个文明形态的互利共赢，有助于促进中国文化与世界其他文化的相互尊重、平等交流、和睦共处。在当代世界文明多样化的潮流中，中国文化获得了全方位、多层次、宽领域的开放机遇，而借此机遇将社会主义文化推向世界，为人类文明做出更大贡献，将是人们对中国方案的历史期待。

（三）中国方案的时代性源于当代中国文化建设的实践

当今时代，东方文化与西方文化并存，社会主义文化与资本主义文化之间也存在竞争。西方文化虽然存有种种弊端，但其中也蕴含着西方社会现代化进程所凝聚的经验与智慧。这其中科学合理的部分是全人类共同的财富，可以为社会主义文化所借鉴。改革开放以来，中国引入市场经济，建立起社会主义市场经济体制，由此也带来了经济利益多样化、生活方式多样化、人们对社会问题的价值观念与价值评价多样化。面对各种思想文化的激荡，社会主义文化建设面临挑战。西方文化借发达资本主义国家的综合优势，在意识形态领域对外进行渗透。面对这一形势，社会主义文化必须具备世界眼光，坚持以我为主、为我所用，对西方文化进行剥离与借鉴，并结合中国的实际，来建设社会制度和解决当前问题。在此基础上，紧密结合当代中国文化建设的实践，搭建中西文化交流平台，向世界推出中国方案，在东西文化竞争中应对资本主义意识形态挑战，通过学习西方文化、鉴别西方文化，最终超越西方文化。

从历史上看，资本主义首先实现了人类的现代化。时至今日，资本主义依然对全球的现代化进程有着巨大的影响。然而，马克思早已指出，社会主义是资本主义的掘墓人。作为发展中国家，作为马克思主义政党领导的社会主义国家，中国时刻不能丢掉社会主义的立场。资本主义现代文明固然可以借鉴，但是要捍卫中华民族生存与发展的权益，就必须高举社会主义的旗帜。在这一过程中，文化发挥着显著的作用。中国特色社会主义文化代表了先进文化的前进方向，从多个角度回答了当代中国文化举什么旗，走什么路，以什么样的精神状态、朝着什么样的目标继续前进等问题。第一，举什么旗。马克思主义是认识世界、改造世界的武器，当代社会主义文化建设，首先就要确立马克思主义为指导思想。中国共产党在建党之初就把马克思列宁主义写在了旗帜上，将马克思主义基本原理与中国具体实际相结合，经历中国革命、建设和改革的伟大实践，先后提出了新民主主义、社会主义和改革开放文化建设的根本方针，指明了中国文化的发展道路。在全面建成小康社会的关键期，马克思主义依然指引着先进文化的前进方向，为当代中国文化建设的实践与创新提供强大的精神动力。第二，走什么路。文化属于上层建筑，既反映了一定社会的政治和经济状况，又反作用于它们。中国特色社会主义新时代，要加快社会主义现代化建设，就要坚持社会主义文化方针，确保文化向先进的方向发展。在此基础上，把握当今人类文明发展的潮流，使我国的社会主义文化面向世界、面向未来，并为民族、科学、大众服务。与此同时，面对日益加剧的东西方文化冲突，要坚持文化的民族性，通过中国特色社会主义的文化自觉，为传统文化的创新发展助力。第三，以什么样的精神状态、朝着什么样的目标继续前进。中国特色社会主义文化既要坚持和弘扬民族精神，又要高扬社会主义文化理想。要通过塑造鲜明的文化形象，增强民族凝聚力和文化感召力，激发全体人民昂扬向上的精神状态。

中国方案要展现文化魅力，就是要用中国自己的文化理念去影响、改造现存的国际社会秩序，促进东西方文化的交流与互鉴。中国的社会主义文化要解放思想，实事求是，与时俱进，以博大的胸怀吸收和借鉴人类一切优秀文化成果。应立足于当代中国改革开放和现代化建设的实际，吸纳和鉴别外来思想与文化，特别是那些有利于发展社会生产力、有利于增强综合国力、有利于提高人民生活水平的优秀文化和思想成果，要加以利用。同时，对西方敌对势力的意识形态渗透，要以我为主，坚决抵制。对资本主义腐朽思想和生活方式，要加以辨别，进行批判。盲目排外不可取，全盘西化不可为。在这个问题上，应注重文化的民族性与继承性。进行当代文化的实践与创新，不能割裂与民族和历史的联系。中国特色社会主义先进文化从中华民族5000多年历史文化传统中而来，要继承并弘扬中华民族文化的优良传统，做到古为今用，推陈出新，从博大精深的中国文化中汲取历史的养料,丰富中国特色社会主义的文化内涵。

此外,社会主义精神文明建设同样不容忽视。要做到社会主义物质文明建设和社会主义精神文明建设的高度统一,这也是中国特色社会主义的内在要求。如果说让人民物质生活富裕是社会主义的基本要求,那么使人民精神生活幸福则是社会主义优越性的重要体现。社会主义社会追求人的自由全面发展,高度的精神文明正是社会主义制度优于资本主义制度的直接表现。社会主义精神文明是社会主义文化建设现代化的显著标志,要代表先进文化的前进方向,就必须满足人民日益增长的精神文化需求,这是中国特色社会主义文化内涵的应有之义。为此,要以马克思主义中国化的最新成果统领当代社会主义文化建设,为人民服务,为社会主义服务,弘扬主旋律,做到以科学的理论武装人,以正确的舆论引导人,以高尚的精神塑造人,以优秀的作品鼓舞人。

当前,多样化社会思潮涌现,多元化价值取向正对中国主流意识形态形成冲击。首先,经济全球化背景下,世界各国的联系日趋紧密,各种思想文化相互交融、相互碰撞。外来文化进入中国,我们一方面可以学习和借鉴人类文明的有益成果,另一方面也要抵御西方文化带来的冲击。当今的全球化是西方为主导的全球化,西方文化占据着意识形态领域的强势地位,那些带有资本主义意识形态的社会思潮一经渗透,必然会削弱社会主义意识形态的凝聚力,动摇社会主义意识形态的主导地位。例如,历史终结论、意识形态终结论、新自由主义、第三条道路等,都严重干扰人们的思想,影响其对中国主流意识形态的认同。其次,信息化时代,网络日益成为思想文化传播与交流的重要渠道。互联网以其全球性和开放性,大大增强了个人发布、交流、接收信息的能力,却削弱了政府对信息的控制力。网络信息的交换与传播具有很大的复杂性和不确定性,国家网络安全管理亟待加强。如何充分认识互联网这一新技术平台,从而利用这一新技术载体,拓展传统传播渠道和言论空间,加强社会主义意识形态的传播力、吸引力和凝聚力,是亟待解决的现实问题。最后,随着市场经济体制的确立,我国思想文化领域也形成了多元化的价值取向,原有的价值观念面临冲击。改革的不断深入、经济体制的深刻变革、社会结构的深刻变动、利益格局的深刻调整带来了人们生活方式、行为方式和价值观念的深刻变化,多元化、多样化的社会思想与价值观悄然出现。如何在坚持马克思主义指导思想一元化的同时，尊重社会意识的多样化，增强主流意识形态的灵活性与认同感，守住马克思主义主流意识形态阵地，同样是一个亟待思考的重大课题。

社会主义核心价值体系是当代中国文化建设的核心。价值观是决定文化先进与落后的标尺，也是衡量人类共同文化追求的准绳。建设社会主义核心价值体系，就是要坚持以马克思主义为指导思想引领多样化社会思潮，巩固和发展主流意识形态，打牢全党、全国人民共同的思想基础，不断提高建设社会主义先进文化的能力，做到先进性与多样性、民族性与开放性相统一，为经济建设和物质文明提供强大的思想保证、精神动力和智力支持。经济全球化、区域一体化带来的是各种文化的交流互鉴，而能否实现世界文明的发展进步，关键在于对待异域文化的态度。对此，中国文化提出的方案是，充分认识世界文化的多样性，尊重世界各国的历史文化，借鉴不同发展模式，共同探索更好的社会制度，促进人类文明的发展与进步。

在当代中国，中国梦是中国特色社会主义文化理论的基本价值取向。中国梦强调坚持和发展中国特色社会主义，强调人的全面发展。中国梦是全体中国人民的梦，也是与世界各国人民相通的美好梦想。无论是"一带一路""人类命运共同体"的提出，还是对新型大国关系、更好社会制度的探索，都与中国梦的价值理念一脉相承。中国人民沿着中国特色社会主义道路，用几十年的时间走完了发达国家几百年走过的发展历程。中国特色社会主义制度以其鲜明的中国特色、明显的制度优势、强大的自我完善能力，为当代中国的发展进步提供了根本保障。中国方案为世界发展注入了正能量，彰显了中国智慧与文化品格，这就是刚柔相济，有容乃大，多元共生。

长期以来，国际舆论格局"西强东弱"，西方国家推行西方中心论，将资本主义视为唯一的现代化途径。对于以中国为代表的东方世界，西方社会习惯先入为主，利用自己的话语权优势对中国的形象进行歪曲。特别是改革开放以来，中国取得了举世瞩目的发展成就，开创了社会主义现代化模式，打破了西方中心论在国际话语体系中的桎梏。中国正以全新的思维方式和话语方式向世界展现一个真实、完整的中国。在价值观层面，西方一直鼓吹所谓"民主""自由""平等""博爱""和平""正义""人权""法治""科学"的"普世价值",这也是西方中心论的一个具体表现。然而,世界人民越来越认识到,不切合实际地照搬西方社会所谓的"普世价值",只能自取祸乱。近年来出现的"阿拉伯之春"、乌克兰危机等事件就是最直接的证明。因此,我们要构建中国话语体系,在揭示西方"普世价值"欺骗性的同时,向世界展示中国道路、中国理论、中国制度的独特性和优越性,以中国方案展现负责任大国的国际担当。

三 "中国方案"的制度优势与先进性

全球化背景下,中国特色社会主义建设与改革的实践向世界展示了一个经济社会高速发展、综合国力日益增强的"中国现象"。中国作为最大的发展中国家,何以能够在短短数十年间快速推进现代化进程,形成独具中国特色的发展模式?这是因为社会制度的中国方案源自中国特色社会主义道路和中国特色社会主义理论,在制度层面独具自身优势与先进性。

(一) 中国方案的制度优势

中华人民共和国成立60多年来,中国特色社会主义制度优势不断呈现。正是因为坚持社会主义制度,中国才取得了举世瞩目的成就。习近平指出:"我们要坚信,中国特色社会主义制度是当代中国发展进步的根本制度保障,是具有鲜明中国特色、明显制度优势、强大自我完善能力的先进制度。"[①] 在中国革命、建设与改革的不同历史时期,中国共产党人始终以马克思主义理论为指导,坚持理论与实际相结合,制定社会制度的中国方案,体现了社会主义的中国风格与中国气派。

中国特色社会主义制度集中体现了中国特色社会主义的特点和优势,是中国特色社会主义发展进步的根本保障。中国特色社会主义制度坚持了科学社会主义的基本原则,包括社会主义阶段划分、人民民主专政、解放和发展生产力、消除两极分化、共同富裕、坚持一元化指导思想、以人为

---

① 习近平:《在庆祝中国共产党成立95周年大会上的讲话》,《人民日报》2016年7月2日,第2版。

本，等等。与此同时，中国特色社会主义还注重结合国情，创造性地对科学社会主义基本原则加以发展和运用，例如：坚持党的领导；实行公有制为主体，多种经济成分并存和共同发展的经济制度；实行以按劳分配为主体的多种分配形式并存的基本分配制度；创建社会主义市场经济体制；等等。

中国特色社会主义制度划分为根本政治制度、基本制度和具体制度。第一个层面是根本政治制度，即人民代表大会制度，这一制度作为政体，与我国工人阶级领导的、以工农联盟为基础的人民民主专政的国体相适应，体现了社会主义民主，确保了社会主义体制下人民当家做主，反映了全国各族人民的共同愿望，体现了国家的性质和中国特色社会主义制度的本质。第二个层面是基本制度。基本制度包括基本政治制度、中国特色社会主义法律体系、基本经济制度。其中，基本政治制度又包括共产党领导的多党合作和政治协商制度、民主区域自治制度和基层群众自治制度；中国特色社会主义法律体系是社会主义经济、政治、文化建设的法律保障；基本经济制度就是公有制为主体，多种所有制经济共同发展。第三个层面是具体制度。如经济体制、政治体制、文化体制、社会体制等。这些具体制度在经济建设、政治建设、文化建设和社会建设等中国特色社会主义建设领域发挥着重要的作用。党的十八届三中全会提出了国家治理体系的新概念，对经济、政治、文化、社会、生态文明和党的建设等各项具体制度的进一步完善和发展作出规定。

中国方案的制度优势体现在历史维度中。历史没有终结，也不可能被终结。中国特色社会主义道路沿革至今，有力地证明了中国特色社会主义制度的合理性与优越性。近代以来，特别是鸦片战争失败后，中国沦为半殖民地半封建社会，中华民族面临前所未有的危机与苦难。为取得民族独立和人民解放，当时的中国先进知识分子致力于向西方学习。十月社会主义革命的胜利为中国人民送来了马克思列宁主义，为半殖民地半封建的中国指明了方向，也为中国的革命实践带来了思想武器，"走十月社会主义革命道路"成为越来越多的人的共识。1921年，中国共产党成立，以建立无产阶级专政、实现社会主义和共产主义为奋斗目标，领导中国人民沿着十月社会主义革命的道路前进，最终取得了中国革命的伟大胜利。十一届三中全会后，中国共产党人坚持解放思想、实事求是，一切从实际出发，密切结合中国的实际探索现代化道路。基于社会主义建设的实践，中国共产党得出了和平与发展是时代主题，以及我国还处于并将长期处于社会主义初级阶段的科学结论，这也成为中国特色社会主义道路的理论基石。

当前，中国特色社会主义进入新时代，这是承前启后、继往开来、在新的历史条件下继续夺取中国特色社会主义伟大胜利的时代，是决胜全面建成小康社会、进而全面建设社会主义现代化强国的时代，是全国各族人民团结奋斗、不断创造美好生活、逐步实现全体人民共同富裕的时代，是全体中华儿女勠力同心、奋力实现中华民族伟大复兴中国梦的时代，是我国日益走近世界舞台中央，不断为人类做出更大贡献的时代。在党的十九大报告中，习近平指出，从现在到二〇二〇年，是全面建成小康社会决胜期。从十九大到二十大，是"两个一百年"奋斗目标的历史交汇期。他同时为建设富强民主文明和谐美丽的社会主义现代化强国规划了"两个阶段"：第一个阶段，从二〇二〇年到二〇三五年，在全面建成小康社会的基础上，再奋斗十五年，基本实现社会主义现代化；第二个阶段，从二〇三五年到21世纪中叶，在基本实现现代化的基础上，再奋斗十五年，把我国建成富强民主文明和谐美丽的社会主义现代化强国。

新时代下，中国特色社会主义现代化建设正面临全新的历史任务，例如，贯彻新发展理念，建设现代化经济体系；健全人民当家做主制度体系，发展社会主义民主政治；坚定文化自信，推动社会主义文化繁荣兴盛；提高保障和改善民生水平，加强和创新社会治理；加快生态文明体制改革，建设美丽中国；等等。为完成上述任务，推进"四个全面"，实现"五位一体"，就必须坚持走中国特色社会主义道路，进一步发挥中国特色社会主义制度优势。道路决定命运，无论是革命时期，还是建设时期，社会制度的中国方案始终沿着中国特色社会主义道路，正确引领中国的发展进步，这是历史的选择，也是人民的选择。

中国方案的制度优势体现在理论维度中。十月社会主义革命胜利后，科学社会主义传入中国，马克思列宁主义开始指导中国的革命实践。以毛泽东同志为主要代表的中国共产党人，运用马克思主义基本理论和基本方法，具体分析中国国情，科学总结现实经验，开辟了中国革命的独特道路，最终取得了新民主主义革命的胜利，建立了社会主义国家。这一历程既坚持了科学社会主义的基本原则，又具有鲜明的中国特色，从而推进了科学社会主义中国化，实现了马克思主义与中国实际相结合的理论创新，而毛泽东思想的形成也为中国特色社会主义的发展奠定了理论基础。党的十一届三中全会以来，以邓小平同志为主要代表的中国共产党人深刻总结社会主义建设的经验和教训，提出坚持以经济建设为中心，坚持四项基本原则，坚持改革开放，发展了"市场经济是有计划的商品经济"的理论，在实践中探索符合中国国情的社会主义建设道路，形成了邓小平理论，对中国特色社会主义理论体系的形成做出了开创性的贡献。1987年，党的十三大第一次明确提出建设有中国特色的社会主义理论，构建了中国特色社会主义理论的基本轮廓。党的十三届四中全会以来，党中央根据世情、国情、党情的新变化，坚持与时俱进，不断在实践中深化对中国特色社会主义的认识，形成了"三个代表"重要思想。党的十六大以来，党中央在经济建设、政治建设、文化建设和社会建设领域推进社会主义建设，提出科学发展观。党的十八大以来，以习近平总书记为核心的党中央，围绕新时代坚持和发展什么样的中国特色社会主义、怎样坚持和发展中国特色社会主义，创立了习近平新时代中国特色社会主义思想。总之，在科学社会主义同中国实践相结合的过程中，每一次理论的创新都是巨大的飞跃，正是因为拥有与时俱进的科学理论作为指导，中国特色社会主义制度才时时呈现出优势，为中国方案注入生机与活力。

中国特色社会主义理论体系贯通马克思主义哲学、政治经济学和科学社会主义等理论，是一个统一的、科学的理论体系，它创造性地论述了中国特色社会主义的重大理论观点和战略思想，涵盖经济、政治、文化、社会、国防、外交、统一战线、祖国统一、党的建设等社会主义建设领域的方方面面。从这个意义上说，中国特色社会主义理论体系为中国方案的形成，提供了重大理论观点和战略思想的支撑，中国方案就是对中国特色社会主义理论体系的高度概括。中国方案的理论基础主要包括以下内容：社会主义初级阶段理论、社会主义改革开放理论、社会主义市场经济理论、社会主义本质理论、公有制为主体多种所有制经济共同发展是社会主义初级阶段基本经济制度的理论、科学技术是第一生产力理论、社会主义科发展理论、社会主义和谐社会理论、社会主义民主法治理论、社会主义精神文明建设理论、社会主义和平发展理论、走中国特色精兵之路的国防和军队建设理论、"一国两制"和祖国和平统一理论、马克思主义执政党建设理论。中国方案既坚持了科学社会主义的基本原则，又结合了中国国情与时代特色，开拓了马克思主义的新境界，使马克思主义基本原理在实践中成为中国共产党人正确认识世界和改造世界的锐利思想武器。

中国方案的制度优势还体现在现实维度中。唯物史观向我们昭示，在生产力与生产关系相互作用规律的支配下，人类社会必将经历社会形态由低向高的依次发展更替，而新的社会形态拥有更高的生产关系，其社会制度也将优于前一个社会形态。一种制度是否具有优势，关键要靠实践来检验，要由人民来评判。60多年来，中国特色社会主义制度始终保障着人民的利益，推动着中国特色社会主义事业不断发展前进。

第一，中国特色社会主义制度贯彻了科学社会主义的基本原则。无论是人民代表大会制度、多党合作和政治协商制度、民族区域自治制度、基层群众自治制度等政治制度，还是公有制为主体、多种所有制经济共同发展的经济制度，都体现了社会主义最为基本的原则，即人民当家做主和生产资料公有制。作为社会主义国家，维护、实现与发展人民利益始终是制度设计的根本价值取向。《中华人民共和国宪法》规定："中华人民共和国的一切权力属于人民。"在人民代表大会这一根本政治制度的保证下，我国人民通过普遍的民主选举，产生代表，组成各级人民代表大会，各级人民代表大会既对人民负责，又受人民监督，为民主选举、民主决策、民主管理、民主监督提供保证。人民代表大会作为国家权力机关，选举或任命其他国家机关，并依法接受监督。中国共产党领导的多党合作和政治协商制度有利于改善中国共产党的领导，有利于中国共产党和各民主党派互相监督，保证了同各民主党派在国家重大问题上进行民主协商、科学决策。政治协商制度保证了各民主党派、人民团体、各族各界人士参与国事、在国家政治生活中充分表达意见和主张的基本权利。民族区域自治制度保障了各少数民族的平等地位和民主权力。基层民主制度保证了人民群众直接行使民主权利，广泛实践了社会主义民主。

第二，中国特色社会主义制度保障了全体人民当家做主。社会主义制度是一个能够有力地组织全体人民投身社会主义建设的有机统一体，确保了人民当家做主、人民管理社会和人民发展经济。例如，人民代表大会制度既从根本上保证了人民当家做主的权利，又在法律上保障了我国经济、政治、社会与文化的进步与发展；中国共产党领导的多党合作和政治协商制度保障了各民主党派和无党派人士的民主权利，使他们能够适时开展调查研究，参政议政；民族区域自治制度保障并维护了民族平等，促进了汉族与少数民族以及少数民族之间的团结，为共同发展、共同繁荣奠定了基石；基层民主制度则保障了人民广泛行使民主权利，直接管理自己的事务。正是这些具有中国特色的社会主义制度，充分调动了广大人民群众的积极性、主动性，激发了其创造性，直接体现了中国方案的制度优势。

第三，中国特色社会主义制度保证了国家的行政效率。邓小平曾指出："社会主义国家有个最大的优越性，就是干一件事情，一下决心，一做出决议，就立即执行，不受牵扯……就这个范围来说，我们的效率是高的，我讲的是总的效率。这方面是我们的优势，我们要保持这个优势，保证社会主义的优越性。"[①] 中国特色社会主义制度保证了国家行政效率和社会主义民主的有机统一。作为国体的人民代表大会制度既实现了人民当家做主，又体现出议行合一的特点。作为国家权力机关，人民代表大会统一行使国家的权力，实行民主集中制。人民代表大会还规定了我国国家政权机关，尤其是中央国家机关之间的权责分工及相互关系，它选举产生国家行政机关、审判机关、检察机关，统一协调并合理分工各项事务，保证了较高的国家行政效率。中国共产党领导的多党合作和政治协商制度同样有利于增进理解、扩大共识，有利于确保民主协商和科学决策，有利于提高效率、集中力量办大事。

第四，中国特色社会主义制度维护了国家统一，促进了民族团结。中国特色社会主义民族区域自治制度，旨在解决国内的民族问题，实现了全国各族人民的大团结。它充分结合了我国各民族的历史与实际，确保了各族人民当家做主，保障了少数民族与汉族共同繁荣发展，维护了边疆的稳

---

① 《邓小平文选》第3卷，人民出版社，1993，第240页。

定,实现了民族平等团结与国家统一。与此同时,"一国两制"作为实现祖国和平统一的基本制度,已经在香港和澳门实现,"一国两制"也将是解决台湾问题、实现祖国完全和平统一的基本方针。

第五,中国特色社会主义制度保证了社会的和谐稳定。公平正义、社会和谐、共同富裕是全体人民的共同期盼,中国特色社会主义制度贯穿着对公平正义的价值追求,体现出鲜明的以人为本的立场。作为一项制度,它从政治层面为社会主义和谐社会建设提供了保障,将最广大人民的根本利益作为党和国家一切工作的根本出发点和落脚点,有利于完善权力运行的制约和监督机制,有利于充分了解民情、反映民意,有利于加强决策的科学性、民主性、系统性,从而凝聚社会共识、形成共同理想、协调各方关系,促进构建社会主义和谐社会。

(二) 中国方案的先进性

为实现中华民族的伟大复兴,中国共产党以马克思主义为指导,运用辩证唯物主义和历史唯物主义,建立起了符合我国实际的先进社会制度,开辟了中国特色社会主义道路。在这一实践中,中国方案体现了中国特色社会主义道路、理论、制度、文化的全面成熟,是依据世情、国情、党情、民情所进行的中国化马克思主义的理论与实践创新。中国特色社会主义建设的历史事实和实践成果充分证明,中国方案具有先进性。

首先,中国方案体现了历史性特征。在90多年革命、建设和改革的过程中,中国共产党坚持把马克思主义基本原理和中国实际相结合,同时代特征相结合,带领全党和全国各族人民,经历千辛万苦,付出各种代价,完成了新民主主义革命、社会主义革命,进行了改革开放,开创了中国特色社会主义,彻底改变了中华民族的历史命运。中国特色社会主义顺应时代潮流,符合党心民意,符合我国社会主义初级阶段的基本国情,体现了共产党执政规律、社会主义建设规律和人类历史发展规律,具有科学性。因此,社会主义的中国方案,是对中国革命和建设历史经验的总结,具有强大的生命力。

其次,中国方案体现了世界性特征。中国特色社会主义的中国方案缔造了中国改革开放和社会主义现代化建设的巨大成就,这在世界社会主义发展史上前所未有。世界人民从社会主义中国欣欣向荣的发展中看到了世界社会主义事业复兴的希望。当今世界正在发生深刻而全面的变化，当代中国也在发生广泛而深刻的变革。面对美国次贷危机引发的世界性金融危机的影响，中国以其独有的竞争力和高效率适应了世界发展的新形势，让世界看到了中国制度与中国方案的优越性。同时，中国特色社会主义没有重走苏联模式的老路，而是通过连续近40年的经济高速增长向世人证明，当今时代并没有超越出马克思主义的理论视野，资本主义无论如何演变，都逃脱不了马克思主义所预见的命运。社会主义的中国方案在为世界社会主义发展注入生机与活力的同时，还重新阐释了社会主义与资本主义的关系，使世界各国在尊重多样性的前提下实现共同发展。

再次，中国方案体现了民族性特征。社会主义的中国方案能够具有先进性，是中国文化与中华民族精神发挥效应的结果。中国方案的制定与践行，时时体现着中华民族团结统一、爱好和平、勤劳勇敢、刚健有为、厚德载物的民族精神，包含着阴阳协调、整体和谐、以民为本、生生之谓德、天地之大德曰生的文化传统。中国方案不仅拥有优秀传统文化的丰厚资源，还继承了近代苦难中获得的足够的历史教训和反思的成果，正是中国文化的优秀传统与近代已降西方启蒙思想新传统好的因素，结合成为中国方案的文化基因。中国共产党充分学习、借鉴和运用民族文化、西方文化、社会主义文化，使其融入中国特色社会主义新文明，为中华民族伟大复兴和全世界人民共建美好家园提供先进的价值观和精神动力。

最后，中国方案体现了发展性特征。社会主义的中国方案始终坚持最大限度地解放和发展社会生产力，不断调整生产关系和上层建筑，以适应生产力发展的需要。社会主义制度的自我完善和发展依靠的是全面深化改革，这是决定当代中国命运的关键一招。邓小平说不改革"只能是死路一条"[①]。习近平指出："改革开放是我们党在新的时代条件下带领人民进行的新的伟大革命，是当代中国最鲜明的特色，也是我们党最鲜明的旗帜。三十五年来，我们党靠什么来振奋民心、统一思想、凝聚力量？靠什么来激发全体人民的创造精神和创造活力？靠什么来实现我国经济社会快速发展、

---

① 《邓小平文选》第3卷，人民出版社，1993，第370页。

在与资本主义竞争中赢得比较优势？靠的就是改革开放。"① 以上论述表明，改革对于中国道路、中国模式、中国方案的成功推进具有极为重要的作用。中国的改革始于经济领域，逐步向政治、文化、社会领域展开，通过制度革新促进生产力的进一步解放和发展。社会主义的中国方案坚持了科学社会主义的基本原则，坚持了马克思主义方法论，通过不断改革完善制度，为中国特色社会主义的发展注入源源不断的活力与动力，正如习近平所指出的："我们的改革开放是有方向、有立场、有原则的。我们当然要高举改革旗帜，但我们的改革是在中国特色社会主义道路上不断前进的改革，既不走封闭僵化的老路，也不走改旗易帜的邪路。"②

四 "中国方案"彰显中国特色社会主义文化自信

（一）中国特色社会主义的文化道路与文化传统

习近平在党的十九大报告中指出，文化是一个国家、一个民族的灵魂。没有高度的文化自信，没有文化的繁荣兴盛，就没有中华民族伟大复兴。要坚持中国特色社会主义文化发展道路，激发全民族文化创新创造活力，建设社会主义文化强国。建设社会主义文化强国，增强国家文化软实力，必须坚持社会主义先进文化前进方向，坚持中国特色社会主义文化发展道路。道路决定命运，道路具有强烈的引导性和规范性，以及鲜明的宣示和示范意义。中国特色社会主义文化发展道路体现了中国共产党人在文化上的自觉和自信，对推动我国社会主义文化的持续健康发展有着重大的意义。

从五四新文化运动确立进步方向，到新民主主义文化建设的初步探索，再到社会主义文化建设时期的曲折发展，直至中国特色社会主义文化发展道路的提出，中国共产党对文化发展规律的认识逐步深化。伴随着中国特色社会主义文化发展道路的提出，中国共产党的文化建设上升到了一个崭新的高度。这条道路吸收了近百年来，特别是改革开放以来我国文化建设

---

① 中共中央文献研究室编《习近平关于全面深化改革论述摘编》，中央文献出版社，2014，第8页。
② 中共中央文献研究室编《习近平关于全面深化改革论述摘编》，中央文献出版社，2014，第14页。

的成功经验,展示了中国人民在中国共产党领导下,改造并推动中国文化现代化转型的实践成果,适应了中国文化在新的历史阶段持续健康发展的客观要求,体现了文化发展的一般趋势和基本规律。长期的历史探索证明,中国特色社会主义文化发展道路是实现中国文化现代化的必由之路。社会主义的发展必然要求文化的发展,文化建设是社会主义建设事业的重要组成部分,必须把文化建设摆到与经济建设、政治建设、社会建设、生态建设同等重要的战略位置上。没有文化的根基,经济不可能持续发展,政治不可能开明,人心不可能凝聚,社会不可能安定,生态不可能改善。文化是人的全面发展的内在要求,也是社会进步的智力资源和精神动力。物质贫乏不是社会主义,精神空虚也不是社会主义,没有社会主义文化繁荣发展,也就没有社会主义现代化。

中国特色社会主义文化发展道路是社会主义的道路,这是其根本性质。它体现的是社会主义的理想信念和精神价值,反映的是党的文化追求和文化宗旨。中国特色社会主义文化发展道路是社会主义制度的必然要求,它与中国特色社会主义的经济、政治、社会发展道路互为因果,相互影响,相互促进。中国特色社会主义道路是中国社会主义建设的总道路,是主干,而文化发展道路是其在文化领域的延伸,是有机组成部分。在指导思想、领导力量、路径选择、制度依托和目标方向等方面,中国特色社会主义文化发展道路与中国特色社会主义道路高度一致,由中国特色社会主义道路所决定、引领。中国特色社会主义道路决定中国特色社会主义文化发展道路的走向,它的基本原则和规范就是中国特色社会主义文化发展道路的基本原则和规范,它在经济、政治、社会等方面所创造的理论成果和制度成果对中国特色社会主义文化发展道路产生深刻的影响,它构成了中国特色社会主义文化发展道路的外部环境和直接依据。因而,只有在中国特色社会主义道路的框架内才能充分认识中国特色社会主义文化发展道路的意义,也只有在这个框架内才能充分发挥这条道路应有的作用。

当前,中国特色社会主义进入新时代。经过近40年改革开放和中国特色社会主义建设,中国的经济实力、政治实力日渐强大,人民生活水平逐步提高,文明意识日趋增强,这些都为我国文化的繁荣发展提供了机遇。但在文化领域，挑战仍时刻存在。首先，我国的文化发展长期滞后于经济、生活发展，文化产品和文化服务难以满足人民群众的需求，在精品和质量上有所欠缺。其次，我国的文化体制仍不适应文化发展的要求。文化体制改革虽然从 20 世纪 80 年代就已经起步，而且取得了实质性的进展，但目前那些制约我国文化发展的体制性障碍的核心部分仍有待改变。再次，随着国际文化竞争日趋激烈，我国文化发展的外部环境越来越复杂，西方文化的影响力依然强大，直接影响到我国文化的自主性。最后，以电子和信息产业为代表的高新技术的发展给我国文化建设带来全新课题，我国文化的发展在观念、机制、手段、方式等方面都需要做出相应的调整。中国特色社会主义文化发展道路就是在上述新的历史条件与时代环境中生成的。为应对困难和挑战，必须尽快转变我国文化发展方式，推动我国文化以人为本的科学发展。要加快文化体制改革进程，不断提高文化生产力，丰富文化形式和文化产品，满足人民群众对美好生活的向往。还要通过法律的形式，充分保障人民群众享有文化发展成果的权利。毋庸讳言，文化软实力是当今国与国综合国力竞争的重要方面，要坚持按照中国特色社会主义文化发展道路来加快文化事业的发展，扩大中国文化的国际影响力。

如何对待本民族的文化传统，是当前我国文化发展中面临的一个重要课题。总的来说，近一个多世纪以来，我们对自己本民族的文化传统批判得多，继承得少，这与近代以来中国革命的进程有关。传统文化中固然包含消极、落后的成分，但如果以此为原因彻底否定本民族的文化传统，就会走到事物的反面。在过去，我们对文化传统的认识还不够全面，需要更加全面地认识祖国的传统文化。事实上，中国共产党从成立之日起，就既是中华优秀传统文化忠实的传承者和弘扬者，又是中国先进文化的积极倡导者和发展者。2014 年 2 月，习近平在中央政治局集体学习时突出强调："要认真汲取中华优秀传统文化的思想精华和道德精髓，大力弘扬以爱国主义为核心的民族精神和以改革创新为核心的时代精神，深入挖掘和阐发中华优秀传统文化讲仁爱、重民本、守诚信、崇正义、尚和合、求大同的时代价值，使中华优秀传统文化成为涵养社会主义核心价值观的重要源泉。要处理好继承和创造性发展的关系，重点做好创造性转化和创新性发展。"① 在党的十九大报告中,习近平指出,中国特色社会主义文化,源自于中华民族五千多年文明历史所孕育的中华优秀传统文化,熔铸于党领导人民在革命、建设、改革中创造的革命文化和社会主义先进文化,植根于中国特色社会主义伟大实践。发展中国特色社会主义文化,就是以马克思主义为指导,坚守中华文化立场,立足当代中国现实,结合当今时代条件,发展面向现代化、面向世界、面向未来的,民族的科学的大众的社会主义文化,推动社会主义精神文明和物质文明协调发展。要坚持为人民服务、为社会主义服务,坚持百花齐放、百家争鸣,坚持创造性转化、创新性发展,不断铸就中华文化新辉煌。从这个意义上讲,中国特色社会主义文化发展道路,实际上就是创造性地继承和延续中华优秀文明之路。

(二)将"文化自信"写入"中国方案"

文化建设是任何一个社会主义国家都要面对的重大课题。社会主义革命大都发生在经济文化比较落后的国家,因此,在文化建设领域存在的普遍问题往往是有共性特征的。然而,任何一个民族,都有其独特的发展道路,这是因为历史文化传统不同,国情也有不同。正因为文化具有民族性,所以要认识到社会主义文化发展的特殊性,各个国家的文化建设更不会千篇一律。

中国共产党成立至今,始终重视文化建设工作,把文化建设工作放在党和国家全局工作的重要战略地位。从五四新文化到革命文化,从新民主主义文化到社会主义文化,再从社会主义文化到中国特色社会主义文化,一路走来,社会主义文化事业与时代共发展,形成了独特的风格。五四新文化运动中,以李大钊、陈独秀为代表的早期马克思主义者提出文化改造与经济改造、政治改造同步的救国思想,加速了马克思主义与中国文化的接触。中国共产党成立后,革命文化建设在理论层面迅速展开。到了第一次国共合作时期,以毛泽东为代表的中国共产党人已经开始投身新型文化的宣传实践活动,并在此过程中提出了"文化战线上无产阶级领导权"思想。大革命失败后,革命文化出现了"左翼文化"和"苏区文化"两个分支,建设的内容和发展方式产生变化。到了1936年,抗日文化逐渐形成,这一时期,以民族性和大众

---

① 《习近平谈治国理政》,外文出版社,2014,第164页。

化为显著特征的延安文化体现了文化的民主性。经过中华人民共和国成立初期的社会主义文化改造，到了十一届三中全会，党中央确立了以经济建设为中心的新的文化范式，1979年，邓小平对社会主义精神文明作了论述，由此，中国特色社会主义文化发展道路成功开辟。20世纪90年代后，指导文化发展的"三个代表"重要思想、科学发展观、社会主义核心价值体系等思想相继提出。党的十八大以来，习近平提出社会主义核心价值观和实现中华民族伟大复兴中国梦，倡导和实践了先进文化的最新发展。

当前，中国特色社会主义进入新时代。习近平指出："我们要继续坚持走中国特色社会主义文化发展道路，推动社会主义文化大发展大繁荣，深化文化体制改革，提高国家文化软实力，加强社会主义核心价值体系建设，丰富人民群众精神文化生活，增强人民精神力量。"[①] 中国特色社会主义文化之所以充满独特魅力，是与优秀传统文化密切相关的。5000多年的中华优秀文化传统和民族精神，涵养了社会主义核心价值观，展示了中国特色社会主义的文化软实力。一个民族不能没有文化传统，一个国家不能割断文化血脉。中国特色社会主义深深根植于中华文化的沃土，而中华优秀传统文化，与革命文化、社会主义先进文化一道，辩证统一于中国特色社会主义建设的伟大实践中。

沿着这条独一无二的文化发展道路走来，中国共产党人以高度的文化自觉和文化自信领导全国人民开创中国特色社会主义的伟大事业，实现着中华民族伟大复兴的中国梦。习近平深刻揭示了文化自觉与文化自信的重要意义，他说："中华民族具有5000多年连绵不断的文明历史，创造了博大精深的中华文化，为人类文明进步作出了不可磨灭的贡献。经过几千年的沧桑岁月，把我国56个民族、13亿多人紧紧凝聚在一起的，是我们共同经历的非凡奋斗，是我们共同创造的美好家园，是我们共同培育的民族精神，而贯穿其中的、更重要的是我们共同坚守的理想信念。"[②] 改革开放近40年来，随着国民经济保持持续快速健康发展，社会生产力、综合国力和

---

① 习近平：《全面贯彻落实党的十八大精神要突出抓好六个方面工作》，《求是》2013年第1期。
② 习近平：《在第十二届全国人民代表大会第一次会议上的讲话》，《人民日报》2013年3月18日。

人民生活水平全面提高，我国正处在全面建成小康社会的决胜阶段。中国模式、中国道路已经引发了为世界所公认的中国奇迹。在这飞跃式的进步中，中国文化作为不同于政治制度的隐性因素，发挥了至关重要的影响和作用，文化自信，早已写入"中国方案"之中。国家的繁荣与昌盛，最终要通过文化自信而展示出来，而中国方案对世界、对人类的贡献，也终究要通过文化得以传播。简言之，"中国方案"所提供的不仅是对更好社会制度的中国探索，也是应对和解决人类共同问题的文化良方。

从世界文化的视角看，中国方案有5000多年中华文明独有的智慧与优势。一是崇尚民族团结。自古以来，中华民族就是一个多民族的、统一的大家庭。在这个大家庭形成的过程中，比各民族之间矛盾、冲突更为重要的，是交流与融合。从先秦到明清，各族人民始终把维护国家统一看作义不容辞的使命和责任，使得团结统一的意识内化于中国的文化心理之中。二是以民为本。千年之前，中国人就已提出"天地之间，莫贵于人""民惟邦本，本固邦宁"，主张"民为贵，社稷次之，君为轻""理天下者以人为本"，强调"爱民者强，不爱民者弱"。民本思想对缓和社会矛盾、维系社会稳定发挥了巨大的作用，影响深远。三是自强不息。中国古代的先哲提出"天行健，君子以自强不息"，这是中华民族能够积极进取、刚健有为的内在动力。中国传统文化无处不体现着中华民族自强不息的优良传统和积极进取的人生态度。中华文明的发展史，就是一部中华民族自强不息的奋斗史。四是仁义为先。仁义是中国古代处理人际关系、治理国家的基本理念，并以此为核心形成了一整套的伦理价值观念。孔子说"己欲立而立人，己欲达而达人""己所不欲，勿施于人"，又说"君子矜而不争，群而不党"。孟子也认为，"天时不如地利，地利不如人和""老吾老以及人之老，幼吾幼以及人之幼"。以孔孟为代表的儒家，还提出了仁义礼智信等一系列旨在实现人的和谐以及社会和谐的道德原则。五是勤劳节俭。中华民族历来是勤劳勇敢的伟大民族，在谋求生存和发展的历史中形成了吃苦耐劳、艰苦奋斗的精神。从"天道酬勤""克勤于邦，克俭于家""民生在勤，勤则不匮"，到"静以修身，俭以养德""俭节则昌，淫佚则亡"，千百年来，勤劳节俭一直被中华民族当成世代相传的美德、人人尊崇的品格，是兴国立世、兴家立业的根本。六是爱好和平。中国历来倡导"协和万邦"，追求

"天下大同"的共同社会理想。儒家所说的"仁者无敌""以德服人",实为主张以文德感化外邦,提倡王道,反对霸道,主张利用和平手段建立彼此之间的互信关系。荀子曾描绘"四海一家"的社会,《礼记》也有"以天下为一家,以中国为一人"的记载,说的就是天下一家、以和为贵的美好文化境界。

综上所述,中华民族具有优良的文化传统,中华优秀传统文化为中国人的文化性格和行为方式奠定了历史基础,为社会主义的"中国方案"注入了文化自信。人类历史总是在曲折中前进、在奋进中发展的。在全球化的历史进程中,社会主义的"中国方案"必将承载着中华民族的文化自信,对人类文明的进步与发展做出更大的贡献。

第二章 "中国方案"与中华优秀传统文化

"要讲清楚中华优秀传统文化的历史渊源、发展脉络、基本走向,讲清楚中华文化的独特创造、价值理念、鲜明特色,增强文化自信和价值观自信。"

——习近平在中共中央政治局第十三次集体学习时的讲话

(2014年2月24日)

中国共产党从成立之日起,就既是中国先进文化的积极引领者和践行者,又是中华优秀传统文化的忠实传承者和弘扬者。习近平在党的十九大报告中指出:"中国特色社会主义文化,源自于中华民族五千多年文明历史所孕育的中华优秀传统文化。"在2014年10月15日文艺工作座谈会上,习近平强调:"中华优秀传统文化是中华民族的精神命脉,是涵养社会主义核心价值观的重要源泉,也是我们在世界文化激荡中站稳脚跟的坚实根基。"① 在中国特色社会主义新时代,中国共产党人和中国人民正肩负着新的文化使命,在实践创造中进行文化创造,在历史进步中实现文化进步。"中国方案"的文化魅力与中华优秀传统文化的传承与发展密不可分。

《诗经》有云:"周虽旧邦,其命维新。"从绵延5000多年的历史来看,中国是"旧邦";但从社会形态看,当代中国是社会主义新中国,中国共产党正领导中国人民,为实现中华民族的伟大复兴而奋斗不止。这是在这片

---

① 习近平:《在文艺工作座谈会上的讲话》,人民出版社,2015,第25页。

古老的中华大地上，几千年来不曾有过的巨大变化。中国特色社会主义道路既要坚持马克思主义思想理论指导，又要正确处理马克思主义与中国优秀传统文化的关系。

回顾历史，自秦始皇统一中国，中国就进入了长达2000多年的封建社会形态，无论王朝如何更替，中国的经济结构、政治结构、文化结构都不曾发生根本性的变化，中国的社会形态始终未曾改变。清朝末年，面对西方资本主义的强势入侵，多少仁人志士流血牺牲共赴国难，却未能改变中华民族的命运；无论中国传统文化的宝库中存有多少思想和智慧，都不能救国民于水火。直至马克思主义传入，以辩证唯物主义和历史唯物主义哲学、劳动价值论和剩余价值学说、科学社会主义学说武装头脑的中国共产党人，开始以革命为手段，寻求建立社会主义新中国。马克思主义的基本理论和方法，与中国实际相结合，照亮了处于半封建半殖民地的中国。革命胜利后，中国共产党继续领导中国人民，坚持以马克思主义为指导，探索建设中国特色社会主义的道路。毋庸讳言，中国特色社会主义在道路、理论、制度、文化建设领域，都取得了马克思主义与中国实际相结合的伟大成果。事实证明，只有马克思主义才能变革中国社会。

然而，马克思主义并不是也并不能取代中国优秀传统文化，而是要与中国历史和文化相结合。单纯依靠马克思主义理论，是无法深刻认识中国的社会结构、民族品格、人文思想和价值观念的。以儒家为代表的中国传统文化不仅包括正心诚意、修齐治平的为人处世之道，还包含丰富的治国理政、兴德化民的智慧。中国传统文化是中华民族的精神家园，是马克思主义在中国生根、生长的思想文化土壤。经济基础决定上层建筑，建立在社会主义经济基础之上的中国自然要建立一个以马克思主义为指导的文化形态作为上层建筑，确立马克思主义在意识形态中的一元化指导地位。但是，当代中国的文化建设也不能失去民族性，不能剥离中国的文化传统。毛泽东曾指出："我们信奉马克思主义是正确的思想方法，这并不意味着我们忽视中国文化遗产和非马克思主义的外国思想的价值。"[1] "中国历史遗留给我们的东西中有很多好东西，这是千真万确的。我们必须把这些遗产变

---

[1] 《毛泽东文集》第3卷，人民出版社，1996，第191页。

成自己的东西。"① 在 2016 年 5 月 17 日哲学社会科学工作座谈会上,习近平指出,"要加强对中华优秀传统文化的挖掘和阐发,使中华民族最基本的文化基因与当代文化相适应、与现代社会相协调,把跨越时空、超越国界、富有永恒魅力、具有当代价值的文化精神弘扬起来"②。因此,要以马克思主义为指导,探寻社会主义"中国方案"的传统文化基因,取其精华,去其糟粕,增强"中国方案"的文化凝聚力和吸引力。

一 中华优秀传统文化及其基本精神

(一)文化的概念阐释

探寻中国传统文化及其基本精神,首先就要从文化的概念入手。在中国语言系统中,"文"原指纹理。所谓"物相杂,故曰文"③,"五色成文而不乱"④,因而《说文解字》有"文,错画也,象交文"的记载。从文字的引申义看,"文"又指文物典籍和礼乐制度,更有人为修养之意。"化"原指改易、生成、造化,描述事物形态或性质的改变,所谓"化而为鸟,其名曰鹏"⑤,"可以赞天地之化育"⑥,后引申出教化之意。"文"与"化"合为一词使用,最早见于西汉,有"文化不改,然后加诛"⑦"设神理以景俗,敷文化以柔远"⑧ "文化内辑,武功外悠"⑨ 的记载。可见,中国古代的"文化"一词,主要专注于精神领域的文治与教化。文化是人类特有的活动,从这个意义上说,文化其实就是人化,是人类作为实践主体改造客观世界并实现自身价值观念的过程。

文化的概念通常分为广义和狭义两个范畴。广义的文化,主要是从文化的结构层次上加以定义,做出划分,例如:两分说,即把文化分为物质

---

① 《毛泽东文集》第 3 卷,人民出版社,1996,第 191 页。
② 习近平:《在哲学社会科学工作座谈会上的讲话》,人民出版社,2016,第 17 页。
③ 《易·系辞下》。
④ 《礼记·乐记》。
⑤ 《庄子·逍遥游》。
⑥ 《礼记·中庸》。
⑦ 《说苑·指武》。
⑧ 《三月三日曲水诗序》。
⑨ 《文选·补之诗》。

文化和精神文化；三分说，即把文化分为物质、制度、精神；四分说，即把文化分为物质、制度、风俗习惯、思想与价值；六分说，即把文化分为物质、社会关系、精神、艺术、语言符号、风俗习惯。如果就四层次说展开论述，那就包括由人类加工自然创制的各种器物，即"物质的知识力量"构成的物质文化层；由人类在社会实践中建立的各种社会规范、社会组织构成的制度文化层；由人类在社会实践，尤其是在人际交往中约定俗成的习惯性定式构成的行为文化层；由人类社会实践和意识活动长期培育出来的价值观念、审美情趣、思维方式等构成的心态文化层。① 在这其中，心态文化层是文化的核心部分。与广义的文化相对，狭义的文化主要包含知识、信仰、哲学、法律、道德、艺术、风俗等。

(二) 中华优秀传统文化的核心

社会性是人的本质属性，人的社会性通过人的实践活动而获得自觉，并随着历史的演进而得到强化和完善。人的行为必须遵从一定的社会法则，这种社会法则以自然法则为基础。人们在实践中逐步意识到人对自然的依赖关系，不断地认识、理解和感悟自然法则的存在及其力量，从而逐渐形成人类的自我约束原则。② 正是这种社会法则维系着社会秩序，而这种社会法则在中国传统文化中占据核心地位，它被称为：礼。正如有的学者所指出，"'礼'在中国，乃是一个独特的概念，为其他任何民族所无。其他民族之'礼'，一般不出礼俗、礼仪、礼貌的范围。而中国之'礼'，则与政治、法律、宗教、思想、哲学、习俗、文学、艺术，乃至于经济、军事，无不结为一个整体，为中国物质文化和精神文化之总名"。③ 中国古代尤为重视的是礼制，是制度层面的礼，它甚至被视为国家制度的总纲大体或标志特征。

在中国文化中，"礼"字包含有多重意义。"礼仪"多见于人的行为和仪态，"礼制"多出现在典章制度和条文中，"礼义"多反映人的理性活动和思维活动。简言之，中国古代的"礼"可以分为行为之礼、制度之礼、

---

① 张岱年、方克立主编《中国文化概论》，北京师范大学出版社，2004，第3~4页。
② 王启发：《礼的属性与意义》，《中国社会科学院研究生学报》1999年第6期，第77页。
③ 邹昌林：《中国礼文化》，社会科学文献出版社，2002，第14页。

观念之礼三个方面。从属性角度看，行为之礼具有宗教性的意义，制度之礼具有法定性的意义，观念之礼具有道德性的意义。康德说过："有别于自然法则的自由法则，是道德的法则。就这些自由法则仅仅涉及外在的行为和这些行为的合法性而论，它们被称为法律的法则。可是，如果它们作为法则，还要求它们本身成为决定我们行为的原则，那么它们又称为伦理的法则。如果一种行为与法律的法则一致，就是它的合法性；如果一种行为与伦理的法则一致，就是它的道德性。"① 康德所说的两种法则都包含在中国传统文化的"礼"的属性之中。关于"礼"的属性的论述也体现在中国古代典籍之中。《礼记·祭义》载："天下之礼，致反始也，致鬼神也，致和用也，致义也，致让也。致反始，以厚其本也；致鬼神，以尊上也；致物用，以立民纪也；致义，则上下不悖逆矣；致让，以去争也；合此五者，以治天下之礼也，虽有奇邪而不治者，则微矣。"在这里，致反始、致鬼神就是以祖先崇拜和鬼神崇拜为核心信仰的"礼"的宗教属性的体现，致物用就是以制度规定所确立的物质分配原则的"礼"的法律属性的体现，致义、致让则是以人伦关系所确立的交往原则的"礼"的道德属性的体现。《礼记·礼运》载："礼者，君之大柄也，所以别嫌明微，傧鬼神，考制度，别仁义，所以治政安君也"，这也是对"礼"的属性和功能的集中概括。②

在原始部落社会，"礼"最初被用于物物交换，所谓"来而不往，非礼也"，这大概是"礼"的初始意义。后来，经过周公制礼以及孔子的增益与改造，"礼"逐渐成为道德伦理范畴。"礼"起源于宗教。王国维认为，"盛玉以奉神人之器谓之若豐，推之而奉神人之酒醴亦谓之醴，又推之而奉神人之事，通谓之礼"。中国有礼器可考的遗存可推至大约5000年前，据推测，礼器比文字符号更早地被用来表达人与人、人与自然的意向交流。这一文化交流方式对后世文化的发展具有深远的影响。"礼"作为社会制度符号的释义，由此开始。所谓"唯名与器不可以假人"，"鱼不可脱于渊，国之利器不可以示人"。孔子和庄子的论述都表明了礼器的重要性。礼器不能

---

① 〔德〕康德：《法的形而上学原理：权利的科学》，沈叔平译，商务印书馆，1991，第14页。
② 王启发：《礼的属性与意义》，《中国社会科学院研究生学报》1999年第6期，第77页。

孤立地发生作用，它只有在祭祀礼仪中和一定的观念情感相结合，才能构成完整的"礼"的意义。中国传统文化有"天""地""人"三才划分的理论，这与天神、地祇、人鬼的祭祀相对应，反映出"礼"在中国传统文化中的核心地位。

在商代，上帝是君主的祖先神，君主是唯一可以沟通人间与上帝的人。祭祀大礼的参加者，必须按照与君主血缘关系的亲疏远近，来界定人际的尊卑主从关系。原始的"礼"一经注入尊君的内容，就导致神权与政权合一，这是殷商文化的一大特征。在周代，周公制礼形成了较为系统的典章制度，确立起亲亲尊尊的原则，即以自身为起点，上至高祖，下至曾孙，合为九代的亲属关系，以嫡长子为中心，亲其所亲，尊其所尊，由此发展为宗法制、分封制和继承制。和权力、财产的再分配结合一起"礼"就具有了政治、经济、文化的意义。

正所谓大礼三百，小礼三千。从嘉宾、吉凶、军礼到日用起居，无不以"礼"的形态进行社会交往；大到国家政治制度，小到民间礼俗，无不由"礼"做出具体而严格的规定。清人邵懿辰在《礼经通论》中说："冠以明成人，昏以合男女，丧以仁父子，祭以严鬼神，乡饮以合乡里，燕射以成宾主，聘食以睦邦交，朝觐以辨上下，天下之人尽于此矣，天下之事亦尽于此矣。"荀子也曾说："礼者，人道之极也。"① 春秋战国时期，礼崩乐坏，世衰道微，孔子继承周人"立德于礼"的传统，由亲亲而言仁，由尊尊而言义，用正名分来稳定君君、臣臣、父父、子子的关系，从而重新确立了"礼"的体系。实际上，周礼是一套周密而细致的文化制度和语言系统，它实现了高度的符号化、完善化和程式化，其核心在于"定尊卑、明贵贱"。作为文化形态的总称，"礼"包含了所有的人文内容，也就是人之所以成为人的一切社会伦理及行为规范。春秋时期的孟僖子说："不学礼，无以立。"② 荀子说："人之所以为人者，非特以二足而无毛也，以其有辨。"③ 人自觉地与禽兽相区别，就是人告别自然界的开始。因此，"礼"也

---

① 《荀子·礼论》。
② 《左传·昭公七年》。
③ 《荀子·非相》。

是将人与自然相互区分开来的文化分类系统。总之,"礼"在商代神学化,在周代形成一套政教制度,经过孔子对其精神价值的阐发,"礼"成了道德追求;到了荀子那里,"礼"又被补充发展,内化为修己之道,外化为社会纲纪。其后,"礼"寓于教化,促使国家法权、社会道德、个人修养融为一体,开创出兼有"德"与"刑"双重功能的文化模式。

礼文化聚焦人的社会属性:群。在此基础上,"礼"发展出以伦理为本体的人文主义,与文艺复兴时期张扬个性解放的人道主义不同,中华文化的人文主义主要着眼于人与人之间的关系。儒家对人的观察以群体为本位。《荀子·王制》载:"力不若牛,走不若马,而牛马为用,何也?曰:人能群,彼不能群。"那么人为何能群呢?靠的还是礼义。《礼记·冠义》载:"凡人之所以为人者,礼义也。"《礼记·昏礼》载:"夫礼始于冠,本于昏。"经过一定的文化仪式,人就结成了群体,结成群体之后,人才成其为人。如此,每个人就必须承担礼文化为人精心制定的义务、关系和规章制度。《易传·序卦》载:"有天地然后有万物,有万物然后有男女,有男女然后有夫妇。有夫妇然后有父子,有父子然后有君臣,有君臣然后有上下,有上下然后礼义有所措。"《礼记·内则》又载:"礼,始于谨夫妇,为宫室,辨内外。"这些都表明礼停留在人的群体水平上的分类,可以用一套基本的仪式,把男女、夫妇、父子、君臣、上下诸内容都当作社会系统,贯穿起来,构成一个"礼"的系统,这就是礼为人所设定的行为内容。

在中国礼文化中,人与人之间就是靠这些行为准则和观念彼此支撑的。《中庸》载:"天之所覆,地之所载,日月所照,霜露所队,舟车所至,人力所通,凡有血气者,莫不尊亲。"尊亲是礼的主要原则,而礼是最高的,也是最起码的分类准则。周定王曾提及春秋时期一般人的观念:"夫戎、狄冒没轻儳,贪而不让。其血气不治,若禽兽焉。"[1]对一定文化礼仪的认同,成为各文化集团内部相互认可的条件,它既是转换系统,又是调节系统,是野蛮人转换为文明人的决定条件之一。孟子说:"礼,门也。"[2]"礼"成为人相互认同的主要因素,自然也就成为人与非人的界限。人通过文化礼

---

[1] 《国语·周语》。
[2] 《孟子·万章下》。

仪上的认同，构成共同的社会集团，但文化礼仪的权威却又来自天。儒家认为，自然是为人而存在的，因此"逆天者亡"。主张人性恶的荀子也认为人与自然界有某种统一性。他说："水火有气而无生，草木有生而无知，禽兽有知而无义。人有气，有生，有知，亦且有义，故最为天下贵也。"① 主张人性善的孟子更是把仁、义、礼、智这四种德行作为人的自然本性。由此，"礼"所提出的人的价值是与自然同一，人只要按照礼的要求努力发扬自身的善性，就可"尽兴"而"知天"。这种观念在宋明理学时期达到理论上的成熟，是中国礼文化特有的论证方式。

"礼"的分类活动，其原则就是确保人的社会形态与自然形态有着理论上的置换关系。"礼"的分类是在群体水平上的分类，这种分类认为宇宙代表了天地万物，华夏族就代表着整个人类处于宇宙的中心，而天子则成为人类的最高统治者。宇宙秩序是社会秩序的投射，由于"礼"的存在，社会秩序被证明为是对宇宙秩序的模仿；同时，由于天的意志存在，社会秩序又是由某种无形力量牵引的秩序。而"礼"与礼仪的作用，就是确保社会秩序能够准确地对应宇宙秩序。在这一过程中，礼文化将人与自然的关系概括为："万物本乎天，人本乎祖，此所以配上帝也。"② 以此来实现维护人祖的权威与维护天子现实的权威并行不悖。总之，在中国礼文化中，国与家相通，社会与个人相融，人从小就接受作为社会一分子所应遵循的共同规则的训练，从而规定了人的社会属性。

（三）中华优秀传统文化的特质

中华优秀传统文化的特质之一是具有凝聚国家和民族的功能。文化可以超越时代的、地域的、阶级的局限，统摄一个民族的思想与传统。中国传统文化具有以和为贵的精神，具有崇尚和谐、追求统一的胸怀。在这一文化观影响下，国家统一、民族团结是全体中华儿女的共同期盼。以和为贵、崇尚统一的文化精神是从中华一体、国家一统的民族文化心理中发展而来，这在历史上维系了我们国家与民族的长期稳定，起到了文化凝聚的作用。西周以来，传统文化土壤中生长出的大一统观念成为中国人共同的

---

① 《荀子·王制》。
② 《礼记·祭统》。

理性自觉。春秋时期，虽然诸子百家各尽其说，思想、主张各不相同，但对于国家统一、民族融合的大一统观念却具有普遍的共识。这种观念，实际上是天人合一、以和为贵的民族文化精神熏陶的结果。中华民族自古就有国家统一的价值追求。这种大一统观念，先是经过儒、法两家的理论论证，后又经过秦汉建立大一统国家的历史实践，最终成为中华民族最深层的文化力量。民族凝聚力的提高离不开不断更新和充实民族文化精神，千百年来，这种精神和力量始终推动着中华民族的融合与进步，成为统摄人心的精神纽带。

中华优秀传统文化的特质之二是具有激励精神的功能。5000多年来，中国文化始终以其自强不息的精神，激励人们奋发向上，坚持斗争，抵抗侵略。近代以降，中国人民以救亡图存和民族自强为目标，进行了艰苦卓绝的斗争。鸦片战争后，有识之士提出"若要雪耻，莫如自强"；洋务运动打出"自然新政"的旗号；严复翻译《天演论》，强调自强救国、教育救国；康有为发起"公车上书"；孙中山领导的资产阶级革命……凡此种种，都是受到中国文化中"刚健自强"思想的深刻影响。五四运动后，中国共产党人承担起历史使命，领导并取得了新民主主义革命的胜利，彻底推翻了压在中国人民头上的三座大山，建立了中华人民共和国；在社会主义改造和建设过程中，中国共产党人继续以坚忍不拔的毅力，破解了一个又一个难题，逐步探索出中国特色社会主义道路。总之，一代又一代中华儿女继承了刚健有为、自强不息的精神，并不断使之发扬光大。

中华优秀传统文化的特质之三是具有融合与创新的功能。多元一体，正是中国文化的发展格局。中国历史上诞生了许多优秀的地域文化，如齐鲁文化、燕赵文化、巴蜀文化、荆楚文化、吴越文化、秦陇文化、岭南文化等。这些地域文化虽各具特色、独立存在，但自中国文化诞生之日起，就具有高度的文化认同观念，这是中国文化虽为多元，但最终成为一体的关键。国家的统一促进了文化的整合与创新。例如，秦朝最先实现了中国的统一，推行"车同轨，书同文，行同伦"，特别是统一文字的出现为中国文化的传承与传播打下了坚实而非凡的基础，具有极其深远的意义。又如，隋唐、明清时代，中国文化呈现盛世之气象，域内外文化先后被中华文化纳入整体框架之中。

中国古代哲学讲"和实生物，同则不继"①，认为"和"是创新的源泉，而万物的生生不息与创新是矛盾统一体中对立方面相整合的结果，因此《易传》有云"日新之谓盛德，生生之谓易"。② 总的来看，融合与创新构成了中华民族文化演进的主线，这一主线与民族文化心理紧密联系，是中国文化打破地域和阶层限制、形成统一国家和文化共同体的关键。

中华优秀传统文化的特质之四是具有维系伦理的功能。中国文化具有伦理型特质。这一特质深刻影响了传统社会心理，规范了人们的行为，并在观念的意识形态领域产生了深远的影响。中国人历来格外注重血缘关系，中国社会既有纵向的辈分区分，也有横向的备份区分，如父母系、嫡庶出、长幼序等。中国文化具有浓烈的"孝亲"情感，认为"百善孝为先"，由此，"尊亲"在中华民族的道德传统中占有极其重要的地位。在中国古代社会中，无论是忠君、敬长还是尊上，都被视为孝道的延伸。"夫孝，始于事亲，中于事君，终于立身。"③ 伦理型文化的道德约束不仅适用于民间，还同样适用于包括君主在内的统治者。从这个意义上讲，"孝"是一切道德规范的核心，而中国传统文化维系伦理的独特文化功能也始于此。中国传统文化的维系伦理功能还具体表现在特定历史条件下，鼓舞人们保持高风亮节，忠于国家民族。千百年来，一旦国家与民族面临侵略和外辱，无数仁人志士正是从传统道德伦理思想中汲取营养，舍生取义，杀身成仁。

（四）中华优秀传统文化的基本精神

中华优秀传统文化经历了漫长的发展阶段，形成了独具特色的文化传统。习近平在中国国际友好大会暨中国人民对外友好协会成立60周年纪念活动上指出，中华文化崇尚和谐，中国"和"文化源远流长，蕴含天人合一的宇宙观、协和万邦的国际观、和而不同的社会观、人心和善的道德观。在5000多年的文明发展中，中华民族一直追求和传承和平、和睦、和谐的坚定理念。以和为贵，与人为善，己所不欲、勿施于人等理念在中国代代相传，深深植根于中国人的精神中，深深体现在中国人的行为上。中华民

---

① 《国语·郑语》。
② 《易·系辞下》。
③ 《孝经·开宗明义》。

族文化的基本精神离不开优秀传统文化的锻造。中国文化的基本精神主导着民族文化的思想精粹,维系着中华民族的延续发展,影响着人们的价值追求,从本质上看,中国传统文化的基本精神就是中华民族的民族精神。

1. 讲仁爱

中华优秀传统文化具有鲜明的伦理特征,儒家文化是典型代表。儒家强调人与自然、人与人之间的关系要从道德的视角审视,其思想的核心观念是"仁",认为天与地的根本属性是"仁",所谓"天地之大德曰生"①"天,仁也"②"仁,生物也"③等。儒家还认为,从天地之德发展而来的伦理关怀是人应该具有的,因为人与自然同根同源,所谓"地势坤,君子以厚德载物"④"圣人深虑天下,莫贵于生"⑤"兼乎万物,而为万物之灵"⑥等。人可以通过对自然界的现象的观察,领悟社会、人生中的天理人伦,因为自然万物与社会伦理道德存在密切的联系。

中国传统文化中的"礼",是人类效法天地运行,对应社会人情的产物。相传西周末年,周公制礼作乐。周公参与制定了一些体现亲亲、尊尊、明德以及尚贤等礼制精义的礼仪活动,这些礼仪活动在周代社会中广泛传播,并随着各项根本制度的逐步确立,对中国古代社会产生了重要的影响。而周公制礼对社会的影响主要体现在对道德理性的养成方面,《礼记·经解》载:"故朝聘之礼,所以明君臣之义也。聘问之礼,所以使诸侯相尊敬也。丧祭之礼,所以明臣子之恩也。乡饮酒之礼,所以明长幼之序也。昏姻之礼,所以明男女之别也。夫礼,禁乱之所由生,犹坊止水之所自来也。故以旧坊为无所用而坏之者,必有水败。以旧礼为无所用而去之者,必有乱患。故昏姻之礼废,则夫妇之道苦,而淫辟之罪多矣;乡饮酒之礼废,则长幼之序失,而争斗之狱繁矣;丧祭之礼废,则臣子之恩薄,而倍死忘生者众矣;聘觐之礼废,则君臣之位失,诸侯之行恶,而倍畔侵陵之败起

---

① 《易·系辞下》。
② 《春秋繁露·王道通三》。
③ 《释名·释形体》。
④ 《周易·坤卦》。
⑤ 《吕氏春秋·贵生》。
⑥ (宋)邵雍:《观物外篇》下之中,载《邵雍集》,中华书局,2010,第151页。

矣。故礼之教化也微，其止邪也于未形，使人日徙善远罪而不自知也。是以先王隆之也。"由此，各项礼仪活动显示出道德教化意义，而这种道德是人与人交往过程中所必须加以遵守的行为准则，实际上就是一种规范。

儒家认为，按照这样的道德标准，如果人人都能够严格要求自己，那么一种相对和谐的状态就会在广大社会成员之间建立起来。儒家倡导仁者爱人，认为尊重生命是大德，通过天道来体会人道，通过人道来效法天道，因而从道德角度提出了"天人合一"。从这个角度出发，儒家将对待万物的态度看作道德问题，有所谓"伐一木，杀一兽，不以其时，非孝也"①。孟子说："君子之于物也，爱之而弗仁；于民也，仁之而弗亲。亲亲而仁民，仁民而爱物。"② 孟子仁民、爱物的思想得到了明确的体现。从血缘关系的爱亲，到普遍关系的爱人，再到回归自然的爱物，仁的内涵就在道德层面搭建自然与人类平等的桥梁。君子道德修养的重要内容包括爱护自然万物，正所谓"君子之于禽兽也，见其生，不忍见其死；闻其声，不忍食其肉。是以君子远庖厨也"③。另一位儒家代表人物荀子则认为，自然关系和人际关系可以通过道德来调整，他说："夫义者内节于人，而外节于万物者也。"④ 这里的"义"，就是一个同时涵盖自然与社会道德的概念。到了宋明时期，理学兴起，这一思想趋于系统化和哲理化。思想家也进一步论证了仁爱思想的必然性和普遍性。如北宋思想家、教育家程颢认为："学者须先识仁。仁者，浑然与物同体。"⑤ 这就是说，人可以与天地万物融为一体，前提是达到"仁"的境界。与此同时，"仁者，以天地万物为一体，莫非己也"。⑥ 人只有与天地万物融为一体，达到理想的人生境界，才能具有仁者情怀。

理学创始人之一张载提出了"民胞物与"的思想，所谓"乾称父，坤称母，予兹藐焉，乃混然中处。故天地之塞，吾其体；天地之帅，吾其性。

---

① 《大戴礼记·曾子事父母》。
② 《孟子·尽心上》。
③ 《孟子·梁惠王上》。
④ 《荀子·强国》。
⑤ （宋）程颢、程颐：《河南程氏遗书》卷二上，载《二程集》，中华书局，1981，第16页。
⑥ （宋）程颢、程颐：《河南程氏遗书》卷二上，载《二程集》，中华书局，1981，第15页。

民吾同胞,物吾与也"。①张载在这里以天地为父母,以所有人为同胞,而自然万物都是人类的伙伴,将宇宙看作一个天人一体、充满温情的大家庭,体现了仁者爱人的终极道德情怀。他主张人们要像爱同胞手足一样爱一切人,像爱朋友一样爱天下万物。理学大家朱熹认为,真正的仁爱,是"在天地则块然生物之心,在人则温然爱人利物之心,包四德而贯四端者也"②;"此心爱物,是我之仁;此心要爱物,是我之义"③。仁义礼智的形式各不相同,体现于自然万物之中,而朱熹将自然万物的生长发育与社会道德联系在一起。

心学集大成者王阳明则从"心本论"的角度出发,指出天地万物俱为一体,主张君子之道在于仁爱万物。简言之,儒家注重人的道德理性修养,并以其"天人合一"思想,超越了仅仅实现自身生存的视野,论述了讲仁爱对于实现自我价值的意义。在这样的境界中,哲学与理想相互关联,个人与他人彼此联系,个人与社会融为一体。

2. 重民本

以民为本是中国文化基本精神的重要内容,"重民本"也素来被认为是中国传统文化的一大特色。何谓重民本?即以人为考虑一切问题的根本。在中国传统文化的语境中,重民本就是在人与神之间以人为中心,在天地之间以民为中心。中国古代各类文化思潮的关注焦点始终是人,无论是中国传统文化的主体内容,还是整个中国社会的价值系统,始终围绕人生价值目标的实现而展开具体实践。

中华优秀传统文化的基本精神,或者说中华优秀传统文化的主基调,就是天地之间,以民为本,以人为贵。因而中国文化不同于西方文化,它超越了宗教情感与功能。中国传统文化"重民本"的思想核心是"民惟邦本"。这一核心观念主张统治者必须尊重民意,顺应民心,因为民众是国家的根本,对安邦定国起决定性作用。这一思想最早见于《尚书·夏书·五子之歌》:"民惟邦本,本固邦宁。"先秦诸子对这一思想进行了进一步的阐

---

① (宋)张载:《正蒙·乾称》,载《张载集》,中华书局,1978,第62页。
② (宋)朱熹:《仁说》,载《朱熹集》卷六十七,四川教育出版社,1996,第3453页。
③ (宋)黎清德编《大学二·经下》,载《朱子语类》卷十五,中华书局,1986,第293页。

释。孔子说:"所重:民、食、丧、祭"①,指出了民众的重要地位。孟子提出了"民贵君轻"的著名思想:"民为贵,社稷次之,君为轻。是故得乎丘民而为天子,得乎天子而为诸侯,得乎诸侯而为大夫。"② 即民众在国家统治中的地位要高于君王。荀子也做了一个经典的比喻:"君者,舟也;庶人者,水也。水则载舟,水则覆舟。此之谓也。故君人者,欲安,则莫若平政爱民矣。"③ 这里将君王与民众的关系比作舟和水的关系,君王想要使统治安稳,必须得到百姓的支持与爱戴。管子说:"夫霸王之所始也,以人为本"④,强调要成就大业,必须贯彻"以人为本"的思想,以人民为根本。汉代以后,随着人们总结秦朝二世而亡的教训,"重民本"的思想有了进一步的发展。贾谊指出:"闻之于政也,民无不为本也。国以为本,君以为本,吏以为本。故国以民为安危,君以民为威侮,吏以民为贵贱,此之谓民无不为本也","与民为敌者,民必胜之"。⑤ 这就是说,切不可与民为敌,因为民众是国家的根本,是君王治国的根本,也是官吏为政的根本。刘向说:"国不务大,而务得民心,佐不务多,而务得贤俊"⑥,即国家政务的关键在于民心。简言之,"重民本"是中国传统文化中的重要思想,人民是从事生产活动和社会活动的主体,民众本身也是稳定社会政治秩序的重要力量。无论是国家、君主还是官吏为政,都离不开民众的支持。

与此同时,中华优秀传统文化认为人不仅是宇宙和万物的中心,还是衡量万物的尺度。在传统的"天人合一"思想中,"天"是人实现道德理想的手段,是理性与道德的化身。由于天道的人格化,人事虽然要附会天命,但在天人之间,人是主导,是目的,这就充分体现了以人为本的文化精神。值得注意的是,中国古代的思想家虽然承认天命,但对神鬼是抱有怀疑态度的。以儒家为例,孔子是承认天命的,但对鬼神采取了敬而远之的态度。孔子说:"务民之义,敬鬼神而远之,可谓知矣。"⑦ 面对弟子的提问,孔子

---

① 《论语·尧曰》。
② 《孟子·尽心下》。
③ 《荀子·王制》。
④ 《管子·霸言》。
⑤ 《新书·大政上》。
⑥ 《说苑·尊贤》。
⑦ 《论语·雍也》。

又说:"未能事人,焉能事鬼?""未知生,焉知死?"正因为不信鬼神,孔子也不相信祷告,他曾说:"丘之祷久矣。"①《论语》也有记载:"子不语怪、力、乱、神。"由此可见,孔子关注的是人的问题,而要解决现实问题,不能靠鬼神,只能寄希望于人。儒家的人本思想获得了广泛的文化认同,古代思想家认为,要依据天道来指引人道,人的生产活动要顺应自然。天道与人道是末与本的关系。正如东汉思想家仲长统所说:"所贵乎用天之道者,则指星辰以授民事,顺四时而兴功业。其大略也,吉凶之祥又何取焉?……所取于天道者,谓四时之宜也;所一于人事者,谓治乱之实也。……以此言之,人事为本,天道为末,不其然与?"②总而言之,中国文化具有"以人为本""以民为本"的思想传统,道德实践也由此被提升到至高地位,同时,这一思想传统对于人的精神的开发以及个体道德的自我建立,具有十分强大的推动作用。从这个意义上讲,中国传统文化又是一种伦理本位的文化。因为无论是儒家提出的明明德、新民、止于至善的纲领,还是格物、致知、正心、诚意、修身、齐家、治国、平天下的条目,都是以道德实践为核心要义。

3. 守诚信

《中庸》一书是战国末期儒家思想的代表成果之一。其记载主要体现了孟子、荀子的思想,构建起一个内涵丰富、格局庞大的人生哲学系统。而"诚"就是这套哲学系统的最为核心的观念。孟子曾说:"诚者天之道也,思诚者人之道也。至诚而不动者,未之有也;不诚未有能动者也。"③孟子在这里所说的"诚"是真实、不欺骗之意。荀子说:"君子养心莫善于诚,致诚,则无它事矣。唯仁之为守,唯义之为行。诚心守仁则形,形则神,神则能化矣;诚心行义则理,理则明,明则能变矣。变化代兴,谓之天德。天不言而人推高焉,地不言而人推厚焉;四时不言而百姓期焉。夫此有常以至其诚者也。君子至德,嘿然而喻,未施而亲,不怒而威,夫此顺命以慎其独者也。善之为道者,不诚则不独,不独则不形……天地为大矣,不

---

① 《论语·述而》。
② 《全后汉文》卷八十九。
③ 《孟子·离娄》。

诚则不能化万物;圣人为知矣,不诚则不能化万民;父子为亲矣,不诚则疏;君上为尊矣,不诚则卑。夫诚者,君子之所守也,而政事之本也。"① 在这里,荀子认为诚是德行的基础,达到诚的境界,其他德行也就自然具备了。只有诚,然后才能使人成为人。天地能化万物,是因为诚,圣人能教化万民,也是因为诚。中国文化认为,人必须使行为合乎于道,且不能违背道德,才能达到"诚"的境界。正如《中庸》所载:"诚者,天之道也;诚之者,人之道也。诚者,不勉而中,不思而得,从容中道,圣人也。诚之者,择善而固执之者也。"

4. 崇正义

崇正义是中华民族的传统美德。所谓"义,人之正路也"②。在中国传统文化中,"正义"是人的立身之本,是基本的道德规范,是明辨是非的标准,是人之所以为人的根据。中国古代文化中的"正义"源远流长。《中庸》载:"义者,宜也。"《墨子·天志下》说:"义者,正也。"与"仁"一样,"正义"也深深融入了中华民族的道德体系,是中国传统文化中居于主导地位的价值观,体现了对天下和谐与和顺的追求。儒家最早提出"天下为公"的理想,社会和谐与人心和顺的根本保障就是公义、正义。《孔子家语·礼运》载:"老有所终,壮有所用,幼有所长,鳏寡孤独废疾者皆有所养,皆有所养",这代表了中国人的传统社会理想。《墨子·天志中》载:"天下有义则治,无义则乱。"《荀子·赋篇》载:"行义以正,事业以成。"贾谊《新书·威不信》载:"古之正义,东西南北,苟舟车之所达,人迹之所至,莫不率服。"足见"正义"是人内在的一种价值观念,体现了价值理性原则和实践理性原则。与此同时,中国传统文化强调"奉献"在人生价值中的意义,因而讲求"公义"与"私利"的对立统一。例如,荀子提出"先义而后利",董仲舒主张"正其谊不谋其利",朱熹把正确处理个人利益与国家利益的关系视为儒者的第一要义,等等。从这个角度讲,正义是人的立身之本,而把"小我"融入"大我"之中就是个人利益与社会整体利益发生关系的原则。总之,先义后利、以义制利,这是中华民族传统价值

---

① 《荀子·不苟》。
② 《孟子·离娄上》。

观的重要内涵。

5. 尚和合

中西文化的一个显著差异，就是"尚和合"。不同于注重"区别"和"对抗"的西方文化，中国文化注重和谐与统一。在中国历史上，有所谓"和同之辨"。西周末年的史伯提出由不同元素相配合，才能使矛盾均衡统一，收到和谐的效果。香甜可口的食物要求五味相合，悦耳动听的音乐要求六律相合，只有善于倾听正反之言，才能造成"和乐如一"的局面。史伯还说："和实生物，同则不继。以他平他谓之和，故能丰长而物归之。若以同裨同，尽乃弃矣。"① 不同事物之间彼此为"他"，"以他平他"即把不同事物联结在一起。"和"就是不同事物相配合而达到平衡，只有"和"才能产生新事物。如果把相同的事物放在一起，就只有量的增加而不会发生质的变化，就不可能产生新事物，事物的发展就停止了。史伯运用和谐理论来探讨"和"与"同"的区分，这说明他对矛盾的同一性已有一定的认识。春秋末年齐国的晏婴进而用"相济""相成"的思想丰富了"和"的内涵。他将其运用于君臣关系上，强调君王在处理政务上意见"否可相济"的重要性。所谓"君所谓可，而有否焉，臣献其否，以成其可；君所谓否，而有可焉，臣献其可，以去其否"。② 可否相济便是"和"，通过"济其不济，以泄其过"的综合平衡，使君臣之间保持"政平而不干"的和谐统一关系。孔子继承了这种思想，主张"礼之用，和为贵"③，他说："君子和而不同，小人同而不和。"④ 在孔子看来，区分"君子"和"小人"的标准就是对"和"与"同"的不同取舍，而"重和去同"是他的价值取向。⑤

尚和合的思想，主张以广阔的胸襟、海纳百川的气概，容纳不同意见，它肯定了事物是多样性的统一。尚和合的思想大大促进了民族文化的发展。《易传》提出"天下百虑而一致，同归而殊途"⑥ 的主张，便是尚和合思想

---

① 《国语·郑语》。
② 《左传》昭公二十年。
③ 《论语·学而》。
④ 《论语·子路》。
⑤ 参见张岱年、方克立主编《中国文化概论》，北京师范大学出版社，2004，第292页。
⑥ 《易传·系辞下》。

的体现。在文化价值观方面,提倡在主导思想的规范下,不同派别、不同类型、不同民族之间思想文化的交相渗透,兼容并包,多样统一。在中国文化漫长的发展历程中,儒道、儒法、儒佛、佛道相互影响,最终形成儒释道三教合一的局面,这种文化碰撞与消融体现了中国传统文化尚和合的价值导向。以至于中国文化日后对基督教、伊斯兰教等外来宗教的容忍和吸收,都表现出有容乃大的博大胸怀。在各种不同价值系统的区域文化和民族文化的冲击碰撞下,逐步走向融合统一。中国文化在民族价值观方面,承认任何民族的文化都有其价值,认为文化是平等的,不同文化的交流要符合礼仪道德标准。汉代司马相如受武帝之命"通西南夷",招抚少数民族,其指导思想就是兼容并包、遐迩一体。汉王朝以尚和合的思想使各个民族融为一体,成为统一的中华民族。在治国之道方面,兼容天下的胸怀表现为"以君子长者之道待天下"①,善于听取不同的意见。尚和合的文化精神主张兼听则明,偏听则暗。

中国文化中的"尚和合"思想,往往是与"尚中"思想联系在一起的。《中庸》载:"喜怒哀乐未之发谓之中,发而皆中节谓之和。中也者,天下之大本也;和也者,天下之达道也。致中和,天地位焉,万物育焉。"宇宙万物和人类社会要实现各安其位,就必须达到中和状态。最好的秩序和状态就是和谐,这是最高的理想追求。儒家和谐观的重要内容是以中为度,中即是和。"和"包含着"中",持"中"就能"和",汉代以降,这种观念被历代思想家认同、继承和实践。"尚和合"的思想体现了中国伦理型文化的基本精神,这一思想符合大一统的政治需要,符合宗法社会的伦理情感需要,符合民族的情感心理原则,对于社会的稳定和进步具有十分积极的影响。

6. 求大同

自古以来,中华民族就有对小康社会和大同世界的追求。孔子在2000多年前就提出了"天下为公"的大同世界的构想,他认为中国的社会发展要经历"据乱世""升平世""太平世"三个阶段,"升平世"指的就是小康社会,温饱无忧,生活宽裕是这个社会阶段的特征。而到了"太平世",就达到了"天下为公"的大同世界,是实现人类理想的最高境界。《礼记·

---

① 《苏轼文集·刑赏忠厚之至论》。

礼运》载："大道之行也，天下为公，选贤与能，讲信修睦。故人不独亲其亲，不独子其子，使老有所终，壮有所用，幼有所长，鳏、寡、孤、独、废疾者皆有所养，男有分，女有归。货恶其弃于地也，不必藏于己；力恶其不出于身也，不必为己。是故谋闭而不兴，盗窃乱贼而不作，故外户而不闭，是谓大同。"这段话的意思是选用贤能，诚信和睦，使人各得其所，物尽其用，人尽其力，阴谋不兴，盗贼不作，于是天下大同。通过儒家的教育和活动，"大同"思想在古代国家、社会、日常生活的不同层面深刻影响着人们的实践。"大同"理想经过历代思想家、政治家的不断丰富和发展，已经成为中华民族文化传统中不可或缺的组成部分。何休在《春秋公羊传解诂》中描绘了人人均财力、同苦乐、天下一家的理想世界；阮籍在《大人先生传》中描绘了无君无臣、富贵平均的社会理想；陶渊明描绘了没有剥削压迫、人人安居乐业、共同劳动的"世外桃源"。这些例证都体现了中国传统文化中求大同的社会理想。无论是意识形态领域，还是现实生活实践，"大同"理想都影响深远。到了近代，康有为借鉴古今中外关于社会理想的思想精华，写成《大同书》，将中国传统的大同理想推向更高的层次。孙中山继承了中国传统的大同理想，并进一步结合中国国情提出了"三民主义"学说，其中的民生主义已颇具现代社会主义的色彩。简言之，从古至今，"大同"理想始终影响着中国知识分子开展政治、生活实践，是宝贵的传统思想资源。

二 中华优秀传统文化的价值

（一）中华优秀传统文化的现代价值

人类文明的发展离不开历史所构筑的传统基础，中华民族在历史长河中通过不断改造自然和社会的实践活动，形成了中国传统文化这一珍贵的成果。中国传统文化是弥足珍贵的精神财富，是中国特色社会主义建设的重要资源。近代以来，国家与民族的命运跌宕起伏，中国传统文化始终显示出顽强的生命力，成为中华民族共同的精神记忆和文化基因。中国传统文化是中华民族的身份标识。

从本质上看，民族是一个文化范畴，一个民族想要生存和发展，就必须对本民族的文化有充分的理解、发展与传承,只有根植于本民族的文化土壤之中,才能自立于世界民族之林。伴随着世界历史的发展,很多民族的文化消亡了,这些民族也随之消失了,全球化背景下,面对西方"普世价值"的冲击,维护民族传统文化的独立性至关重要。中国传统文化就是中华民族的精神标识和身份象征,是中国人之所以为中国人的唯一标志。中国传统文化根植于中国人的内心,深刻影响着中华民族的思维方式和行为习惯,庇护着中华文明生生不息,延绵千年。

中华优秀传统文化还是理解现实的钥匙。不了解昨天的中国就不可能真正了解今天的中国,只有深入了解和正确掌握传统文化,才能站在历史的制高点上审视中国当前的发展和未来趋势。中国特色社会主义的伟大事业就根植于中国传统文化的沃土中,中国特色社会主义的道路、理论体系、制度都有着深厚的优秀传统文化渊源。正如习近平所指出:"历史虽然是过去发生的事情,但总会以这样那样的方式出现在当今人们的生活之中。我国传统思想文化根源在社会生活本身,是人们思想观念、风俗习惯、生活方式、感情样式的集中表达。古代思想文化对今人仍然具有很深刻的影响。"① 作为一个有5000多年历史的文明古国,中国有着独特的文化传统、独特的历史命运、独特的基本国情,当代中国所呈现的面貌与特征都可以从传统文化中找到依据。因此,中国传统文化对认识中国的实际具有重要的价值。

中华优秀传统文化还为解决现实问题提供了参考。延绵5000多年的中国传统文化蕴藏着中华民族丰富的思想文化资源,几千年来流传至今的关于生产、管理、政治、军事等方面的实践经验与教训对当今的社会主义现代化建设具有启示和借鉴意义,同时,也为应对当今世界各国所共同面临的问题提供了"中国方案"。习近平指出"世界上一些有识之士认为,包括儒家思想在内的中国优秀传统文化中蕴藏着解决当代人类面临的难题的重要启示"②。这道出了中国传统文化的世界价值。

---

① 习近平:《牢记历史经验历史教训历史警示 为国家治理能力现代化提供有益借鉴》,《人民日报》2014年10月14日。
② 习近平:《在纪念孔子诞辰2565周年国际学术研讨会暨国际儒学联合会第五届会员大会开幕会上的讲话》,《人民日报》2014年9月25日。

(二) 中华优秀传统文化的民族性特征

中华优秀传统文化要体现当代价值,还需要以科学的态度取其精华。全球化背景下,各个民族及其文化都面临着严峻的挑战,中华优秀传统文化的突出价值就在于其民族性特征和主体自觉意识,这是中国文化几千年来成功应对每一次文化冲突与融合的根本原因。今时今日,全球化浪潮日益高涨,中华优秀传统文化的民族性特征和主体自觉意识是中国成功应对各种文化冲击与融合的文化精神依据,更是中国自立于多变的世界文化格局的历史信念。从实质上看,当今世界的全球化是西方文化主导下的全球化,它具有基督教文明与生俱来的"普世主义"文化扩张因素,因而,我们不可对舆论大肆宣扬的全球化概念盲目附和,而是必须保持审慎。如何客观审视当今的全球化呢?中国传统文化中"和而不同"的理念就很有借鉴意义。从历史发展看,每一次域外文化的涌入都被中国传统文化成功从容应对,域外文化通常被中华文化的母体所消融、吸纳,成为有益的机体成分,这是中国文化得以绵延千年的秘诀,考察其背后的原因,我们会发现是中国文化所特有的民族性特征和主体自觉意识。

从文化的角度看,古时中华文化的基本格局是夷夏对立。在中华文化中,中原地区是诸夏居地,中原之外的周边地带被称为"四夷"。由此就出现了夷、夏之分。这种区分所强调的是中原地区和周边地带的文化差异,因此,夷、夏之别不在种族血统,而在于礼俗文化,正所谓"诸侯用夷礼则夷之,夷而进于中国则中国之"[①]。各民族以共同的礼俗文化为信念,不断走向融合,这是中华民族能够成为统一体的根本文化原因,也是中华文化的最大特点。根据现代考古成果,人们发现早在夏商时期,在中国的西北地区就发生过文化对抗与军事冲突,而对抗和冲突的根源就在于中亚乃至西亚和欧洲的种族及其文化入侵。西周的一件大事是周公制礼,周公以礼乐形式表现周人的文化特征,并以此作为区分中原与戎狄种族的标准,这就为抵御外来种族及其文化冲击做出了制度和文化层面的规定,其开创性意义难以估量。到了春秋时期,有所谓"南夷与北狄交,中国不绝若

---

① 韩愈撰《韩昌黎文集校注》,马其昶校注,上海古籍出版社,1986,第17页。

线"①，足见戎狄势力的强盛。这一时期也有一件大事，就是孔子修订《春秋》，以此来捍卫位于中原的华夏各族以及周公所制礼乐文化的正统地位，孔子的目的在于"严夷夏之防"，为此，他提出尧舜禹汤文武周公的圣统，建立起仁义礼乐的文统。从文化层面看，圣统与文统的提出正式确立了华夏文化的内涵与主干，体现了华夏文化应对西方文化长期渗透威胁的主体意识觉醒和强化。到了西汉，汉武帝罢黜百家、独尊儒术，正式确立了孔子儒家文化体系的正统地位，建立起华夏—汉文化体系。从此以后，无论是域内的蛮夷戎狄，还是域外的文化输入，都消融于以孔子儒家思想为代表的华夏文化的母体之内。汉晋之后，发生了五胡十六国之乱，戎狄势力一并涌入中原地区，中华民族历史上第一次大规模的种族血统和思想文化融合随之发生，这一时期对中原文化的威胁主要来自中亚、西亚以及中国西北诸族。到了隋唐时期，西北诸族相继衰弱，东北诸族开始崛起，契丹、女真、满族等相继从军事和文化层面入侵中原。如果说西北诸族的背后是西方文化的话，那么东北诸族背后则是东北地区和环太平洋地区的文化。西北民族大多是骑马民族，而东北民族大多半耕半牧。因此，西北诸族往往只是热衷于对中原地区实行攻掠，而东北诸族因较为适应中原文化，大多希冀入主中原。在中原文化和西北诸族与东北诸族的冲突、博弈中，匈奴、突厥、鲜卑、契丹、女真等先后进入中原的各族相继被融入中华民族的母体之内，与之相联系的文化因素也消化融入中华文化的主体之中。

中国文化史上的一件大事是儒、释、道三种思想文化的交汇与融合，这一过程同样体现了中国传统文化的民族性特征。佛学是儒家文化的劲敌，但它在两汉之际刚传入中国时，并未引起人们的注意。后来，经过两汉魏晋以及南北朝的发展，佛学开始在中国的思想文化领域产生越来越大的影响。与以实践理性见长的儒家思想不同，佛学较为擅长精致的哲学思辨。面对佛学的挑战，儒家也认识到自身的不足，因而开始与老庄联手，一起致思本体，论说虚无。在这样的文化演进中诞生了魏晋玄学。与此同时，出于实现中国本土化的需要，佛学也开始依附老庄，逐渐改进自己的学说。儒学、佛学先后与老庄联手，彼此吸纳合理因素而共同发展，这就为日后

---

① 孔广森：《春秋公羊经传通义》，北京大学出版社，2012，第102页。

儒、佛、道三教合流埋下伏笔。后来的历史也证明，照搬印度佛教原教义的佛教流派在中国很快衰落，而实现中国化的佛学流派——禅宗在唐宋以后一枝独秀。另外，源于魏晋玄学的理学在宋明时期达到全盛。禅宗和宋明理学的发展成熟，标志着两汉之际输入的佛学完全融入中国文化，至此，中国传统文化终于形成了儒、释、道三家并立交汇的思想文化格局，佛学这种外来的异质文化被中国传统文化成功消融，反过来补益充实了中国文化自身。

清朝中后期，中国文化开始面临空前强大的域外文化的挑战。刚刚进入资本主义时期的西方列强以坚船利炮轰开了中国的国门，此时的中国封建王朝正走向没落，无力阻挡西方文化犹如洪水猛兽般涌入中国。面对先进的工业文明所武装起来的西方文化，人们对中华民族的文化传统一度产生怀疑。这一时期，中西文化的碰撞异常剧烈，太平天国、洋务运动、戊戌变法、义和团运动、辛亥革命直至五四运动，无不体现了中国文化与西方文化的种种博弈。在文化冲突与博弈中，中国的精英知识分子也逐步认清西方文化的本质，重新树立起中华民族的文化自信。1920年，梁启超远赴欧洲游历，目睹了第一次世界大战之后欧洲满目疮痍的状况，认为这是科学技术引领的物质文明给人类带来的恶果，他认为西洋文明已经走到尽头，当时世界所面临的问题只有中国文化才能解决。此后，以"中体西用论"为代表，人们开始认真思考中国文化现代化以及如何应对全球化的问题。这一理论的长处在于，坚持了中国文化的主体地位，重拾了对中国文化的信心。此时，文化思想界已经调整心态，开始认真思考中西文化的问题，并为此提出种种设计方案。总之，在整个19世纪世界近代化的浪潮中，中国的民族文化经过最初与西方文化遭遇后，又重新树立起自信，拉开了中国文化重建和改造的序幕。

历史向人们说明，中国文化曾成功地应对外来文化的挑战，因为中国文化始终坚持了自身的民族性主体自觉。近代以来，经过百余年的努力，中国文化的地位和价值已经重新获得肯定，中国文化不仅获得与西方文化平等对话的机会，而且正成为对西方文化补偏救弊的良方。总而言之，中国文化具有鲜明的民族性特征，始终坚持民族性主体自觉，这一突出的特点是中国文化得以始终保持主体地位，并在世界文化交流中找准自身定位的根本原因。

(三) 中华优秀传统文化的人文理性传统

中华优秀传统文化中有儒家所主导的"义利之辨"和"理欲之辨",这反映出中国文化对人性美善进化的导向关注,彰显了中国文化的人文关怀。毋庸讳言,中国文化的人文理性传统是其本质属性。事实上,人类在进入文明时代之初,就开始向人性的美善进化。儒家所谓君子、小人概念以及儒家褒扬君子而批判小人,就涉及其理想中对人性美善进化的道德向往。

中华优秀传统文化的人文理性传统源远流长。天命观念流行于三代,但所谓天是人文化的天,道德化的天,也是人事伦理正义的象征。在以天地人三才为文明起源的构想框架中,最看重人的因素,即"天地之中人为贵"。后来孔子儒家继承了这一思想,提出"人为天地心""人与天地参"的命题。儒家讲天,立意其实在于凸显人,从而把天道归结为人道,这就是《荀子·儒效》所载的"道者,非天之道,非地之道,人之所以道也,君子之所道也"。与之相反,老子提出形而上的抽象本体之道,以之作为天地万物的总根源,天道自然成为宇宙间的决定性力量;人法道,天法道,道法自然,其中包括"尊天抑人"的倾向。庄子接受了老子道论,但庄子的天道自然更加属意于人性自然,因此颇有人性自然归属的意识。在庄子看来,最完善的人性是尽去其人而全合于天者。由于人性自然是庄子道论的最高追求,由此推出魏晋玄学中的名教与自然之辨。中国文化的发展始终是以人为核心而展开的。《隋书·经籍志》载:"且先王设教,以防人欲,必本于人事,折之中道。上天之命,略而罕言;方外之理,固所未说。"这就是说,一切政教设施都为现实人事、伦理治化而发,其他天命幽微,方外玄理罕为论说。总之,中国源远流长的人文理性传统,是未来世界文化发展的希望所在,因为它是抵制日益兴盛的科学主义及与之相伴的功利主义思想的利器,也是保存和阐释人及其文化价值本体的意识根据。①

科学主义以及与之相伴的功利主义在社会文化层面必然引发震荡。有学者对中国近百年来的科学与人文思潮的发展轨迹进行了总结,并指出其

---

① 参见葛志毅:《中国文化的人文理性传统在现代社会》,第六届世界儒学大会学术论文集,2013年9月27日。

中基本包括两种思路：一是站在人文主义立场，从中国传统文化入手，同时吸收近现代西方文化的思想和方法，尝试建立人文主义的本体论体系，以实现东西方文化的会通；二是站在科学主义立场，从西方近现代文化发展趋势入手，在介绍、消化和接受西方文化的基础上，尝试建立科学主义的之时论体系，以实现东西文化的会通。[①] 科学主义与人文主义在一般取向上是相互对立的，但20世纪中叶以来，出现了新人文主义理念的提法，意在合和科学与人文的对立，然而，两种文化的对立并没有因此消解。科学功利意识日盛，科学文化日益凌驾于人文文化之上。传统社会在某种意义上具有重道义、轻功利的色彩，而现代社会文化在本质上重功利、轻道义，功利意识的膨胀与资本主义使社会俗化的趋势相一致，必然对人性自由产生消极影响。法兰克福学派认为，工具理性支配下的现代社会的种种不自由的根源之一，就是科学与科技。该学派不仅指出了科学技术在实际运用中产生的各种负面影响，而且着重分析了科学技术与政治相结合，在现代西方社会所发生的功能异化，即变为一种统治人、奴役人的支配力量。受此影响，人失去了人性自由，被置于科学技术的控制之下。总之，在现代资本主义社会，科学技术在最大限度地满足人们的功利和欲望的需求，这导致了科学功利主义的泛滥。

现代科学技术的发展无可阻挡，人们生活的几乎所有方面都离不开科学技术的介入，已经形成对科学技术的严重依赖。人们应如何把科学技术的发展控制在为人类服务的正常轨道上，使之避免异化为奴役统治人的外在力量，以及如何维系道德良知和人性觉悟，已经成为当代生活无法回避的重大问题。一个重要的途径是充实人们的精神世界，提高个人修养。在此，中国传统文化的人文理性传统的当代价值就显现出来了。除了天人合一的宏观理想外，诸如儒家强调通过修身正己的内在修养来实现道德主体的自我觉悟、道家倡言无为之论而主张自然之道等，都是可供借鉴的思想资源。简言之，科学主义重物而轻人，科技日益发展却异化于人，这都是现代科学技术对人产生的消极影响，而中国文化的人文理性传统在促使人

[①] 秦英君：《在科学与人文之间——百年来科学与人文思潮评析》，《清华大学学报》（哲学社会科学版）2007年第1期。

性回归、重建道德修养方面具有积极作用。一旦人性及内在精神充实圆满，自然可以使人建立起应付外物的自信，可以帮助人们在对宇宙、世界有充分认识的基础上，达到与天地自然和谐共处的境界。这就是儒家所倡导的"人为天地心"，即以人文理性为中心去重塑宇宙社会的秩序。因为人才是世界意义的根本承载者，如果没有人，宇宙和世界就只是一种无意识的存在。人的最大特征之一就是可以用人性智慧参悟理解宇宙自然，并赋以世界人性意义。中国文化的人文理性传统告诉人们，只有实现在精神心智上的自我完善，才是人的生命觉悟以及人性智慧的圆满实现，人也只有使自己的内在世界臻于圆满，整个世界才会变得和谐美好。

三 "中国方案"对中华文明的继承与发展

一个国家的文明是国家和民族历史创造的集体记忆和精神寄托。5000多年的中华文明凝聚着中华民族独特的创造才能、思维方式、价值观念、道德品格和思想风貌，深深融入中华民族的血脉之中，维系着民族团结和国家统一。而一个国家要走向繁荣昌盛，就必须实现现代化。在迈向现代化的历史进程中，既要借鉴人类一切优秀文明成果，又要保护民族文化。社会主义建设的"中国方案"要在现代化与传统文化之间找到平衡，就必须首先继承并发展5000多年的中华文明。

（一）继承与发展视角下的传统文化

传统文化是一个民族精神的延续，是反映在观念形态上的一切意识的、精神的、心理的东西的总和。世界上各个民族都有自己的传统文化，出于历史的原因，还形成了不同的宗教文化、区域文化等。中华民族悠久的文化传统需要得到继承与发展，必须要以科学严谨的态度，博采中西文化之长，创造出更高层次的人类精神文明。对5000多年中华文明所孕育的传统文化，必须从两个方面加以正确认识。

首先，要"批判"地继承。需要"批判"的，是中国传统文化中的糟粕，是那些过时的、不适应时代发展的、阻碍当今社会前进的消极方面。需要"继承"的，是中国传统文化中优秀的、能发挥良好作用的、推动当今社会前进的积极方面。毛泽东指出："中国的长期封建社会中，创造了灿烂的古代文化。清理古代文化的发展过程，剔除其封建性的糟粕，吸收其民主性的精华，是发展民族新文化提高民族自信心的必要条件；但是决不能无批判地兼收并蓄。"① 针对无产阶级能否吸收和继承资产阶级文化的问题，他进一步指出："中国应该大量吸收外国的进步文化，作为自己文化食粮的原料，这种工作过去还做得很不够。这不但是当前的社会主义文化和新民主主义文化，还有外国的古代文化，例如各资本主义国家启蒙时代的文化，凡属我们今天用得着的东西，都应该吸收。"② 改革开放以来，人们逐步认识到吸收和继承人类一切优秀文化成果的意义。但与此同时，又出现了错误的"全盘西化"的认知，即无批判地吸收和继承西方文化及其个人主义的价值取向。针对这一倾向，同样可以回顾一下毛泽东在《新民主主义论》中的观点："一切外国的东西，如同我们对于食物一样，必须经过自己的口腔咀嚼和胃肠运动，送进唾液胃液肠液，把它分解为精华和糟粕两部分，然后排泄其糟粕，吸收其精华，才能对我们的身体有益，决不能生吞活剥地毫无批判地吸收。"③ 这段讲话对于今天也有启示意义。无论是对外来文化还是中国传统文化，都需要认真地消化和吸收，去其糟粕，取其精华。

其次，在继承中实现创新。建设社会主义文化本身就是一个创新的事业。对于中国传统文化，要进行认真的总结，探寻近代中国落后的原因，在反思中对其长处和短处予以明确的认识。要继承和发展优良的文化传统，汲取西方文化的优点，然后以马克思主义为指导，以社会主义核心价值观为引领，创新中国特色社会主义的新文化。在创新过程中，要深入研究中国传统文化，分清精华和糟粕，综合各个时代、各个学派的思想认真加以研究。这种综合是全面的、比较的、分析的、有鉴别的综合，是与创新紧密结合的综合。

继承和发展传统文化，要在坚持文化传统性的同时，注重传统性与现代性的结合。社会主义的"中国方案"实现了传统文化和现代元素的有机

---

① 《毛泽东选集》第2卷，人民出版社，1991，第707页。
② 《毛泽东选集》第2卷，人民出版社，1991，第706页。
③ 《毛泽东选集》第2卷，人民出版社，1991，第707页。

结合，体现了传统性与现代性的有机统一。传统是社会的文化遗产，它围绕人类的不同活动领域形成世代相传的行为方式，是一种对社会行为具有规范作用和感召力的社会力量。传统是人类历史创造活动的积淀，任何创新都只能建立在传统的基础上。如果说传统文化代表文化的民族性，那么现代化则代表文化的时代性。两者处于矛盾统一中，相反相成。处理好二者关系，达到有机统一，文化就能向前发展，社会生产力也会得到发展。

传统文化和现代文化不是抽象的，而是有具体的价值取向和社会内涵。传统文化并不都是落后文化，现代文化也并非都是先进文化，对文化的批判继承必须依据其社会内涵和社会功能，从这个意义上讲，任何时代的文化都同时包含着传统和现代的元素。从近代以来中国社会发展的历程看，传统性和现代性的深层矛盾时时存在。特别是当代中国发展的种种矛盾，如民族文化与西方文化、市场经济与社会公平等，实质上都是传统性与现代性矛盾的展开与表现。中国文化的现代化离不开传统，但也不能完全建立在传统的基础上。中国现代文化形态不同于西方现代文化的"推陈出新"，更不可能离开传统文化而"无中生有"。中国特色社会主义文化建设既要直面变革，又要从传统文化中汲取民族精神。也就是说，既要引进西方文化，变革传统文化，也要借鉴传统文化内蕴的精神动力完成社会变迁，将西方文化与本国传统文化整合成为中国现代文化。与此同时，中国现代文化对传统文化的继承与发展，不能局限于传统文化的某个阶段。传统文化是一个相对于现代文化的历史范畴，除了包含中国古代文化之外，还包括五四运动以来的中国革命文化、中华人民共和国成立后的改革文化、社会主义建设时期的先进文化。文化建设绝不能割裂历史，只有正确把握传统性和现实性的关系，才能真正弘扬传统文化，借鉴人类优秀文明成果，共建精神家园。

在文化的传统性和现代性关系问题上，特别要抵制两种极端的倾向。

第一种是文化虚无主义倾向。这种倾向全盘否定中国传统文化，割裂传统文化与现代化的关系。这一倾向主观地认定中国传统文化是阻碍中国现代化的根本力量，声称中国传统文化要承担近代中国落后衰弱的责任。这一思潮在中国近现代思想史上有过三次高潮：一是20世纪20年代前后的新文化运动和五四运动时期，"打倒孔家店""推倒吃人礼教""拥护德先生和赛先生",甚至要求"废除汉字""改良人种"是当时的主要主张,陈独秀、胡适、鲁迅、钱玄同、吴虞等是这一时期的代表人物;二是20世纪30年代的"全盘西化"与"中国本位"的大论战时期,胡适、陈序经、梁秋实等人主张"全盘西化"或"充分世界化",反对"中国本位的文化建设";三是20世纪60~80年代,中国台湾和中国大陆的一些自由主义者提出走"民主自由之路",抬高所谓"蓝色文明"而否定"黄色文明"。简言之,文化虚无主义人为割裂了传统文化与现代化的有机联系,贬低了中华民族优秀传统文化,片面夸大传统文化的消极方面,其后果只能是导致中华民族失去一脉相承的精神纽带,失去民族的内在凝聚力、向心力,失去进行现代化建设应有的文化自尊、文化自信、文化自觉,最终导致对西方资本主义文化的盲目崇拜,走向崇洋媚外。文化虚无主义倾向完全脱离中国国情,对中国的现代化建设危害极大。

第二种是文化保守主义倾向。20世纪初,梁启超在《欧洲心影录》中提出西方文化已经破产,需要中国文化来拯救,他认为经过第一次世界大战,西方文明的"科学""民主"面临危机,中国不应盲目效仿西方的物质文明,而应该发扬光大本国固有的精神文化,使其担当起重建世界文明的使命。《东西文化及其哲学》一书将世界文化划分为三种类型,认为欧洲文化是"意欲向前"的路向,中国文化是"意欲自为调和持中"的路向、印度文化是"意欲向后"的路向。通过比较研究,他断言欧洲文化的路向有不得不转向中国文化路向的趋势,只有儒家才是人类文化的理想归宿。近年来,现代新儒家思潮兴起,由海外和港台传播到大陆。这一思潮认为21世纪是儒学的世纪,儒学必将在全世界复兴,儒学就是人类最好的、永恒的文化。他们的依据就在于第二次世界大战后日本、韩国、中国台湾、中国香港、新加坡的经济腾飞,并以此提出儒家资本主义的概念。受这一思潮影响,国内学术界也出现了对传统文化,特别是儒家思想评价越来越高的倾向。然而,这种夸大中国传统文化作用的观点,没有以辩证客观的态度来继承传统文化。诞生于封建社会的儒学,不可否认地存在封建糟粕,儒家思想对现代化有促进作用,但不是根本力量。单纯拔高传统文化,非但无益于现代化建设,还会导致中国文化脱离时代潮流,陷于自我封闭的危险状态。

(二) 马克思主义视野下的中国传统文化

历史证明，单纯依靠传统文化，是不能取得民族独立的，更无法实现国家的现代化。近代以来，无数先进知识分子转向西方探求救国救民的道路。在这一过程中，资产阶级文化没有能够取得成功，而马克思列宁主义最终成为历史与人民的选择。毛泽东说："中国人找到马克思主义，是经过俄国人介绍的。在十月革命以前，中国人不但不知道列宁、斯大林，也不知道马克思、恩格斯。十月革命一声炮响，给我们送来了马克思列宁主义。十月革命帮助了全世界的也帮助了中国的先进分子，用无产阶级的宇宙观作为观察国家命运的工具，重新考虑自己的问题。"[①] 科学社会主义与中国具体实际的结合彻底改变了中国的面貌，经过28年的艰苦斗争，中国共产党领导中国人民彻底推翻了帝国主义、封建主义和官僚资本主义三座大山，建立了中华人民共和国。马克思主义是世界历史的产物，是对世界无产阶级革命运动经验的总结，是对人类文明成果的概括与提炼，中国传统文化要实现复兴，离不开马克思主义的科学指导。马克思主义的基本原理是科学的世界观、价值观和方法论，它揭示了人类社会发展的一般规律，是无产阶级实现自身解放的思想武器。马克思主义不是教条，它一经与各国具体实际相结合，并被群众所掌握，就会表现出旺盛的生命力。马克思主义普遍真理与中国具体实际的结合经历了一个曲折的历史过程，最终，中国共产党人运用马克思主义的立场、观点、方法来研究中国革命和建设的实际，开启了马克思主义中国化的征程，进而取得了新民主主义革命和社会主义革命的伟大胜利，彻底改变了中国的命运。

马克思主义是真理，具有普遍性指导意义。但马克思主义基本原理必须与中国的具体实际相结合，与中国传统文化相结合。中国共产党始终注重将马克思主义与中国传统文化相结合。毛泽东就善于向中国传统文化学习，并从中汲取民族智慧和民族精神。他曾在中共六届六中全会上号召全党研究历史，推进马克思主义中国化。他说："学习我们的历史遗产，用马克思主义的方法给以批判的总结，是我们学习的另一任务。我们这个民族有数千年的历史，有它的特点，有它的许多珍贵品。对于这些，我们还是

---

① 《毛泽东选集》第4卷，人民出版社，1991，第1470页。

小学生。今天的中国是历史的中国的一个发展;我们是马克思主义的历史主义者,我们不应当割断历史。从孔夫子到孙中山,我们应当给以总结,承继这一份珍贵的遗产。这对于指导当前的伟大的运动,是有重要的帮助的。"① 党中央在1943年指出:"中国共产党人是我们民族一切文化、思想、道德的最优秀传统的继承者,把这一切优秀传统看成和自己血肉相连的东西,而且将继续加以发扬光大。中国共产党近年来所进行的反主观主义、反宗派主义、反党八股的整风运动,就是要使得马克思列宁主义这一革命科学更进一步地和中国革命实践、中国历史、中国文化深相结合起来。"② 指导中国革命具体实践的毛泽东思想,就是马克思主义普遍原理与中国历史文化、近代国情相结合的产物,它继承并发扬了中国优秀传统文化,体现了中华民族的伟大智慧。事实上,诞生于西方的马克思主义之所以能够在中国大地生根、发芽,也与中国悠久的历史文化密切相关。文化间的冲突和融合是人类文化交往的普遍规律之一,作为西方现代文明代表的马克思主义与作为东方古代文明代表的中国传统文化相互学习、取长补短,是马克思主义中国化的前提。因而,推进马克思主义与中国具体实践相结合,要强调马克思主义与中国历史文化相结合。在马克思主义与中国传统文化关系方面,还需进一步解放思想,深入研究和全面理解马克思主义文化,充分认识马克思主义与中国文化相结合的重大意义。

立足当代中国和世界的现实是马克思主义与中国传统文化相结合的关键。马克思主义是人类智慧的结晶,马克思、恩格斯、列宁固然十分关注中国社会与中国革命,但是由于历史与文化的局限,他们对于中国传统文化的了解是有限的,马克思主义主要是西方文化的精粹。而从中国的角度看,中国传统文化所包含的中国智慧同样也是中华民族的思想精华,要把中国的历史与文化、中国的智慧融入马克思主义,这是当代中国马克思主义者的历史任务。中国传统文化之所以具有重大的价值,就在于它孕育了中华民族的民族精神。中华民族的民族精神主要包括独立自主、自强不息的精神,与时俱进、变革创新的精神,求真务实、经世致用的精神,天下

---

① 《毛泽东选集》第2卷,人民出版社,1991,第533页。
② 《中共中央文件选集》第14册,中共中央党校出版社,1991,第41页。

为公、因公忘私的精神，爱好和平、和谐发展的精神，等等。民族精神是中华民族赖以生存的精神支柱，是中华民族的灵魂与命脉。从这个意义上讲，马克思主义要实现中国化，就要注重与中华民族的民族精神相结合，在融入民族精神的同时，创造新的活力和内容，构建中华民族的精神家园。马克思主义也只有做到了立足当代中国和世界的现实，并与民族精神相结合，才能真正地实现中国化。

（三）中国传统文化现代化视野下的马克思主义中国化

中国共产党是领导中国走向现代化的决定性力量。中国共产党领导中国人民，经过艰苦卓绝的努力，取得了中国革命和建设的伟大胜利，开创了中国特色社会主义新局面。中国特色社会主义的现代化进程就是马克思主义中国化不断向前推进的过程。翻看中国现代化的历史，马克思主义中国化的成果正是中国现代化的理论指导，马克思主义中国化与中国传统文化现代化密切相关。马克思主义作为人类先进文化的代表，指引着人类社会的前进方向。中国共产党领导的马克思主义中国化的伟大实践，是引领中国革命胜利的根本法宝，更是在新的历史条件下建设中国特色社会主义的必然选择。与此同时，中华民族的民族精神是中国文化的核心与灵魂，是中华民族走向进步的价值导向和精神动力。中国传统文化现代化对推动中国社会现代化具有重要作用，它与马克思主义中国化联系紧密。因此，研究中国传统文化现代化与马克思主义中国化相结合的问题，是在新时代建设中国特色社会主义，实现中华民族伟大复兴中国梦的重大课题。

所谓马克思主义中国化，就是指把马克思主义基本原理与中国具体实践相结合、同中国传统文化相结合，坚持走符合中国国情的道路，创新马克思主义理论，将马克思主义具体化、民族化。马克思主义中国化和传统文化现代化一道，都是中国文化和中国现代化建设的重要动力。马克思主义中国化为社会主义现代化建设提供方向和原则，而现代化建设的内在价值理念来自对传统文化的继承和发展。从这个角度看，马克思主义中国化和传统文化现代化紧密相连、不可分割，体现出同一性特征。近代中国，社会矛盾复杂，特定的历史与时代状况决定了"三位一体"的历史任务，即实现民族独立、改变贫穷落后的面貌和实现国家的现代化。马克思主义被历史和人民所选择，它是救国救民的真理，对中国革命和建设实践具有不可替代的作用。在马克思主义中国化的实践中，马克思主义与中国传统文化相交融、相整合，从根本上推动了传统文化的现代化，加速了构建现代中国文化的进程。与此同时，传统文化的现代化捍卫了中华民族民族精神的主体地位，带动了中国文化的复兴。总之，马克思主义中国化和传统文化现代化的价值取向为实现最广大人民的利益，为中华民族的伟大复兴提供精神支撑。

1840年以来，西方文明强势冲击着中华大地，中华民族的独立、国家的生存都受到严重威胁。面对数千年以来未曾遭遇的变局，无数仁人志士前赴后继，探寻救国救民的道路，但众多的方案都未能挽救民族的危亡。直至十月革命将马克思主义传入中国，中国共产党在这一科学、先进的思想指导下诞生，中华民族才真正迎来打破变局的希望。

首先，马克思主义中国化真正推动了传统文化向现代化的转化。作为后发国家，中国的现代化进程受外界压力和影响较大，在世界现代化大潮中，中国的现代化处于一种两难的文化困境中，即如果要实现国家富强、摆脱落后挨打的被动局面，就必须学习西方模式进行现代化建设，但在学习西方文化的同时，西方价值观时刻挑战中国传统价值观，西方意识形态时刻消解中华民族的民族精神，在这样的矛盾作用下，中国的现代化之路分外艰难。马克思主义虽然在西方的文化土壤中诞生，却关注全人类的解放和发展，它集西方文化先进性和资本主义批判性于一身，是中国共产党和中国人民完成近代历史任务的必然选择。中国共产党始终将马克思主义确立为解决中国革命和建设问题的指导思想，始终坚持马克思主义与中国具体实际相结合，始终推进马克思主义中国化，从根本上促进了中国的现代化从物质层面和制度层面深入精神文化层面，破解了传统文化向现代化转化的两难文化困境，使中国人摆脱了西化的困扰，在社会现代化进程中掌握主动权。传统文化现代化也标志着中国的现代化开始整体推进，形成了符合中国国情、具有中国特色、展现中国风格与中国气派的社会主义现代化之路。

其次，马克思主义中国化为传统文化现代化奠定了实践基础。作为一个客观的历史存在，中国传统文化是以民族这个人类社会发展到一定阶段的共同体形态为存在基础的。近代中国，人们对中华民族传统文化的继承和发展信心不足，传统文化面临着既要救亡图存，又要抵御西方文化冲击的艰难局面。中国共产党在领导马克思主义中国化事业中寻找到"破局"的答案,即将马克思主义基本原理与中国革命和建设的具体实际相结合,与中国传统文化相结合。在实践中,中国共产党人通过理论创新,形成了毛泽东思想这一马克思主义中国化的伟大成果,第一次回答了在西方文化冲击下中国传统文化的继承和发展问题,确立了诸如古为今用、洋为中用,取其精华、去其糟粕等正确的文化方针与原则。民族独立和国家统一是实现社会现代化的前提,在半殖民地半封建社会的近代中国,强敌环伺,军阀混战不断,在艰苦的生存斗争中,中国共产党正是以毛泽东思想为指导,相继取得了新民主主义革命和社会主义革命的胜利,进而开展了社会主义现代化建设。毋庸讳言,正是马克思主义中国化的伟大成果为传统文化的现代化奠定了现实基础。同时,马克思主义中国化的成果是传统文化现代化的指导思想,而传统文化的现代化本身是一个连续、动态的过程,时代不同,任务不同。总之,马克思主义中国化的进程是马克思主义科学理论在中国实践中的灵活应用,马克思主义中国化的理论成果正是传统文化现代化的指导思想,它为中华民族的民族精神注入现代因子,引领中华民族的伟大复兴。

中华民族的生命力、创造力和凝聚力体现在中国传统文化中,马克思主义中国化需要传统文化现代化来创造有利条件。中国传统文化现代化提供了马克思主义中国化所需的精神动力。马克思主义中国化是一项既复杂又艰巨的事业,它伴随着中国革命和建设的实际,需要理论创新,没有现成经验可循。中国传统文化现代化包含着对民族精神的继承和对时代精神的弘扬,体现了传统与时代的统一,为马克思主义中国化提供了精神动力。只有在中华民族民族精神的支撑下,中国共产党才能带领中国人民创造社会主义的东方奇迹,不断将马克思主义中国化提升至新的境界。中国传统文化现代化提供了马克思主义中国化所需的文化土壤。马克思主义是一种外来文化,虽然它本身是一种科学、先进的理论,但在中国的传播、发展过程中,马克思主义更多地表现为一种文化现象,因而要符合文化传播和发展的规律。外来文化与民族文化结合的程度是决定这种外来文化是否具有生命力的关键。马克思主义产生于西方,要在中华大地上扎根,就必须融入中华民族的精神与血脉之中,这样一来,文化土壤尤为重要。根据文化传播理论，不同文化在传播交流的过程中必然相互渗透、相互影响。如何使马克思主义更好地与中国实际相结合，获得更加适合自身发展的文化土壤，是中国传统文化现代化进程中需要注重的问题。中国传统文化现代化提升了马克思主义中国化所需的大众整体素质。只有推进中国传统文化的现代化，才能促进人的现代化，才能提高人民群众的整体素质，才能为现代思想的启蒙奠定基础。因此，在中国传统文化向现代化转化的过程中，必须始终加强精神文明建设，促进人的解放和全面发展，进而切实提升马克思主义中国化实践主体的整体素质，为马克思主义在中国的传播与发展打下坚实的群众基础。

第三章 "中国方案"与马克思主义文化

"坚持以马克思主义为指导,是当代中国哲学社会科学区别于其他哲学社会科学的根本标志,必须旗帜鲜明加以坚持。"

——习近平在哲学社会科学工作会议上的讲话

（2016年5月17日）

探寻"中国方案"的文化因子,不能不将马克思主义文化放在重要的地位。从文化的角度看,马克思主义同样是一种文化存在。如果我们只限于在政治上讨论、研究马克思主义,那就忽略和轻视了马克思主义的文化属性。事实上,马克思主义作为一种广泛存在于社会生活中并影响人的思想体系,其文化属性是十分确定的。意大利马克思主义理论家葛兰西提出"文化领导权",认为资产阶级的统治既依靠国家机器,又依靠"文化领导权",正是"文化领导权"使得资产阶级赢得社会各阶级的支持,从而拥有了政权的合法性基础。

在党的十九大报告中,习近平指出,意识形态决定文化前进方向和发展道路;必须推进马克思主义中国化时代化大众化,建设具有强大凝聚力和引领力的社会主义意识形态,使全体人民在理想信念、价值理念、道德观念上紧紧团结在一起;要加强理论武装,推动新时代中国特色社会主义思想深入人心;深化马克思主义理论研究和建设,加快构建中国特色哲学社会科学,加强中国特色新型智库建设。因此在意识形态领域斗争上,我们必须旗帜鲜明地反对和抵制各种错误观点,必须一刻也不能放松和削弱意识形态工作,不断巩固马克思主义在意识形态领域的指导地位，建立无产阶级的"文化领导权"。

马克思主义传播同样依靠文化载体。在马克思恩格斯领导的工人运动过程中，先进知识分子正是通过对马克思主义文本（如《共产党宣言》）的学习，接收到马克思主义思想，又通过对现实、历史的思考，将马克思主义由静止的文本转变为思想的指导和行动的指南。中国革命选择马克思主义，同样经历了由文化存在转向政治选择的路径。19世纪中期，世界上已经存在马克思主义与共产主义组织，彼时的中国对此还浑然不知。直到1899年2月，上海媒体才最早关注马克思主义。而《共产党宣言》的翻译和出版，更是1920年的事了。此时的中国共产党尚未成立，中国早期的马克思主义者无疑是以文化存在为起点，认识马克思主义、学习马克思主义，信仰马克思主义，进而成为坚定的马克思主义者。从世界共产主义运动和中国革命的经验看，马克思主义的文化属性十分强大，马克思主义的文化品格、文化逻辑、文化根基值得深入发掘。

一 实践是马克思主义的文化品格

（一）马克思实践哲学的基本立场

19世纪的德国，封建专制主义盛行，当局通过严酷压制自由与真理来维护封建统治。劳动者过着非人的生活，每天工作14个小时。在社会中，权力和资本占统治地位，劳动与资本相对立，马克思称这样的社会为"动物世界"。在马克思心中，主动承担起改变世界的历史使命、为人类幸福而奋斗是从青年时代起就树立的志向。

马克思找到了属于自己的理论武器，那就是哲学。在那个时代，传统哲学仅仅限于头脑中的遐想，思想家从不关心现实，也从不与现实问题相联系，从而导致传统哲学陷入形而上学。马克思否定和批判了传统哲学的这种态度，他指出："这些哲学家没有一个想到要提出关于德国哲学和德国现实之间的联系问题，关于他们所作的批判和他们自身的物质环境之间的联系问题。"[①]"当然，我们不想花费精力去启发我们的聪明的哲学家，使他

---

① 《马克思恩格斯全集》第1卷，人民出版社，1995，第66页。

们懂得：如果他们把哲学、神学、实体和一切废物消融在'自我意识'中，如果他们把'人'从这些词句的统治下——而人从来没有受过这些词句的奴役——解放出来，那么'人'的'解放'也并没有前进一步。"① 马克思甚至提出要"消灭哲学"，理由就是对于人类发展所遇到的现实问题，传统哲学无法面对和解决。简言之，马克思之前的哲学通常试图从事物的本源和本体出发，在观念层面去解释世界，也就成了解释世界的哲学。马克思的哲学则大不相同，他站在全人类发展与命运的高度，对传统哲学展开反思，这就大大超越了传统西方哲学的形而上学，创造出了全新的、旨在改造世界的哲学。马克思在《关于费尔巴哈的提纲》中指出："哲学家们只是用不同的方式解释世界，问题在于改变世界"②；"环境的改变和人的活动或自我改变的一致，只能被看作是并合理地理解为革命的实践"。③ "作为人类生存方式"的实践被马克思引入哲学，这是对如何改变世界的问题的回答。马克思哲学的根本性质正是通过实践哲学来体现的。马克思认为："不是意识决定生活，而是生活决定意识。"④ 其基本立场有以下几点。

其一，意识是人们活动的产物，是第二性的。从哲学发展史来看，理论哲学的重要观点之一就是把意识看作最高的存在。诸如柏拉图提出的"理念"、黑格尔提出的"绝对精神"，都认为意识是终极的永恒存在，这些"理念""绝对精神"是第一性的存在，它们的存在决定其他存在者的存在，也就是说其他的存在是由此派生出来的。柏拉图和黑格尔的区别在于，柏拉图的"理念"是不动的存在，不是历史的，也不是变化的，而黑格尔的"绝对精神"统一于历史的辩证发展过程中，讲求自我实现与自我完成。作为旧唯物主义的代表，费尔巴哈也没有超越理论哲学的范畴，他同样认为意识是天生的、本能的东西，从而陷入先验主义和感觉主义。马克思批判了唯心主义和旧唯物主义的哲学立场，提出意识只能是人们活动的产物，是第二性的。马克思说："思想、观念、意识的生产最初是直接与人们的物质活动，与人们的物质交往，与现实生活的语言交织在一起的。人们的想

---

① 《马克思恩格斯全集》第1卷，人民出版社，1995，第74页。
② 《马克思恩格斯选集》第1卷，人民出版社，1995，第57页。
③ 《马克思恩格斯选集》第1卷，人民出版社，1995，第55页。
④ 《马克思恩格斯选集》第1卷，人民出版社，1995，第73页。

象、思维、精神交往在这里还是人们物质行动的直接产物。表现在某一民族的政治、法律、道德、宗教、形而上学等的语言中的精神生产也是这样。"① 马克思坚决反对"纯粹的意识"之类的说法，他认为这些不过是一种幻象，它割裂了意识和它得以产生的基础。在马克思看来，先有物质生活资料的生产和再生产、人自身生命的生产、社会关系的生产，之后才是意识的生产。马克思认为，意识摆脱不了物质的纠缠，"人们的观念、观点和概念，一句话，人们的意识，随着人们的生活条件、人们的社会关系、人们的社会存在的改变而改变，这难道需要经过深思才能了解吗"?②

其二，现实的个人才是意识的主体。马克思之前的哲学家仅从生物性的角度规定人的存在，而忽视了人的社会性本质，从而都陷入抽象个人的理论预设。抽象的个人是想象中的个人，而不是从事实际活动的人。现实的个人作为有生命的个人的存在，需要消费物质生活资料，是以一定的自然基础的存在为依托的。现实的个人能够通过自身的有目的的感性活动生产满足自身需要，从而区别于动物，只是这种活动受到自身所处的历史条件的限制。现实的个人不是孤零零的脱离他人和社会的存在，而是在一定的社会关系中存在，这种社会关系是他们以一定的方式进行生产活动时形成的关系。现实的人具有历史性，是未完成的存在，是在历史活动中不断发展的存在，而不是预先既定的、固定不变的存在。人在活动时，都是具有目的性的，这是不同于动物的本能活动，是人独有的精神性存在。总之，现实的个人绝非想象中的存在，而是现实的存在，要揭示意识的真相必须从现实的个人出发，因为意识是现实人的意识。

其三，意识不是先验的存在，它源于生活。如果脱离现实的生活，那就无所谓意识。形而上学使理论绝对化和神圣化，就是因为脱离现实的生活，把原本的结果视作原因，以抽象的思辨理性逻辑搭建理论体系。马克思则坚持生活逻辑高于思辨逻辑，从现实的感性的生活出发，研究和阐释意识，这就从根本上解决了唯心主义和旧唯物主义的难题，彻底走出了传统理论哲学的思维困境。马克思说："在思辨终止的地方，在现实生活面

---

① 《马克思恩格斯选集》第1卷，人民出版社，1995，第72页。
② 《马克思恩格斯选集》第1卷，人民出版社，1995，第291页。

前,正是描述人们实践活动和实际发展过程的真正的实证科学开始的地方。关于意识的空话将终止,它们一定会被真正的知识所代替。"① 这就是说,意识的内容就是人们的存在,而"真正的知识"究其内容就是通过人们现实生活的过程,如实反映人们实践活动的知识。

其四,"统治阶级的思想在每一时代都是占统治地位的思想"②。马克思认为,社会上占统治地位的物质力量同时也是生活上占统治地位的精神力量。"占统治地位的思想不过是占统治地位的物质关系在观念上的表现,不过是以思想的形式表现出来的占统治地位的物质关系。"③ 在历史上,统治阶级往往为了掩盖自己的特殊阶级的特殊利益,而把自己的利益说成是全体社会成员的利益,说成是合乎理性的理想,说成是具有普遍意义的结论,从而制造出思想统治的假象,维护其阶级统治。马克思认为,不可轻信每一时代人们的所作所为,要从人们的实际生活状况、职业分工出发去考察他们的观念和思想,以达到辨别真伪的目的,从而揭露了统治阶级的思想骗局。

其五,坚持实践的观点。黑格尔认为,逻辑思辨是一种抽象的思维。费尔巴哈并不清楚感性活动及其意义,因而他虽然反对抽象思辨,却也找不到从抽象王国通向现实世界的途径。马克思认为:"从前的一切唯物主义(包括费尔巴哈的唯物主义)的主要缺点是:对对象、现实、感性,只是从客体的或者直观的形式去理解,而不是把它们当作感性的人的活动,当作实践去理解,不是从主体方面去理解。因此,和唯物主义相反,能动的方面却被唯心主义抽象地发展了,当然,唯心主义是不知道现实的、感性的活动本身的。"④ 这就是说,旧唯物主义从唯物主义的一般立场出发,承认自然的优先性和客观性,这是值得肯定的,但是,旧唯物主义没有看到感性世界是人的实践活动的产物,没能正确把握人与对象之间的关系。而唯心主义值得肯定的地方在于强调能动性,但不可取之处在于无视物质内容的抽象性。也就是说,旧唯物主义和唯心主义都割裂了感性世界与思想之

---

① 《马克思恩格斯选集》第1卷,人民出版社,1995,第73页。
② 《马克思恩格斯选集》第1卷,人民出版社,1995,第98页。
③ 《马克思恩格斯选集》第1卷,人民出版社,1995,第98页。
④ 《马克思恩格斯选集》第1卷,人民出版社,1995,第54页。

间的联系，从而僵化地把两者对立起来。马克思则从实践的角度出发，指出"凡是把理论引向神秘主义的神秘东西，都能在人的实践中以及对这个实践的理解中得到合理的解决"①。理论是感性意识的自觉表达，而并非先验的存在。

其六，从解释世界到改变世界。近代哲学遵循本体论的思维方式，对既定的历史与现实采取接受的态度，其哲学范式以解释世界为目标。马克思则认为："对实践的唯物主义者即共产主义者来说，全部问题都在于使现存世界革命化，实际地反对并改变现存的事物。"② 这就是说，要真正改变世界，只有改变现存世界。人的解放是从现实的社会物质关系中获得解放，这是一种历史活动，而不是一种思维活动。在马克思看来，"没有蒸汽机和珍妮走锭精纺机就不能消灭奴隶制；没有改良的农业就不能消灭农奴制；当人们还不能使自己的吃喝住穿在质和量方面得到充分保证的时候，人们就根本不能获得解放"③。这就是说，真正的解放是通过现实的手段，在现实的世界中取得的。

其七，意识具有能动作用。马克思认为，意识能够积极地反映人们的物质生活关系，因为意识具有能动作用。马克思在文本中没有留下多少论述意识能动作用的文字，后来恩格斯对此作了解释："青年们有时过分看重经济方面，这有一部分是马克思和我应当负责的。我们在反驳我们的论敌时，常常不得不强调被他们否认的主要原则，并且不是始终都有时间、地点和机会来给其他参与相互作用的因素以应有的重视。"④ 恩格斯进一步指出思想领域对物质生活方式的反作用，由此，意识、观念、理论就都具有了自身的合理意义。

随着社会生活的实践本质被马克思所发现，革命性的变革开始在历史研究领域发生。在这之前，英雄史观、神学史观等唯心主义历史观对历史研究影响颇多。马克思则根据对社会生活实践本质的研究，创立了唯物史观，他说："人们在自己生活的社会生产中发生一定的、必然的、不以他们

---

① 《马克思恩格斯选集》第1卷，人民出版社，1995，第56页。
② 《马克思恩格斯选集》第1卷，人民出版社，1995，第75页。
③ 《马克思恩格斯选集》第1卷，人民出版社，1995，第74页。
④ 《马克思恩格斯选集》第4卷，人民出版社，1995，第698页。

的意志为转移的关系,即同他们的物质生产力的一定发展阶段相适合的生产关系。这些生产关系的总和构成社会的经济结构,即有法律的和政治的上层建筑竖立其上并有一定的社会意识形态与之相适应的现实基础。物质生活的生产方式制约着整个社会生活、政治生活和精神生活的过程。不是人们的意识决定人们的存在,相反,是人们的社会存在决定人们的意识。社会的物质生产力发展到一定阶段,便同它们一直在其中运动的现存生产关系或财产关系(这只是生产关系的法律用语)发生矛盾。于是这些关系便由生产力的发展形式变成生产力的桎梏。那时社会革命的时代就到来了。随着经济基础的变更,全部庞大的上层建筑也或慢或快地发生变革。"① 如果说实践哲学是基于实践而表达出的理论,那么在马克思的实践哲学里,实践超越了简单的概念和范畴,成为感性的、对象性的活动。

(二)马克思实践哲学思想的深化

马克思实践哲学思想是不断深化的,这一哲学思想具有两个鲜明的核心主题,一为政治,二为自由。

在政治方面,马克思基于重大社会历史事件,以实践哲学的方式进行政治哲学研究。他以揭示政治活动的现实根源为目的,探寻政治和物质利益之间的本质关系,从而穿越种种意识形态迷雾,看清政治的本质。

一是主张市民社会决定国家,而不是国家决定市民社会。马克思认为,要最终实现人的解放,仅仅依靠思想的解放是不够的,必须要对现实进行揭露,进而通过物质性的力量实现政治解放。马克思说:"实际上国家不外是资产者为了在国内外相互保障各自的财产和利益所必然要采取的一种组织形式……法国、英国和美国的一些近代作家都一致认为,国家只是为了私有制才存在的,可见,这种思想也渗入日常的意识了。"② 在马克思看来,国家是与私有制相适应的政权组织形式,而私有制是历史的产物,维护现代私有制是现代国家和法的前提。

二是一切政治斗争都是阶级斗争的表现。在马克思看来,秩序党中两大集团正统派和奥尔良派相互分离的根本原因在于物质生存条件的不同、

---

① 《马克思恩格斯选集》第2卷,人民出版社,1995,第32~33页。
② 《马克思恩格斯选集》第1卷,人民出版社,1995,第132~133页。

城市和农村的对立以及资本和地产的竞争。他深刻分析了二月时期、共和国建立时期、立宪共和国时期各个政党和代表人物的态度和表现,从而揭示了不同阶级和阶层的立场和利益。马克思指出:"在不同的占有形式上,在社会生存条件上,耸立着由各种不同的、表现独特的情感、幻想、思想方式和人生观构成的整个上层建筑。整个阶级在它的物质条件和相应的社会关系的基础上创造和构成这一切。"① 无产阶级获得自身的解放的唯一途径,就是打败资产阶级的国家机器。

三是阶级斗争必然导致无产阶级革命。马克思认为,无产阶级要最终解放自己,只有解放全人类。也就是说,解放全人类是无产阶级必须担负起的历史使命,而资产阶级的国家政权不过是资本借以压迫和奴役劳动的社会力量,是阶级专制的机器。无产阶级革命不仅要打碎资产阶级国家机器,还要最终打碎国家机器本身,这不同于以往的任何一次阶级革命。奴役工人阶级的政治工具不能当成解放他们的政治工具来使用,所以"工人阶级不能简单地掌握现成的国家机器,并运用它来达到自己的目的"②。另外,公社是与国家机器直接对立的政权形式,它具有行政机关和立法机关的功能,可以帮助人民群众获得生活的解放。马克思说:"公社的真正秘密就在于:它实质上是工人阶级的政府,是生产者阶级同占有者阶级斗争的产物,是终于发现的可以使劳动在经济上获得解放的政治形式。"③ 在马克思看来,公社不同于国家机关,它能够有效避免产生特殊利益,这是因为公社的领导由选举产生,公职人员的报酬也与工人工资相当。

四是无产阶级专政和民主理论。无产阶级是通过民主的途径建立集权,这是阶级斗争的需要。无产阶级和人民群众的民主权利构成了集权的边界。马克思指出"公社并不取消阶级斗争,工人阶级正是通过阶级斗争致力于消灭一切阶级,从而消灭一切阶级统治"④。马克思认为,建立无产阶级专政是消除阶级统治和阶级压迫的前提条件。无产阶级国家的民主是真正的民主。在这样的民主国家中,一切权力机构和人民代表由选举产生,对选

---

① 《马克思恩格斯选集》第1卷,人民出版社,1995,第611~612页。
② 《马克思恩格斯文集》第3卷,人民出版社,2009,第151页。
③ 《马克思恩格斯文集》第3卷,人民出版社,2009,第158~159页。
④ 《马克思恩格斯文集》第3卷,人民出版社,2009,第198~199页。

民负责,而真正民主制度的基础由公社所奠定。

五是无产阶级的经济制度。马克思说:"生产者的政治统治不能与他们永久不变的社会奴隶地位并存。所以,公社要成为铲除阶级赖以存在、因而也是阶级统治赖以存在的经济基础的杠杆。劳动一解放,每个人都变成工人,于是生产劳动就不再是一种阶级属性了。"① 也就是说,公社要废除使劳动受奴役的私有制条件,把土地和资本转变成自由劳动的工具。马克思认为,资本主义制度最终要被合作生产所取代,但这是一个长期而艰巨的历史任务。

六是人民群众自己创造历史。马克思说:"人们自己创造自己的历史,但是他们并不是随心所欲地创造,并不是在他们自己选定的条件下创造,而是在直接碰到的、既定的、从过去承继下来的条件下创造。"② 这就是说,人们有时不能看清楚自己的历史任务和历史使命,这是由于受到客观条件和意识形态幻想的限制,彼此之间利益目标也不同。在这种情况下,可以承继过去的名义,为现实的斗争寻找合理性。

在自由方面,马克思一生都在追求人类自由的实现。在他看来,要实现真正的自由,就不能让人们依然屈从于分工和私有制,而要实现现实的物质的解放。他说:"个人力量(关系)由于分工而转化为物的力量这一现象,不能靠人们从头脑里抛开关于这一现象的一般观念的办法来消灭,而是只能靠个人重新驾驭这些物的力量,靠消灭分工的办法来消灭。"③

马克思立足于共同体来谈论人的自由,认为真正的共同体即共产主义社会才能产生真正的自由,个人自由离不开共同体,而虚假的共同体是无法产生真正的自由的。马克思说:"只有在共同体中,个人才能获得全面发展其才能的手段,也就是说,只有在共同体中才可能有个人自由。在过去的种种冒充的共同体中,如国家等等中,个人自由只是对那些在统治阶级范围内发展的个人来说是存在的,他们之所以有个人自由,只是因为他们是这一阶级的个人。"④ 也就是说,在虚假共同体中,个人依附于阶级关

---

① 《马克思恩格斯文集》第3卷,人民出版社,2009,第158页。
② 《马克思恩格斯选集》第1卷,人民出版社,1995,第585页。
③ 《马克思恩格斯选集》第1卷,人民出版社,1995,第118~119页。
④ 《马克思恩格斯选集》第1卷,人民出版社,1995,第119~120页。

系，具有阶级性和偶然性，共同体对于他来说是外在的压迫力量。而在真正的共同体中，个人是自主活动的个人，他不屈从于分工，具有自己的个性。在《共产党宣言》中，马克思宣布："代替那存在着阶级和阶级对立的资产阶级旧社会的，将是这样一个联合体，在那里，每个人的自由发展是一切人的自由发展的条件。"① 资产阶级社会是阶级社会，充满阶级压迫，人和人之间的关系处于对立状态。资本主义社会的内在矛盾难以克服，随着矛盾的发展，必然被一个新的联合体所取代。在这个新的联合体中，人和人之间是彼此合作的关系，自由个体将实现自觉联合，进而消灭阶级对立的存在条件，消灭阶级统治本身，使每个人发展自己的潜力和个性，并最终获得自由。

马克思所提倡的自由是要实现人的全面发展。要实现这种自由，就必须以消灭自发分工为前提。而要消灭自发分工，就要有高度发达的生产力。如果生产力没有发展至一定的水平，就无法消灭分工和实现自由。人的本质在于劳动，劳动是人的目的，是人们获取物质生活资料的根本途径。马克思说："在共产主义社会里，任何人都没有特殊的活动范围，而是都可以在任何部门内发展，社会调节着整个生产，因而使我有可能随自己的兴趣今天干这事，明天干那事，上午打猎，下午捕鱼，傍晚从事畜牧，晚饭后从事批判，这样就不会使我老是一个猎人、渔夫、牧人或批判者。"②

马克思研究并论述了建立在交换价值基础上的平等和自由。马克思说："从交换行为本身出发，个人，每一个个人，都自身反映为排他的并占支配地位的（具有决定作用的）交换主体。因而这就确立了个人的完全自由：自愿的交易；任何一方都不使用暴力；把自己当作手段，或者说当作提供服务的人，只不过是当作使自己成为自我目的、使自己占支配地位和主宰地位的手段；最后，是自私利益，此外并没有更高的东西要去实现；另一个人也被承认并被理解为同样是实现其自私利益的人，因此双方都知道，共同利益恰恰只存在于双方、多方以及各方的独立之中，共同利益就是自

---

① 《马克思恩格斯选集》第1卷，人民出版社，1995，第294~295页。
② 《马克思恩格斯选集》第1卷，人民出版社，1995，第85页。

私利益的交换。"① 在马克思看来，建立在交换价值基础上的平等和自由将逐渐发展出资本和雇佣劳动的对立，而这种平等和自由并不是真正的平等和自由。

站在历史唯物主义的立场，马克思把自由看作对外在物质关系的克服与扬弃。人占有物质关系，而不是被物质关系所支配。马克思从自由时间的角度进一步研究了自由的实现程度。所谓自由时间，就是在必要劳动时间之外，人们可以自由支配的时间。在生产力低下的不发达阶段，劳动时间远远大于自由时间。随着生产力水平的不断提高，劳动时间会逐渐缩短，自由时间会逐渐延长，人的全面发展也将具有充分的自由时间保障。在资本主义社会，出于其不惜一切榨取剩余价值的本性，劳工在自由时间被极限压榨的情形下，无法从事自由的脑力活动和社会活动。马克思说："在资本主义社会里，一个阶级享有自由时间，是由于群众的全部生活时间都转化为劳动时间了。"② 也就是说，在资本主义社会，资产阶级享有的自由是建立在工人群众的非人劳动时间之上的，在这样的社会中，人无法获得全面而自由的发展，只会陷入非人的状态。

在经典著作《资本论》中，马克思提出了自由王国和必然王国，并讨论了两者的辩证关系。马克思说："事实上，自由王国只是在必要性和外在目的规定要做的劳动终止的地方才开始；因而按照事物的本性来说，它存在于真正物质生产领域的彼岸。像野蛮人为了满足自己的需要，为了维持和再生产自己的生命，必须与自然搏斗一样，文明人也必须这样做；而且在一切社会形式中，在一切可能的生产方式中，他都必须这样做。这个自然必然性的王国会随着人的发展而扩大，因为需要会扩大；但是，满足这种需要的生产力同时也会扩大。这个领域内的自由只能是：社会化的人，联合起来的生产者，将合理地调节他们和自然之间的物质变换，把它置于他们的共同控制之下，而不让它作为一种盲目的力量来统治自己；靠消耗最小的力量，在最无愧于和最适合于他们的人类本性的条件下来进行这种物质变换。但是，这个领域始终是一个必然王国。在这个必然王国的彼岸，

---

① 《马克思恩格斯全集》第 46 卷（上），人民出版社，1979，第 196 页。
② 《马克思恩格斯文集》第 5 卷，人民出版社，2009，第 605 页。

作为目的本身的人类能力的发挥，真正的自由王国，就开始了。但是，这个自由王国只有建立在必然王国的基础上，才能繁荣起来。工作日的缩短是根本条件。"① 马克思认为，在自由王国，劳动是目的，而不是谋生的手段，劳动的强制性也随之消除了，人类作为主体实现自身能力的发展。而在必然王国，人们受到客观异己力量的统治。当生产力发展至一定水平后，人开始摆脱自然必然性的束缚，获得对自然的自由，但社会必然性并没有消失，人依然受到支配和控制。人类社会要想进一步摆脱社会必然性的束缚，就必须对资本主义社会进行扬弃，从而进入共产主义社会。自由王国的实现以必然王国为前提，人的自由全面发展以物质生产领域的活动为条件。

总而言之，政治和自由构成了马克思实践哲学的核心主题。历史唯物主义是马克思实践哲学的基本立场，正是坚持以历史唯物主义的基本观点分析和解决现实问题，马克思才在现实中创造性地开辟了政治解放和实现自由的道路，并使实践哲学的思想精华在上层建筑领域发挥出巨大的作用。

（三）实践哲学的文化品格

人的世界是文化的世界，人同样是文化的存在。大到社会历史运动，小到个人的衣食住行，无一不具有深刻的文化内涵。对于文化这一概念，迄今为止，学界的理解各不相同。文化学、人类学、历史学、文学、社会学、哲学都成为阐释文化概念的理论视角。虽然理论视角不同，但学界对文化也有一些共同的认识。例如，从文化哲学来看，文化现象具有普遍性，文化并不是自然的存在，而是人类活动的存在。20世纪，文化危机显现，文化哲学以其独特的哲学领域和哲学视角，开始从幕后走向台前。文化哲学不同于传统的哲学范式，它既不是决定论，也不是唯心主义，文化哲学强调文化的历史性，注重从人的生产和生活实际出发看待文化问题。

在马克思看来，人作为哲学研究的主题，是现实性和历史性的存在，而不是纯粹的自然或者纯粹精神的存在。人有自己的目的，可以在改造自然的过程中不断创造自身。在文化传统和模式中，人是一种实践的存在，抑或文化的存在。实践要摆脱抽象性，真正成为现实的活动，就不能缺少

---

① 《马克思恩格斯文集》第7卷，人民出版社，2009，第927页。

文化的内涵。从某种意义上说，文化和实践是同质的。而在文化哲学视域下，主要有以下三个值得关注的问题：理性主义文化、大众文化批判、中国传统文化的现代转型。

首先，西方近代的主导性文化精神是理性主义文化。其要点在于理性是万能的。人可以是自己的主人，而不再是上帝的奴仆。理性原则是人安身立命的基础，人对于自己未来的规划也要合乎理性的原则。然而，理性主义最终却成为控制人类的异化力量，造成了现代社会的种种弊端，这是因为理性主义刻意追求人对自然的控制。人们不得不反思理性主义文化的局限，开始从启蒙运动中探求理性主义的内在张力。思想家们对理性主义文化多有论述，例如，韦伯反对片面强调工具理性，重视工具理性和价值理性的关系；霍克海默和阿多尔诺批判人们在发展现代科学过程中对启蒙精神的遗忘，他们认为："就进步思想的最一般意义而言，启蒙的根本目标就是要使人们摆脱恐惧，树立自主。但是，被彻底启蒙的世界却笼罩在一片因胜利而招致的灾难之中"[①]；马尔库塞批判技术理性对人的物化，批判人丧失否定思维的能力，变成单向度思维的人。总之，在西方近代，人的生存方式的危机源于理性主义文化的危机。

其次，大众文化以大众为消费对象，现代传媒技术和信息技术是其手段，文化工业生产是其特征。大众文化与精英文化不同，两者是对立关系，从特征看，大众文化是娱乐性文化，是消费性文化，是通俗性文化。"文化工业"一词由法兰克福学派提出，用以指代大众文化。霍克海默和阿多尔诺对文化工业做出如下论述："文化工业取得了双重胜利：它从外部祛除了真理，同时又在内部用谎言把真理重建起来。"[②] 他们认为，文化产品的生产与工厂产品的生产相似，都有标准化流水线，消费者会成批地复制和购买。文化产品在实质上以经济效益为先，为此不惜迎合消费者的虚假需求。商品价值规律和市场交换规律同样适用于文化工业，因而文化工业不重视人的个性和创造性，更加无视其产品的人文价值，压抑人们对现实的不满，

---

① 〔德〕霍克海默、阿多尔诺：《启蒙辩证法》，渠敬东、曹卫东译，上海人民出版社，2003，第1页。
② 〔德〕霍克海默、阿多尔诺：《启蒙辩证法》，渠敬东、曹卫东译，上海人民出版社，2003，第151页。

构成一种本质上的欺骗,这是资本法则在文化工业中的具体体现。文化工业也具有一定的积极意义:例如,文化工业真正实现了文化的社会共享,文化终于不再是少数人的特权;市场经济条件下,大众文化逐渐适应了现代文明的需要,从文化心态和文化理想上彻底摒弃了守旧而空泛的旧形态。

最后,中国传统文化的现代化转型正处于崭新的阶段。中国传统文化注重伦理本位和家族本位,在文化心态上趋于保守和封闭。中国文化重人事和实用,这与注重理性和个体的西方文化截然不同。中国传统文化的经济基础是农业文明,这是一种以自然经济为基础的文明形态,不能与以市场经济为基础的现代文明相适应。改革开放以来,中国的现代化建设不断向前推进,市场经济体制也确立起来,人们的生产方式和生活方式正在发生巨大的改变。在这样的背景下,中国传统文化的现代化转型推进至崭新的阶段。中国传统文化的现代化转型始于20世纪初期,文化热是其外在表现形式。中国近代以来的文化热潮前后出现过两次。一是五四时期的新文化运动。在洋务运动、戊戌变法和辛亥革命搭建起宏大的历史背景下,中国与西方文化、传统文化与现代文化展开激烈的碰撞。虽然新文化对旧文化的批判并非全部科学,但新文化运动本身已经让传统文化意识到了危机。二是始于20世纪80年代中后期。社会主义现代化建设为文化建设提供了背景,改革开放为文化发展搭建了舞台。彼时的人们将文化领域关注的焦点放在中国传统文化与现代文化的关系问题,试图寻找中国传统文化的历史命运以及当代意义。

实践证明,在文化转型中,文化保守主义和文化激进主义都不可取。当前,全球化时代已经到来,全球化固然首先是经济和政治的全球化,人们在生产、交换、分配、消费、外交等领域的联系日益加强,其中既有彼此依赖,又有相互制约。然而,全球化从更深的层次看,却是文化的全球化。在此过程中,世界各个地区、各个民族的文化都不应被轻易否定或舍弃。然而,西方建立在财力和技术优势之上的文化殖民主义是各民族文化包容共存、携手发展的巨大阻碍,对于西方的文化殖民主义,必须有清醒的认识,对世界各民族的文化,必须予以尊重。中国传统文化要实现现代化转型,必须取其精华去其糟粕,抵制历史虚无主义,塑造具有鲜明民族特征的,适应世情、国情、党情的中国特色社会主义文化精神。

二 问题意识是马克思主义的文化逻辑

习近平指出:"我们党领导人民干革命、搞建设、抓改革,从来都是为了解决中国的现实问题。对待矛盾的正确态度,应该是直面矛盾,并运用矛盾相辅相成的特性,在解决矛盾的过程中推动事务发展。"① 特别是十八大以来的五年,共产党以巨大的政治勇气和强烈的责任担当,提出了一系列新理念、新思想、新战略,出台了一系列重大方针政策,推出了一系列重大举措,推进了一系列重大工作,解决了许多长期想解决而没有解决的难题,办成了许多过去想办而没有办成的大事,推动党和国家事业发生历史性变革。我们勇于面对党面临的重大风险考验和党内存在的突出问题,以顽强意志品质正风肃纪、反腐惩恶,消除了党和国家内部存在的严重隐患,党内政治生活气象更新,党内政治生态明显好转,党的创造力、凝聚力、战斗力显著增强,党的团结统一更加巩固,党群关系明显改善,党在革命性锻造中更加坚强,焕发出新的强大生机活力,为党和国家事业发展提供了坚强政治保证。因此,党的思想路线与中国特色社会主义思想路线的提出、发展与完善,都是为了解决面对的重大理论和实践问题。探寻马克思主义的问题意识,揭示其发展的内在逻辑,分析其实践价值,对于我们深入了解中国方案的文化魅力至关重要。

近代中国,经由先进知识分子的努力,马克思主义得到广泛传播,这也就开启了马克思主义中国化的理论创新之路。李大钊等中国共产党早期领导人曾经提出,要把马克思主义应用到中国实践当中去,与中国国情相适应。然而,在中国共产党的初创时期,这一思想的重要性没有得到充分的认识。直到1938年10月,毛泽东明确提出"使马克思主义在中国具体化"的时代任务,中国化的马克思主义理论正式登上历史舞台。理论创新以思维活动为前提,而思维的对象就是现实的问题。马克思主义中国化的历史逻辑起点在于运用马克思主义来解决中国的现实问题,而要实现马克

---

① 习近平:《坚持运用辩证唯物主义世界观方法论提高解决我国改革发展基本问题本领——在十八届中央政治局第十二次集体学习时的讲话》,《人民日报》2015年1月25日。

思主义中国化，必须秉持强烈的问题意识，直面现实问题，冲破观念障碍。

（一）克服教条主义和经验主义

中国共产党成立之初，无论在理论上还是实践中都存在"教条主义"的现象，凡事必须从马克思列宁的经典文本找依据，在实践斗争中必须对共产国际的指挥绝对服从，这造成了全党在思想理论和政治决策上严重脱离中国的具体实际。同时，由于广大基层党员和干部的成分组成大多是农民、工人、小资产阶级，他们的文化水平有限，先天就具有"经验主义"的倾向。

教条主义和经验主义有害无利，教训惨痛。1927年9月9日，毛泽东在湘南发动秋收起义。当时的党中央教条地把俄国十月革命模式，即城市武装暴动夺取政权的经验完全照搬到中国，指示起义部队攻打长沙。在全国革命陷入低潮之际，去攻打国民党反动派重兵把守的省会城市，显然是不切实际的。看到部队在战斗中减员严重，毛泽东果断决定改变原定计划，带领起义部队向国民党军事力量薄弱的农村地区转移。这一正确决定在当时却受到了党中央的严厉批评。历史证明，毛泽东所开辟的井冈山革命根据地，虽是星星之火，却终可燎原。这是因为毛泽东没有教条式地运用马克思主义，他所主张的农村包围城市的战略符合中国革命的具体实际，也符合马克思主义的基本原则，是马克思主义中国化的典范。

在20世纪30年代，党内依然盛行教条主义和经验主义。1931~1934年末的王明路线统治时期，教条主义尤为严重。王明等人完全依靠马克思和列宁的语录，依靠"本本"，哪怕只是马克思的只言片语来主观地指导革命实践，完全脱离了当时的历史条件和中国实际。教条主义对马克思主义中国化的进程起了极大的阻碍作用。王明路线的错误，导致了中央苏区第五次反"围剿"的失败，中央革命根据地完全丧失，红军被迫长征。在随后的湘江战役中，在教条主义路线的错误指挥下，中央红军从8.7万多人锐减到3万多人，中国革命遭受到巨大的损失。正如毛泽东所说："我党在幼年时期，我们对于马克思列宁主义的认识和对于中国革命的认识是何等肤浅，何等贫乏。"[①]

---

① 《毛泽东选集》第3卷，人民出版社，1991，第795页。

中国革命的曲折发展表明，不可以把马克思主义教条化，不可以把共产国际和苏联经验神圣化，中国革命要取得胜利，必须克服教条主义和经验主义。历史是在曲折中前进的。恩格斯说："要取得明确的理论认识，最好的道路就是从本身的错误中学习，'吃一堑，长一智'。"[①] 面对挫折和失败，中国共产党人接受了教育，并很快改正了错误。1935年1月，党中央在红军长征途中召开了遵义会议，会上调整了党和军队的组织领导，重新恢复了毛泽东在党和红军中的领导地位，这一决定挽救了危难中的党和红军。从此，中国共产党在毛泽东思想的正确路线指导下，克服重重困难，最终取得了革命的胜利。遵义会议在中国共产党的历史上占有重要地位，这次会议是党和红军生死攸关的转折点，它的胜利召开标志着中国共产党在政治上走向成熟。从此以后，结合马克思主义理论和中国革命实际的毛泽东思想开始登上历史舞台，毛泽东思想也成为第一个中国化马克思主义理论成果，实现了马克思主义中国化的第一次历史飞跃。

（二）确立实事求是的思想路线

在20世纪30年代的中央苏区，教条主义和经验主义不仅仅是思想路线问题，也是政治路线和组织路线问题，这两种思想倾向形成了"派系"和"路线"的差别及斗争，直接威胁到党的生存和发展。如何处理好"本本"与实际的关系，是一个重要的思想路线问题，是维护团结统一的关键。针对这一问题，毛泽东创造性地提出了"实事求是"的思想路线。这一理论创新十分关键，对人们思考问题和解决问题所遵循的思维方式产生了重要的影响。"实事求是"的思想路线开创了马克思主义中国化之路，解决了马克思主义中国化的思维路径问题。这一思想路线体现了唯物主义的思维方式。它表现出理论联系实际的价值取向，具有实践精神与问题意识。它既扎根于中国传统文化，又融入广大人民群众的生活与实践。归根结底，"实事求是"体现了马克思主义的世界观、方法论和认识论，它是马克思主义中国化的理论基石。要坚持"实事求是"的思想路线，就必须坚持马克思主义与中国实际相结合，必须克服教条主义、经验主义、形式主义等错误倾向，在具体实践中创造性地发展马克思主义。从更为深远的意义看，"实

---

① 《马克思恩格斯文集》第10卷，人民出版社，2009，第560页。

事求是"的思想路线是解决政治路线和组织路线问题的良方。作为马克思主义中国化的思想基础,"实事求是"的思想路线为中国革命和建设开辟了通向胜利的现实之路。

20世纪70年代末,"文化大革命"后,党中央开展了一场思想解放运动。邓小平指出:"只有思想解放了,我们才能正确地以马列主义、毛泽东思想为指导,解决过去遗留的问题,解决新出现的一系列问题,正确地改革同生产力迅速发展不相适应的生产关系和上层建筑,根据我国的实际情况,确定实现四个现代化的具体道路、方针、方法和措施。"① 可见,要避免教条,只有解放思想,要进行改革开放,就必须实事求是。解放思想,实事求是,这是历史的必然选择,也是中国共产党和中国人民的共同选择。

20世纪90年代以来,党的执政能力在实践中得到了检验。在中国共产党的领导下,我国直面金融危机,战胜了自然灾害。但与此同时,党内也出现了腐败的现象,党的建设问题需要引起重视。非公有制经济在国民经济中所占的比例的增大,导致党的性质和国家的社会主义性质均遭到质疑。世情、国情、党情都要求中国共产党人与时俱进,不断创新马克思主义理论,为中国特色社会主义增添新的内容。21世纪以来,随着改革进入深水区,深层次的矛盾和问题逐步暴露,我国的发展面临前所未有的机遇和挑战。在矛盾、困难甚至是困境面前,只有解放思想,实事求是,才能形成新思路,拿出新办法,去解决新问题。要实现科学、和谐、和平发展,就必须坚持求真务实,这是中国特色社会主义建设实践所取得的宝贵经验。求真务实同样反映了辩证唯物主义和历史唯物主义的精神实质,是中国特色社会主义思想路线的核心内容,特别是在思想作风建设和工作作风建设中可以发挥重要的作用。

习近平围绕现实重大问题,提出"要有强烈的问题意识,以重大问题为导向,抓住关键问题进一步研究思考,着力推动解决我国发展面临的一系列突出矛盾和问题"。② 以问题意识为先导,中国特色社会主义实践创新和理论创新的法宝就是思想路线。解放思想、实事求是、求真务实和"三

---

① 《邓小平文选》第2卷,人民出版社,1994,第141页。
② 《习近平谈治国理政》,外文出版社,2014,第74页。

严三实"等内容都是实事求是所深刻蕴含的内容。这些内容在中国革命、建设和改革实践中得以逐渐展开,形成了党的思想路线的根本内容。"实践发展永无止境,解放思想永无止境,改革开放也永无止境。"① 中国特色社会主义建设所取得的每一次进步,都离不开正确思想路线的指导。当前,全党和全国各族人民正向实现"两个一百年"奋斗目标、实现中华民族伟大复兴的中国梦而奋斗。唯物辩证法昭示我们,矛盾是事物发展的动力。事物总是不断向前发展的,在发展过程中总会遇到各种各样的矛盾,旧的矛盾解决了,新的矛盾又会产生,中国特色社会主义事业就是在不断解决矛盾中向前发展的。因此,必须不断解放思想,实事求是,与时俱进,求真务实,唯有如此,才能始终站在时代潮头,立于理论与实践的前沿,把中国特色社会主义事业不断推向前进。

(三) 解决马克思主义理论与中国实践的问题

马克思主义理论与中国实践的问题是一个重要的课题,需要予以高度的重视,其基本精神被中国特色社会主义所继承和发展。中国特色社会主义立足于解决马克思主义理论与中国实际问题,它从内容和形式上将马克思主义发展至崭新的阶段,赋予了马克思主义全新的时代价值。

首先是从实践出发,理论联系实际。这是马克思主义最重要的理论品质。170多年来,马克思主义始终坚持从实际出发,坚持实事求是,始终保持了旺盛的生命力。这具体来说就是坚持以马克思主义理论为指导,与时代主题、国际国内形势、社会发展实际状况密切联系,以此作为发现问题、分析问题和解决问题的立足点。"马克思的整个世界观不是教义,而是方法。它提供的不是现成的教条,而是进一步研究的出发点和供这种研究使用的方法。"② 正是因为经过实践的检验,符合了实际情况,马克思主义理论才能在实践中不断发展,才能反过来正确指导实践,因此,马克思主义理论得以产生和发展的源头在于实践。马克思主义是一门科学,任何教条化、庸俗化、僵化的因素都将大大不利于科学态度的养成,从实践出发,理论联系实际,就要坚决反对对马克思主义的教条化理解。

---

① 《习近平谈治国理政》,外文出版社,2014,第71页。
② 《马克思恩格斯文集》第10卷,人民出版社,2009,第691~692页。

其次是以理论武装人民群众的实践活动。"我们应当相信群众,我们应当相信党,这是两条根本的原理。如果怀疑这两条原理,那就什么事情也做不成了。"① 马克思主义理论要避免与实际相脱节,正确指导实践,就离不开广大的人民群众。而要引导人民群众正确开展实践,就必须以马克思主义科学理论武装他们,这样才能真正使理论与实践相结合。必须充分认识到,一方面,理论不能脱离实际,更不能远离实践;另一方面,如果实践缺乏理论指导,那就是盲目而空洞的。

再次是正确区分理论基础与具体方针政策。毛泽东说:"领导我们事业的核心力量是中国共产党,指导我们思想的理论基础是马克思列宁主义。"② 在当代中国,社会主义事业的指导思想是毛泽东思想、邓小平理论、"三个代表"重要思想、科学发展观、习近平新时代中国特色社会主义思想,这些都是马克思主义中国化的理论成果,构成了中国化马克思主义的理论基础。指导思想主要在世界观、方法论等方面发挥引领作用,其具体内涵和要求主要是通过具体方针政策加以体现的。如果说指导思想是从宏观的、全局的角度发挥作用,那么具体方针政策则是从微观的、具体的层面予以执行。马克思主义是社会主义事业的理论基础,马克思主义理论要想被广大人民群众所理解、接受和掌握,就必须转化为具体的方针政策,进而转化为群众的力量,去进行改造世界的实践。需要注意的是,理论基础和具体方针政策不能混为一谈,理论基础是根本原则,具体方针政策是表现形式。作为理论基础的指导思想具有相对的稳定性,而具体方针政策是需要根据实践适时进行调整的。

最后是做好理论研究和建设。马克思主义理论是科学,科学的理论是发展的,它需要不断从实践中汲取养料。加强马克思主义理论研究和建设,是马克思主义理论与时俱进的本质需求,更有利于马克思主义理论在整个人类社会发展中切实发挥巨大作用。中国作为社会主义国家,60多年的社会主义建设和改革的经验为我们进行马克思主义理论研究和建设提供了无可比拟的优势。特别是改革开放近40年来,中国的社会主义事业飞速发展,

---

① 《毛泽东文集》第6卷,人民出版社,1999,第423页。
② 《毛泽东文集》第6卷,人民出版社,1999,第350页。

这在实践层面表明，马克思主义没有过时，它作为科学理论，仍牢牢把握着时代脉搏，时刻体现着广大人民的意愿和要求。翻开世界历史就会发现，中国古代文化曾对人类历史进步和世界文化发展做出过巨大的贡献，今时今日，随着中国特色社会主义的不断发展，马克思主义理论研究和建设的不断深入，马克思主义必将引领中国特色社会主义先进文化，屹立于世界文化的潮头。

（四）马克思主义问题意识与中国特色社会主义理论自信

在马克思的墓碑上，铭刻着他在《关于费尔巴哈的提纲》中的一段名言："哲学家们只是用不同的方式解释世界，而问题在于改变世界。"① 马克思终其一生，把解决人类社会所面临的现实问题作为哲学研究的起点和归宿，这体现了马克思的哲学价值观。马克思认为："一个时代的迫切问题，有着和任何在内容上有根据的因而也是合理的问题共同的命运：主要的困难不是答案，而是问题。因此，真正的批判要分析的不是答案，而是问题。"② 倘若回顾马克思主义发展历史，就会发现其中时刻闪耀着问题意识。

从哲学语境看，问题即矛盾。问题不是主观臆造或者单纯的概念演绎，而是公开而无畏的时代先声。中国特色社会主义理论体系之所以能够充满自信，也是因为这一理论体系始终在面对中国社会发展所存在的现实问题，并在解决问题的过程中获得发展。中国特色社会主义理论体系具有突出贡献，主要表现在围绕经济文化落后国家如何建设、巩固和发展社会主义这一理论主题，解决了马克思主义发展史上的三大新问题。

一是探索和回答了在经济文化落后国家如何建设、巩固和发展社会主义的问题。中国要建设什么样的社会主义，怎样建设社会主义，这是社会主义建设的两个基本理论问题。从历史上看，马克思恩格斯曾在晚年对东方社会主义发展道路进行了初步的理论探索和研究；列宁领导十月革命的胜利，在实践和理论层面对社会主义建设进行了新的发展与创造；毛泽东领导中国革命的胜利，最早在中国探索建设什么样的社会主义和怎样建设社会主义。中国特色社会主义理论体系正是在继承前人理论和实践探索的

---

① 《马克思恩格斯文集》第 1 卷，人民出版社，2009，第 506 页。
② 《马克思恩格斯全集》第 1 卷，人民出版社，1995，第 203~204 页。

基础上，在人民群众建设社会主义的实践经验中，创造出了一系列重大理论观点，从而丰富和深化了对社会主义建设规律的认识，最终系统回答了经济文化落后国家如何建设、巩固和发展社会主义的问题，将中国共产党人对社会主义的认识提高到了新的科学水平。

二是探索和回答了无产阶级政党在夺取政权之后应该建设什么样的党、怎样建设党这一基本问题。在夺取政权后，无产阶级政党的历史方位会随之发生改变。成为执政党以后，如何正确认识和运用共产党执政规律，提高党的执政能力，巩固执政地位，完成执政使命，是党的建设工作的重大课题。要做好这一课题，必须以马克思主义政党理论为指导，全面深化改革，系统而全面地推进党建工作，努力提高科学化水平。与此同时，要加强理论创新，在丰富和深化对共产党执政规律认识的基础上，创新党的建设工作，进一步发展马克思主义政党理论。

三是探索和回答了在新时代主题下，如何建设和发展中国特色社会主义的问题。和平与发展不仅是当今时代的主题，也构成了当代中国建设和发展社会主义的主题。我国是世界上最大的发展中国家，发展困难多，发展任务艰巨。我国还是当今世界发展势头最猛、发展成果最多、发展前景最好的社会主义国家。这两方面的特点决定了我国必将长期面临西方资本主义的政治和经济压力。当前，中国特色社会主义进入新时代，我国社会主要矛盾已经转化为人民日益增长的美好生活需要和不平衡不充分的发展之间的矛盾。我国稳定解决了十几亿人口的温饱问题，总体上实现小康，不久将全面建成小康社会，人民美好生活需要日益广泛，不仅对物质文化生活提出了更高要求，而且在民主、法治、公平、正义、安全、环境等方面的要求日益增长。同时，我国社会生产力水平总体上显著提高，社会生产能力在很多方面进入世界前列，更加突出的问题是发展不平衡不充分，这已经成为满足人民日益增长的美好生活需要的主要制约因素。我国社会主要矛盾的变化是关系全局的历史性变化，对党和国家工作提出了许多新要求。要求我们必须在继续推动发展的基础上，着力解决好发展不平衡不充分问题，大力提升发展质量和效益，更好地满足人民在经济、政治、文化、社会、生态等方面日益增长的需要，更好地推动人的全面发展、社会全面进步。

中国特色社会主义坚持以人为本，它回答了发展依靠谁、发展为了谁、发展成果由谁共享等一系列的问题，进行了富有创造性的探索，特别是十八大以来，以习近平同志为核心的党中央，顺应时代发展，从理论和实践结合上系统回答了新时代坚持和发展什么样的中国特色社会主义、怎样坚持和发展中国特色社会主义这个重大时代课题，创立了习近平新时代中国特色社会主义思想。习近平新时代中国特色社会主义思想是对马克思列宁主义、毛泽东思想、邓小平理论、"三个代表"重要思想、科学发展观的继承和发展，是马克思主义中国化最新成果，是党和人民实践经验和集体智慧的结晶，是中国特色社会主义理论体系的重要组成部分，是全党全国人民为实现中华民族伟大复兴而奋斗的行动指南，必须长期坚持并不断发展。

坚持马克思主义基本原理与中国实际相结合，以解决中国面临的现实问题为导向，推进马克思主义中国化，是进一步增强中国特色社会主义理论自信的基础。在最新修订的《中国共产党党章》中，明确指出社会主义制度的发展和完善是一个长期的历史过程。坚持马克思列宁主义的基本原理，走中国人民自愿选择的适合中国国情的道路，中国的社会主义事业必将取得最终的胜利。党的思想路线是一切从实际出发，理论联系实际，实事求是，在实践中检验真理和发展真理。全党必须坚持这条思想路线，积极探索，大胆试验，开拓创新，创造性地开展工作，不断研究新情况，总结新经验，解决新问题，在实践中丰富和发展马克思主义，推进马克思主义中国化。

总之，只要我们能够树立敏锐的问题意识并善于发现问题，敢于直面问题，勇于解决问题，就一定能够更加自觉自信地坚持和发展马克思主义科学理论，一定能够始终保持正确的前进方向。

三　人民立场是马克思主义的文化根基

人民是历史的创造者，是决定党和国家前途命运的根本力量。人民对美好生活的向往就是我们的奋斗目标。社会主义的"中国方案"具有总目标，那就是促进人的全面发展，逐步实现全体人民共同富裕，建设富强民主文明和谐的社会主义现代化国家。共产主义的最高奋斗目标是实现人的全面发展。马克思主义认为，人类社会是一个由低级形态向高级形态不断发展的历史过程。在这一历史过程中，社会主义必然胜利，资本主义必然灭亡，这是社会发展的规律。马克思在《资本论》中明确提出：代替资本主义社会的未来社会，是一个"以每个人的全面而自由的发展为基本原则的社会形式"①。在《共产党宣言》中，马克思恩格斯进一步指出："代替那存在着阶级和阶级对立的资产阶级旧社会的，将是这样一个联合体，在那里，每个人的自由发展是一切人的自由发展的条件。"② 当社会进入共产主义阶段，人就会自然而然地获得终极关怀。简言之，马克思学说中最富生命力和吸引力的部分就在于人的全面自由发展，全面发展的人是马克思主义理论的终极指向。因此，马克思主义理论具有鲜明的人民立场，这构成了马克思主义的文化根基。

（一）马克思主义人民立场的文化渊源

当今时代，人们普遍认同这样的历史观，即人类历史是一个不断发展进步的过程。马克思之前的先哲们就已经注意到了人类不断实现自身主体性、获得主体地位的重要性，而这种对人的重视就体现在西方文化的人本、民主思想中。

西方的人本思想源于古希腊文化。黑格尔曾说："一提到古希腊这个名字，在有教养的欧洲人心中，尤其在我们德国人心中，自然会引起一种家园之感。欧洲人远从希腊之外，从东方，特别是从叙利亚获得他们的宗教、来世与超世间的生活。然而今生，现世，科学与艺术，凡是满足我们精神生活，使精神生活有价值、有光辉的东西，我们知道都是从希腊直接或间接传来的。"③ 古希腊是欧洲文明的摇篮，希腊宗教中的自然主义、文学艺术中的唯美主义、科学哲学中的理性主义共同构成了欧洲文化的热情和理性精神，这一文化形态体现了人们对于自由与进步的向往。

在古希腊哲学中，人是人的意识的客体存在，外部自然界是人的意识的对象存在，人的主体意识的产生是一种必然，而人的主体地位是依托主

---

① 《马克思恩格斯文集》第5卷，人民出版社，2009，第683页。
② 《马克思恩格斯文集》第10卷，人民出版社，2009，第666页。
③ 〔德〕黑格尔：《哲学史演讲录》第1卷，贺麟、王太庆译，商务印书馆，1956，第157页。

体意识而存在的。在认知水平逐步提高后，人开始从对客体的好奇转化为对主体的反思，当人开始转向自身的存在，主体意识就开始觉醒。主体意识的觉醒代表着人类文明进步的趋势，普罗泰戈拉认为"人是万物的尺度"。黑格尔对此评价甚高，认为这是一个"伟大的命题"。"人是万物的尺度"从人开始意识到主体，到形成主体意识，再到人把的主体意识放在核心地位，已经包含了一种思想倾向，即把人看作自由活动的主体。作为与普罗泰戈拉同时代的思想家，苏格拉底也大量研究了人的主体性问题，这对后世文化产生了深远的影响。在苏格拉底看来，真理不应该是相对的存在，因为在"一"与"多"的关系中，统一性不可或缺。他认为人应该拥有普遍意义上的真理，以共同遵循。苏格拉底所谈到的"主体"是拥有独立理性思维的主体，这点与普罗泰戈拉不同，后者所说的"主体"是指感觉的主体。苏格拉底认为，人要实现自己的主体地位，也要以一定的理性原则作为行事准则，提高个人的德行与修养。总之，同为希腊文化的宝贵精神财富，普罗泰戈拉和苏格拉底关于人的主体性的思想对西方哲学中主体性原则的确立起到了基础性作用，这一思想促进了西方人民主体意识的觉醒，也成为西方人本主义思想的理论源头。

继古希腊之后，罗马时代是西方社会又一个闪烁"人本"思想的文明时代。海德格尔在《关于人道主义的书信》中说："我们在罗马碰到了第一个人道主义。因此第一个人道主义在本质上仍然是一种特殊的罗马现象，此种特殊的罗马现象是从罗马人与晚期希腊人的教化的相遇中产生出来的。"[①] 在海德格尔看来，只有到了罗马时期，人道主义才产生出来，人们对人道才展开了深入的思考与追求。这是因为罗马帝国具有古罗马的文化传统，在国家演进过程中又充分吸纳了古希腊文化精华，这就使罗马时代的人道主义博采众长，在理论层面上愈加丰满。历史依然在发展进步，一方面是罗马帝国的强盛，另一方面是古希腊的衰落，虽然国家衰落了，但古希腊文化中的人道主义并不甘心退出历史舞台。恩格斯在《布鲁诺·鲍威尔和早期基督教》一文中指出："在各阶级中必然有一些人，他们既然对物质上的解放感到绝望，就去追寻精神上的解放来代替，就去追寻思想上

---

① 〔德〕海德格尔:《路标》，孙周兴译，商务印书馆，2001，第375页。

的安慰，以摆脱完全的绝望处境。"① 于是在罗马时期，基督教产生了。基督教能够产生，是由于这一时代的人民对于人道和人性自由极度渴望，基督教所宣扬的福音人道主义刚好切合了这一时代需求。历史就这样向前发展着。到了中世纪，基督教已经作为一种意识形态，逐渐取得了唯我独尊地位，"中世纪把意识形态的其他一切形式——哲学、政治、法学，都合并到神学中，使它们成为神学中的科目"②。哲学、政治、法学都被合并到神学中，基督教的神权开始与当权者的君权合流，这样一来，福音人道主义这一基督教的原初文化价值开始被异化。到后来，基督教神学家奥古斯丁用"理论"论证了上帝的存在，并进而论证"君权神授"，为罗马帝国的对内专制和对外侵略政策提供了理论根据。在这一理论下，神权取代了人权，神本位取代了人本位，上帝成为人的精神束缚，人的自由主体性不复存在。在"君权神授"的影响下，中世界的欧洲政治陷于黑暗，神权的恐怖统治肆意横行。也正是在这样的历史背景下，新的人道主义文化变革正在默默酝酿。

在14~16世纪末的欧洲大陆上，文艺复兴运动如火如荼地开展。文艺复兴的思想核心是对"人文精神"的复归。以文艺复兴为界，之前的神权统治完全不关注人们的现实生活，造成精神世界与现实世界的彻底脱节，而在文艺复兴之后，欧洲文明迎来崭新的时代，人们的精神世界开始重新与现实世界相联系。黑格尔说："'文艺复兴'、美洲的发现和到达东印度的新路，可以和黎明的曙光相比，好像在长期暴风雨以后，第一次预示着一个美丽日子的来临。这一个日子就是'普遍性'的日子，它经历了中古时代的阴森可怕、悠悠漫长的黑夜，终于破晓了！一个因富于科学、艺术和发明欲而著称的日子，也就是说，它充满了最尊贵的和最高尚的东西，曾经由基督教给予了自由的、由教会解放出来的人类精神，显示出永恒的、真正的内容。"③ 伴随着文艺复兴，人们的精神活动终于回到了人的世界，不再在神的世界受到桎梏，这是向古希腊罗马时代人道主义的复归。"人们

---

① 《马克思恩格斯全集》第19卷，人民出版社，1963，第334页。
② 《马克思恩格斯文集》第4卷，人民出版社，2009，第310~311页。
③ 〔德〕黑格尔：《历史哲学》，王造时译，上海书店出版社，2001，第407页。

转而面向古人的作品。这些作品变成了研究的对象……在其中，人的兴趣和行为都受到了认许，而与神圣的东西对立起来……因为人本身就是有意义的东西，这一点就使得人们对于人，也就是对于作为有意义的东西的人，发生了兴趣。"① 文艺复兴不仅促使西方文化向古希腊罗马文化回归，不仅使人们从神权向人道主义复归，还在实践中形成了新的人文主义思想。这一思想以人的觉醒为前提，以人的自我认识为基础。新的人文主义思想贯穿于整个文艺复兴的始终，无论是在文学、艺术、哲学等社会科学领域，还是在天文学、物理学等自然科学领域都闪烁着人文主义的光芒。在文学领域，文艺复兴第一人——但丁开辟了人文主义时代精神先河；欧洲"人文主义之父"彼特拉克为欧洲抒情诗的发展开辟了道路；杰出的人文主义作家薄伽丘发出了"幸福在人间"的人文主义宣言。他们并称文艺复兴前三杰，其文学作品对人文主义精神的传播产生了深远的影响。在艺术领域，达·芬奇以画笔刻画人性自由和人性美，拉斐尔将艺术理想美的事业推向巅峰，米开朗琪罗则将文艺复兴时期的雕塑艺术推向最高峰。三位著名艺术大师的作品都表达了对英雄气概的赞美和对自由理想的崇高追求。总之，经过文艺复兴运动，人们终于将精神世界的枷锁摆脱并砸碎，而对自身人文精神和真善美的追求成为人们关注的焦点，一个崭新的时代，即人类个性解放的时代即将到来。

16～17世纪，宗教改革运动兴起。这一运动以树立自由旗帜、打击天主教会为目的。对于宗教外衣下掩盖的神权统治，宗教改革运动深入揭露了其丑恶面目，神权统治强调外在形式，而宗教改革带领人们回归内在精神。在黑暗的中世纪，宗教脱离了原初的教导人们追求真善美的教义，教会则严重脱离了精神追求，只顾追求感官的享受。因此，天主教统治时期，宗教已经不能拯救人们的灵魂，人们也可以走向堕落，为了获得灵魂的满足，人们可以通过金钱来赎罪，天主教一方面使自身对人们灵魂的拯救外在化、形式化，另一方面只注重感官，终于逐渐走向腐化。在这种情形下，"那种古老的、彻底保存的日耳曼民族的内在性，终于要从它的正直和简单

---

① 〔德〕黑格尔：《哲学史演讲录》第3卷，贺麟、王庆太译，商务印书馆，1983，第336页。

的内心里完成这场革命"①，马丁·路德领导发起了宗教改革，欧洲宗教改革的大幕徐徐拉开。马丁·路德的观点是，人只要有信仰就行，而不必非要靠善功来获得内心的救赎。黑格尔说："成为宗教改革的原则的，是精神深入自身这个环节、自由这个环节、回归于自己这个环节；自由正意味着：在某一特定的内容中自己对自己发生关系。"② 可见，自由精神是宗教改革运动的鲜明旗帜，呼吁人向自身回归是这一运动的重要任务。经过宗教改革运动，"从无休止的冲突里面、从顽强的日耳曼性格经受并不得不经受的那种可怕的管教里面，精神解放出来了，意识达到了与自身和解，而且这种和解是采取了这种不得不在精神里面来完成的形式的。人从彼岸被召回到精神面前；大地和它的物体，人的美德和伦常，他自己的心灵和自己的良知，开始成为对他有价值的东西"③。

到了 18 世纪，启蒙运动在欧洲开展起来。这是继文艺复兴之后，近代欧洲的又一次反封建、反教会的思想文化解放运动，它以理性主义为思想基础，通过大量的思想准备和舆论宣传来解放人们的思想。"启蒙"的法语词义即光明，启蒙运动思想家认为，人类尚处于黑暗之中，要把人们引向光明就必须驱散这黑暗，而驱散黑暗就必须依靠理性的光芒。康德说："启蒙运动就是人类脱离自己所加之于自己的不成熟状态。不成熟状态就是不经别人的引导就对运用自己的理智无能为力。当其原因不在于缺乏理智，而在于不经别人的引导就缺乏勇气与决心去加以运用时，那么这种不成熟状态就是自己所加之于自己的了。Sapereaude！要有勇气运用你自己的理智！这就是启蒙运动的口号。"④ 一旦宗教的束缚被解开，人类就摆脱了愚昧和落后，人类就会通过理性的认识与思考，回归世俗生活。从地域看，英国是启蒙运动的摇篮，其后，法国、德国、俄国、荷兰、比利时相继成为启蒙运动的舞台，而舞台的中心是法国。启蒙运动在法国影响很大，法国启

---

① 〔德〕黑格尔：《历史哲学》，王造时译，上海书店出版社，2001，第 408 页。
② 〔德〕黑格尔：《哲学史演讲录》第 3 卷，贺麟、王庆太译，商务印书馆，1983，第 384 页。
③ 〔德〕黑格尔：《哲学史演讲录》第 3 卷，贺麟、王庆太译，商务印书馆，1983，第 376 页。
④ 〔德〕康德：《历史理性批判文集》，何兆武译，商务印书馆，1996，第 22 页。

蒙运动以其强烈的战斗精神成为启蒙运动的典范。法国启蒙运动的领袖是伏尔泰。人类的自由与平等是伏尔泰毕生的追求,其思想在18世纪的欧洲广泛传播,影响十分深远。几乎与伏尔泰同时,孟德斯鸠、卢梭、狄德罗等著名思想家都将目光聚焦人性的自由和解放。他们批判专制主义和宗教愚昧,反对特权,通过著书立说宣传启蒙思想,赞美人性的自由与平等,鼓励民主。如果论对人性的追求,启蒙运动不仅超越了人的生理和精神,还大大宣传了天赋人权、三权分立学说,传播了自由、平等、民主、法制的思想。这就在实践层面大大推进的欧洲资产阶级革命,为革命形势的发展作了深入的思想准备和舆论宣传。

从总体上看,人类历史是不断发展进步的。无论是人的主体地位的不断提升,还是人性不断得到解放,都经历了一个较长的历史过程。这一历史过程从古希腊时代开始,贯穿罗马时代、文艺复兴、宗教改革、启蒙运动。人本主义思想与人类的经济、政治、社会、文化生活正是在这一历史过程中实现深度融合,闪烁出理性的光芒。古希腊哲学奠定了西方人文主义思维传统,文艺复兴运动发掘了文化价值观层面的人文主义,宗教改革突出了人的主体性,启蒙运动赋予了人性以政治诉求。诞生于19世纪的空想社会主义正是在此基础上,对人道主义的进一步发展,以圣西门、傅里叶和欧文为代表的思想家描述了资本主义私有制的罪恶,在社会制度层面愈发关注人的解放和全面发展。而在研究了文艺复兴、启蒙运动和空想社会主义后,19世纪的德国哲学家费尔巴哈首次在哲学领域提出"人本主义"的概念。费尔巴哈以全新的哲学方式,论述了人的本质、人的异化以及人的主体地位和主体性。简言之,西方人本思想和人文精神是马克思人本思想的理论渊源与哲学基础。在此基础上,马克思开始对现实资本主义社会展开批判,并通过科学分析来寻求实现人的全面发展的途径、方式与手段,探索出构建科学社会主义理想蓝图的方法与路径,从而实现了对西方人本思想的继承与超越。

(二)马克思恩格斯的民生思想与人民立场

马克思主义认为,人不是单纯自然之物,而是在实践的基础上不断发展而来的存在。在现实性上,人就是一切社会关系的总和。人的生存方式和发展程度都由社会关系所决定。"历史的每一阶段都遇到有一定的物质结果、一定数量的生产力总和,人和自然以及人与人之间在历史上形成的关系,都遇到有前一代传给后一代的大量生产力、资金和环境,尽管一方面这些生产力、资金和环境为新的一代所改变,但另一方面,它们也预先规定新的一代的生活条件,使它得到一定的发展和具有特殊的性质。"① 人的生存不同于动物的生存,不能仅仅停留在满足自然属性上,而且要充分考虑社会属性。社会关系是具体的、历史的,所以人的本质也是具体的、历史的。因此,马克思民生思想的出发点就在于满足人的最基本的生存需要。马克思在这一思想的基础上进一步提出了人的生存价值和目的的问题,探讨了人类生存方式的问题。在马克思看来,人类社会得以存在和发展的基础就是民生,只有先解决物质生活资料的问题,人类才能有生存繁衍的机会,才能追求美好生活,才能最终获得自身的解放。人民群众要创造历史,搞好民生是根本前提。

在对资本主义制度下的民生问题进行研究后,马克思一针见血地指出,资本主义必然带来异化。在资本主义社会,无产阶级和劳动人民受到资本家和资本的残酷剥削和压迫,不仅在物质生活上陷于贫困,在精神生活上也被奴役。在这样的社会中,人的发展是片面而畸形的,这就是人的异化。而关于人的发展,马克思恩格斯所描绘的理想状态是"每个人自由而全面地发展",实现个人能力全面发展,个人关系普遍发展,个人需求多方面发展,个人与自然和谐发展。从这个意义上讲,马克思主义就是关于人类解放和发展的学说。

马克思恩格斯认为,人的发展是经济社会发展的目的,人的本质特征决定了人要实现全面发展。在理想中的共产主义社会,人的全面发展归于个性的全面发展。人类实现从必然王国向自由王国的飞跃的必要条件,就是物质力量和精神力量的极大增强,而共产主义社会符合这样的要求。共产主义社会实行生产资料归社会占有的公有制,阶级和阶级之间不再有差别,由于生产力高度发展,物质财富极大丰富,人类可以停止关于生存的斗争,高度文明的精神生活成为人们的追求。随着认知能力的大幅提升,人类将大大提高对自然规律和社会规律的认识和把握能力,最终发现那些

---

① 《马克思恩格斯全集》第 3 卷,人民出版社,1960,第 43~45 页。

操纵历史的客观异己力量。到那时，历史开始由人们自觉地创造，人们开始由必然王国进入自然王国。

从实践出发去研究人的发展是马克思恩格斯一贯坚持的观点和方法。人在实践中所呈现的生活状态，与人的生产过程具有一致性。只有从事生产实践活动，人才能实现生存、满足发展。因此，只有正确认识并理顺生产力和生产关系、人与自然的关系以及人与人的社会关系，才能确保生产实践活动的顺利进行。马克思恩格斯认为，要解决人的生存和发展问题，生产力的发展是前提条件，生产关系的进步是现实条件，生产力和生产关系必须协调统一。生产力是人类社会历史发展的最终力量，也是衡量人类文明进步的准绳，它最能展现和发挥人的自由创造本性。一旦资产阶级统治被推翻，无产阶级掌握政权，就要大力发展生产力，通过增加生产力的总量来创造富足的物质生活。同时，生产关系是建立在生产力发展基础之上的，生产力决定生产关系，生产关系对生产力具有反作用，只有充分认识生产关系适应生产力发展水平的客观规律，才能促进生产力和生产关系的协调统一。

马克思在研究资本主义社会民生问题的同时，将改善人的生产生活状况列为基本任务。19世纪中后期的欧洲，英、法、德等国已经或正在实现产业革命，生产力和科学技术达到前所未有的水平。然而，马克思恩格斯却发现了资本主义快速发展背后所暴露出的各种社会问题，找到了人民苦难生活的根源。资本主义制度的本质就是剥削。纵使资产阶级制定了一些社会保障措施，来救济贫困人民的生活，但这只是为了维护阶级统治，维持劳动再生产的手段。在这样的根本目的下，工人们的生活状况没有任何改善，人民群众的地位仍然低下，生活依然贫困潦倒。马克思恩格斯认为，在资本主义社会，榨取最大剩余价值才是社会生产的目的，资本主义制度无视人的生存和发展问题。要改善人的生产生活状况，就必须推翻资本主义的剥削制度，建立起更加先进的社会制度。

解决民生问题的基本手段是实践。在《关于费尔巴哈的提纲》中，马克思批判了旧哲学的缺陷。他指出，全部社会生活在本质上是实践的，而旧哲学没有从实践活动的角度去考察人。唯物主义主张从现实的个人出发，从实践的视角关注劳动人民的生存困境和发展需求。马克思恩格斯站在人民立场，指出实践是解决民生问题的基本手段。一方面，人的生存是由实践决定的。这是因为实践为人的生存创造了物质资料，而生存是人类最为基本的目的，是开展社会活动的前提。另一方面，人的发展与进步也是由实践所决定的。人的生活要想丰富，人类文明要想发展，就必须在物质生产的同时进行精神生产。与物质财富相同，精神财富也是在实践中生产出来的。实践的深度和范围与人的实践能力密切相关。从整体的观点看，人越是提高自身在实践中改造世界的能力，就越会推动人类社会的文明进程，就越能实现人的发展与进步。与此同时，人的自由和解放同样是由实践所推动的。人可以在实践中驾驭客观自然性，以获得实在的自由。随着实践的发展，人的认识水平和认知能力的提高，人可以获得越来越多的自由。

解决民生问题的最终目的在于实现人的自由全面发展。马克思认为，人的发展和社会发展并非完全对立的关系，而是辩证统一的关系。一方面，社会发展为人的发展提供物质的、精神的现实条件，它是人的发展的前提和基础；另一方面，人的发展是推动社会前进的内在动力，社会是人的社会，人也是社会的人。因此，追求和实现人的全面发展与社会发展并不矛盾，社会的发展在本质上就是人自身的发展，社会和人的发展客观上要实现两者之间的辩证统一。马克思还指出，要实现人的自由全面发展，绝不是仅仅局限于实现一部分人的发展，而是必须要实现全社会每一个人的发展，社会中每个个体的充分发展是全社会所有人实现全面发展的前提。

（三）列宁的民生思想与人民立场

出于民生思想与人民立场，列宁十分注重政党建设。他认真研究了马克思恩格斯的建党理论，并将理论与俄国的革命实践相结合，致力于建立"社会民主工党"这一新型工人阶级政党。建党同时，列宁对工人阶级和劳动人民的生活状况十分关心。从俄国的国情看，自农奴制被废除，俄国资本主义获得了发展，商品生产取代自然经济，社会分化为资产阶级和无产阶级。建党后，列宁要求社会民主工党深刻认识无产阶级被资产阶级压迫、奴役、剥削的现状，他说："所有的社会民主党人都认为必须组织工人阶级的经济斗争，必须在这个基础上到工人中间进行鼓动，即帮助工人去同厂主进行日常斗争，叫他们注意压迫的种种形式和事实，从而向他们说明联合起来的必要性。"① 同时，列宁还号召社会民主工党"完全支持农民群众为得到土地和摆脱农奴制剥削而同地主展开的斗争"。② 十月革命后，列宁仍然要求作为执政党的布尔什维克继续关注民生问题，"必须把改善工农生活状况的问题单独提出来，以便密切注意这方面所取得的成绩"③。在俄共第十次代表大会上，列宁要求所有党的机关和苏维埃机关要特别注意工农民众的生活状况，为了改善工人的生活状况，要采取切实措施，以减轻其困苦。总之，列宁始终认为，无产阶级政党的重要职责之一就是改善民生。无论是在党执政前还是执政后，他都多次强调要不遗余力地改善无产阶级生存现状，改善广大劳动人民的民生。

列宁认为，要巩固新生政权，必须解决民生问题，两者之间有着密切的联系。通过总结俄国十月革命的经验和旧政权灭亡的经验教训，列宁得出结论，由于资产阶级临时政府以及妥协的孟什维克党和社会革命党忽视民生问题，"用各种口实拖延土地问题的解决，从而使国家陷于经济破坏，激起了农民的起义"。④ 在列宁的领导下，布尔什维克党和苏维埃政权经过艰苦努力，不仅在短时期内初步地、有效地改善了民生状况，还坚定了人民对新生苏维埃政权的信心。民生的改善使人民相信，"无产阶级政权不向财富卑躬屈节，而是帮助贫农民；这个政权敢于采取革命措施；这个政权把寄生虫的多余食品拿来分给饥民；这个政权让无家可归的人强行搬进富人的住宅"⑤，从而有力地巩固了布尔什维克党的执政地位和苏维埃政权。

列宁认为，建立社会主义制度是解决民生问题的根本办法。民生问题在20世纪初期的俄国十分突出，长期的压迫和奴役使广大人民群众贫穷困苦，境遇凄惨。列宁在关心同情俄国的民生状况之余，深入研究并揭示了造成这一状况的社会制度根源。他认为，随着商品生产的迅速发展，俄国旧有的生产方式势必发生变革，旧有的小生产难以为继，大生产将伴随科技的进步占领市场，小生产者由于失去了生产资料，将转变为无产者。"社

---

① 《列宁全集》第4卷，人民出版社，1986，第162~136页。
② 《列宁全集》第15卷，人民出版社，1988，第150页。
③ 《列宁全集》第41卷，人民出版社，1986，第271页。
④ 《列宁全集》第33卷，人民出版社，1985，第17页。
⑤ 《列宁全集》第32卷，人民出版社，1985，第321页。

会的和日益社会化的劳动的生产力大大发展的同时，这种发展的全部主要好处却为极少数居民所垄断。社会财富增加的同时，是社会不平等的加剧，私有者阶级（资产阶级）同无产阶级之间的鸿沟加深和扩大。"① 在这样的情况下，劳动阶层的厄运接踵而至，失业、被剥削、被压迫……生活变得充满屈辱，毫无保障。资本主义自身的基本矛盾必然导致工业危机的发生，一旦危机发生，劳动人民的生活境遇会愈加艰难。同时，在当时的俄国，以沙皇专制制度为代表的农奴制依然残存，这严重阻碍了生产力的发展。列宁多次强调，社会制度问题是民生问题的关键所在。"要消灭人民的贫穷，唯一的办法就是彻底改变全国的现存制度，建立社会主义制度，就是说：剥夺大土地占有者的田产、厂主的工厂、银行家的货币资本，消灭他们的私有财产并把它转交给全国劳动人民。"② 列宁预言："到那个时候，支配工人劳动的就不是靠别人劳动过活的富人，而是工人自己和他们的代表了。到那个时候，共同劳动的成果以及从各种技术改良和机器中所得到的好处，都将归全体劳动者、全体工人所有。到那个时候，财富将增长得更快，因为工人替自己做工会比替资本家做工干得更好；工作日将会缩短，工人的生活费将得到提高，工人的整个生活将会完全变样。"③

　　历史证明，列宁关于民生的论述是正确的。随着俄国十月革命的胜利和苏维埃政权的建立，"俄罗斯苏维埃共和国现在已完全成为社会主义共和国了，它没收了地主的土地，在工厂里建立了工人监督，通过工人的社会主义组织掌握了银行，从而为人民开辟了亲自管理资本家所聚敛的前所未闻的大量财富的途径，以便利用这种财富来发展全体劳动者的福利和提高他们的文化，而不是利用它来压迫劳动者"④。在苏维埃政权的领导和组织下，人民的生活状况开始逐步地改善。社会主义制度为什么能够从根本上解决民生问题呢？原因在于，一方面，论劳动生产率，社会主义所最终能够创造出的比资本主义更高。"劳动生产率，归根到底是使新社会制度取得胜利的最重要最主要的东西。资本主义创造了在农奴制度下所没有过的劳

---

① 《列宁全集》第6卷，人民出版社，1986，第193页。
② 《列宁全集》第7卷，人民出版社，1986，第122~123页。
③ 《列宁全集》第7卷，人民出版社，1986，第123~124页。
④ 《列宁全集》第33卷，人民出版社，1985，第300页。

动生产率。资本主义可以被最终战胜，而且一定会被最终战胜，因为社会主义能创造新的高得多的劳动生产率。"① 另一方面，社会主义制度"是正确的，劳动和粮食的分配是公平的"②，"力求使任何劳动的报酬一律平等"③，是能够做到分配公平、公正的社会制度。

综上所述，人民立场是马克思主义理论的思想红线，是马克思主义经典作家的思想核心，是科学社会主义实践的文化根基。无论在社会主义发展的任何阶段，坚持人民立场都符合马克思主义历史发展观，符合社会主义建设的客观要求，符合广大人民群众的期许。

---

① 《列宁全集》第37卷，人民出版社，1986，第18~19页。
② 《列宁全集》第36卷，人民出版社，1985，第356~357页。
③ 《列宁全集》第36卷，人民出版社，1985，第417页。

第四章 "中国方案"与中国革命文化

"建设富强民主文明和谐的社会主义现代化国家,是我们的目标,也是我们的责任,是我们对中华民族的责任,对前人的责任,对后人的责任。我们要保持战略定力和坚定信念,坚定不移走自己的路,朝着自己的目标前进。"

——习近平在北京大学师生座谈会上的讲话

(2014年5月4日)

在5000多年文明发展中孕育的中华优秀传统文化、在党和人民伟大斗争中孕育的革命文化和社会主义先进文化,积淀着中华民族最深层的精神追求,代表着中华民族独特的精神标识。其中,革命文化拨动中国近代历史发展的主线,它在血与火的战斗岁月中孕育,在中国共产党和中国人民的革命斗争中成长。革命文化凝聚着革命精神和文化传统,是中国道路的深厚土壤,是社会主义先进文化发展不可或缺的优秀基因。

"中国方案"同样根植于革命文化。习近平曾在不同的场合多次强调革命文化的重要作用。如"革命理想高于天,不怕牺牲、排除万难去争取胜利,面对形形色色的敌人决一死战、克敌制胜,这些都是长征精神的内涵。我们要继承和弘扬好伟大的长征精神。有了这样的精神,没有什么克服不了的困难。我们完全有信心有决心有恒心实现中华民族伟大复兴的中国梦。"[①] "革命传统教育要从娃娃抓起,既注重知识灌输,又加强情感培育,

---

① 《习近平:缅怀先烈、不忘初心,走好新的长征路》,人民网,http://politis.people.com.cn/n1/2016/0719/cloo1-28565609.html,最后访问日期:2017年12月5日。

使红色基因渗进血液、浸入心扉，引导广大青少年树立正确的世界观、人生观、价值观。"① "井冈山精神和苏区精神是我们党的宝贵精神财富，要永远铭记、世代传承，教育引导广大党员、干部在思想上正本清源、固根守魂，始终保持共产党人政治本色。"② "今天，全面从严治党要继续从延安精神中汲取力量。要把抓理想信念贯穿始终，提高辩证思维、系统思维能力，保持党同人民群众的血肉联系，始终为党和人民事业艰苦奋斗、不懈奋斗。"③ 可以说，以"井冈山精神""长征精神""延安精神""西柏坡精神"为代表的革命文化是中华优秀文化传统与中国共产党领导的革命斗争实践相结合的时代产物，突出表现了民族和人民利益高于一切的理想信念，坚持独立自主、实事求是、一切从实际出发的精神，还有中华民族自强不息的民族品格。它们一起汇聚成"中国方案"的优良精神传统。简言之，自五四运动以来形成的革命文化彰显了鲜明的中国特色，增强了社会主义先进文化的凝聚力，提升了人们的精神文化底蕴，有助于"中国方案"更加从容地分析世界问题，应对时代挑战。

一 中国文化现代化与马克思主义在中国近代的传播

在文化哲学的视野中，人的存在境遇是一个十分重要的问题。无论是文化危机、文化转型，还是文化重建，都是围绕着人的存在境遇问题而展开。20世纪，西方工业文明依托高度发达的科学技术，大大加速了现代化进程。然而，在这一过程中，深层次的文化危机却随着人的日益异化和物化逐步显现，人的精神生活被消解，人的存在也陷入了分裂的境遇中。这一境遇体现在文化领域就是人文精神与科学理性的分离，科学理性日益扩

---

① 《习近平：加强改革创新开创发展新局面》，新华网，http://news.xinhuanet.com/politis/2016-04/27/c.1118754359.htm，最后访问日期：2017年12月5日。
② 《三严三实、精准扶贫……回顾十八大以来习近平两会精彩话语》，人民网，http://cpc.people.com.cn/xuexi/n1/2016/0304/c385474-28/70476.2.htm，最后访问日期：2017年12月5日。
③ 《习近平春节前夕赴陕西看望慰问广大干部群众》，《人民日报》2015年2月17日，第1版。

展到人的生活的方方面面，而人文精神日渐衰微，人开始陷于表层的物质繁荣之中。一边是工业文明所要求的技术理性，一边是人文精神对技术理性提出的批判，中国文化的现代化之路注定要在两者之间寻找突破点。回避是不可能的，因为世界历史的进程早已开启，世界性的普遍交往业已形成，没有哪个国家和民族能够摆脱现代工业文明及其主导性文化的影响。马克思早已指出："资产阶级，由于开拓了世界市场，使一切国家的生产和消费都成为世界性的了……过去那种地方的和民族的自给自足和闭关自守状态，被各民族的各方面的互相往来和各方面的互相依赖所代替了。物质的生产是如此，精神的生产也是如此。各民族的精神产品成了公共的财产。民族的片面性和局限性日益成为不可能，于是由许多种民族的和地方的文学形成了一种世界的文学。"① 在世界历史中，每一个国家和民族的文化转型及现代化都不可避免地与其他国家发生联系，中国在实现文化转型及现代化的进程中，同样面临着文化与价值观念的交流与冲突。

（一）中国文化现代化进程的开启

作为一个拥有5000多年历史的文明古国，中国曾创造过辉煌灿烂的历史文化，为人类文明进步做出了巨大的贡献。也正是这灿烂悠久的历史文明赋予了国人"夷夏之辨"和"天朝上国"的认识。然而，1840年鸦片战争后，曾经的"天朝上国"被西方的坚船利炮所击败，中国被迫进入了世界现代化的浪潮，中国传统文化面临严峻的挑战。日益加剧的民族危机使得近代中国的有识之士开始反思中国传统文化与西方强势文化的关系，探寻应对之策，中国文化现代化的进程也由此开启。

面对危局，林则徐、魏源等人首倡学习西方先进技术，用以对抗西方，提出了"师夷长技以制夷"，他们不再固守"夷夏之辨"和"天朝上国"的思想，主张了解西方，学习西方。一时间，西学文化以书籍和报纸的形式传播开来，1843～1860年，广州、福州、厦门、宁波、上海这五个通商口岸共出版各种西方书籍434种，几乎与明末200年间译著的西方书籍数目相等，其中天文、地理、数学、医学、历史、经济等方面的书有105种。②

---

① 《马克思恩格斯选集》第1卷，人民出版社，1995，第276页。
② 张静等：《五千年中外文化交流史》第3卷，世界知识出版社，2002，第1页。

19世纪40年代，面对中西文化的最初冲撞，魏源等人主张"师夷长技以制夷"，这表明先进知识分子认识到，中国传统文化中也存在不足，"外夷"也有一些"长技"，可以弥补中华文化的不足。这是一种文化观念的变化，是文化现代化在观念上的初步觉醒。

19世纪60年代，清政府终于采纳了魏源等人的建议，开始进行洋务运动，学习西方先进技术，"采西学""制洋器"，开办洋务企业，兴办近代教育，派遣留学生。中国文化现代化是从学西方、办洋务开始的，这只是现代化的一小步，因为此时的文化转型还停留在器物的层面。冯桂芬在比较中西文化时，认为"应以中国之伦常名教为原本，辅以诸国富强之术"。王韬、薛福成、郑观应等人在大声疾呼学习西方科技、开办近代工厂、建立新式学堂的同时，坚持"器则取诸西国，道则备自当躬"①，"取西人器数之学，以卫吾尧舜禹汤文武周公之道"②，"道为本，器为末，器可变，道不可变，庶知所变者，富强之权术而非孔孟之常经也"③。足见早期的维新思想家的思想主旨仍是以西方文化之"用"维护中国传统文化之"体"。1898年，张之洞以"中体西用"为核心书写《劝学篇》，在社会上引起了强烈的反响。然而，仅仅从器物层面寻求救亡图存终不是长久之计，甲午战争的失败宣告了洋务运动的结束。崇尚"中体西用"的洋务运动虽然失败了，但是它引进了西方先进的物质文化，对以儒家为核心的封建思想文化体系形成了冲击，终究在文化领域打开了缺口，促进了近代中国社会的发展进步。

甲午战争后，人们意识到器物层面的觉醒并不能救亡图存，只有文化现代化进入制度层面的觉醒，才是近代中国的出路。康有为、梁启超作为维新派的代表，主张效法西方政治制度，实行君主立宪。维新派宣传西方政治学说，宣扬君主立宪，批判封建专制主义，由此带来中国近代第一次思想解放的潮流。中国的资产阶级新文化通过办报纸、立学会、创新式学堂等手段初步确立起来，此后，"诗界革命""文体革命""戏剧革命"相

---

① 王韬：《杞忧生易言跋》，载《弢园文录外编》。
② 薛福成：《筹洋刍议·变法》。
③ 郑观应：《危言新编·凡例》。

继兴起。与此同时，维新派继续抨击和批判封建旧文化、旧思想，提倡新学，反对旧学，传播新思想，促进了知识界的启蒙。严复翻译《天演论》等西方书籍，传播西方思想，提出"物竞天择，适者生存"。与此同时，维新派还试图创造一种"不中不西，即中即西"的文化，希望托古改制，运用西学来解释传统文化，从传统文化中寻找政治变革的正当性和合法性。然而，由维新派发起的戊戌变法仅仅持续了103天，就宣告失败了。

无论是晚清新政还是戊戌变法，都未能挽救近代中国的命运。改良思潮终将被革命思潮所取代，以孙中山、章太炎等为代表的主张从根本上变革政治制度的资产阶级革命派站在了历史舞台的中央。资产阶级革命派宣传民主共和观念，提出了"三民主义"的纲领，彻底与封建思想划清了界限。1911年，辛亥革命爆发，这次革命彻底推翻了清王朝的统治，终结了两千年的封建帝制，具有划时代的意义。辛亥革命大大加速了中国文化现代化的进程，以民族、民权、民生为核心内容的"三民主义"广为宣传，民主共和观念深入人心。从对封建文化的批判，到男女平等的实行，都体现出辛亥革命同样是一场"文化革命"的开端。

然而，辛亥革命的胜利果实最终却被以袁世凯为代表的北洋军阀所窃取，此后的数十年间，军阀混战不断，人民陷入更加深重的苦难中。军阀们在文化领域宣传宗法制，宣扬专制的社会意识形态，借"尊孔读经"的复古运动来对抗民主、平等与共和，甚至还出现了复辟帝制的逆流。由此，中国文化现代化的进程遭受严重阻碍。资产阶级革命派虽然接连发动了二次革命、护法战争、护国战争，但终因力量不足而失败。革命的失败使人们认识到，要想彻底改变中国的面貌，必须先改造中国麻木的国民。陈独秀认为，单纯的立宪政治没有实现多数国民的自觉，是无法成功的。梁启超曾说："要拿旧心理运用新制度，决计不可能，渐渐要求全人格的觉醒。"[1] 由此，中国社会新的文化变革悄然展开。

（二）新文化运动与马克思主义的传播

新文化运动在文化层面上具有不亚于辛亥革命的意义。新文化运动的口号是民主和科学。1915年，陈独秀在《青年杂志》刊载文章，反对专制

---

[1] 梁启超：《五十年中国进化概论》，载《梁启超选集》，上海人民出版社，1984，第834页。

独裁，提倡民主与科学。这次运动大大启发了民众的觉悟，确立了科学思维和精神在中国文化现代化中的地位，为马克思主义在中国的传播和五四爱国运动的爆发奠定了思想基础。新文化运动倡导以伦理革命和道德革命来启蒙国人，对孔教和封建礼教进行尖锐的批判。陈独秀、胡适等人是向封建旧文化宣战的先锋。陈独秀彻底否定中体西用论，旗帜鲜明地主张接受近代西洋文明，来全盘否定中国的传统文化。他说："欧洲输入之文化，与吾华固有之文化，其根本性质极端相反"[①]，"吾人倘以新输入之欧化为是，则不得不以旧有之孔教为非。倘以旧有之孔教为是，则不得不以新输入之欧化为非。新旧之间，绝无调和两存之余地"[②]。陈独秀所说的欧化，就是后来人们所说的西化，它的内涵就是科学化和民主化。胡适则认为，新思潮的意义在于对西方的精神文明的一种新觉悟，而东方落后民族应当以西化的方式实现现代化。他在《我们对西洋近代文明的态度》一文中，打破了所谓东方与西方存在精神文明与物质文明之对立的观点，提出西洋文明既是物质的，也是具有理想和精神的。胡适对西洋文明的评价突破了旧有的"中体西用"思想格局，将中国文化现代化上升到精神文化层面。简言之，新文化运动时期的西化论，是要利用西方的民主与科学精神，通过激进的"文化革命"来彻底改造中国旧文化。新文化运动还通过提倡白话文、反对文言文，提倡新文学、反对旧文学，促进新文化的普及和国民整体素质的提高。整个新文化运动的文化启蒙，不仅破除了探索自由思想的桎梏，还在思想文化领域形成了新思潮百家争鸣的局面，这就为马克思主义在中国的传播奠定了基础。

新文化运动以往所倡导的新学、新文化都是西方资本主义文化，人们普遍认为那是科学与民主的结晶，是世界上最先进的文化。然而，第一次世界大战后，西方资本主义文明开始暴露出种种弊端，西方文化的危机不期而至。这一时期，国内的西化思潮发生了较大的分化。梁启超曾对西方文明推崇备至，但在游历欧洲，亲眼看到第一次世界大战和工业文明对人类的摧残后，他的思想发生转变，认为西方物质文明要破产，只有东方文

[①]《陈独秀文章选编》（上），生活·读书·新知三联书店，1984，第105页。
[②]《陈独秀文章选编》（上），生活·读书·新知三联书店，1984，第186页

明才能拯救西方文明。这一观点在中西文化论战中激起波澜。继梁启超后，梁漱溟发表著作《东西文化及其哲学》，接受并发展了梁启超的观点，以其独创的文化多元论来反对当时西化论的文化一元论，认为中国、印度、西方三种文化代表了三种不同的发展路向，各有不同的价值观念。而中西文化是性质的差异，不是发展程度高低的区别。孙中山主张在融合的基础上超越中西文明对立，建立一种新的文明。他热情地赞扬新文化运动，反对盲目抄袭西方，主张要把中国固有文明与近代西方文明相结合。他在《建国方略》中指出中国建设不能追随西方文明的旧路径，中国的经济建设要取得"最直捷之途径"，"欲使外国之资本主义，以造成中国之社会主义，而调和此两种人类进化之经济能力，使之相互为用，以促进将来世界之文明也"①。

五四运动之后，批判西方资本主义的马克思主义和社会主义，开始成为中国社会新的主流思潮。当时的中国社会，已经产生了一股新的社会力量，这就是工人阶级和先进知识分子，他们急迫地需要先进的理论来武装自己。正是在这一时期，从西化派中分化出中国早期的马克思主义者，开始广泛传播马克思主义。

马克思主义学说在1911年辛亥革命前后传入中国。1899年，蔡尔康在广东《万国公报》上发表《大同学》一文，首次提到了马克思的名字。此后，梁启超、朱执信、吴玉章等人先后在文章中提到马克思。1905年，朱执信在《民报》上发表"德意志社会革命家小传"，第一次系统介绍了马克思的生平以及《共产党宣言》和《资本论》。1912年，上海《新世界》杂志译载了恩格斯的《理想社会主义与实行社会主义》，即《社会主义从空想到科学的发展》。可见，马克思主义最初是作为一种学说传入中国的。李大钊率先开始研究马克思主义，传播唯物史观并用来指导中国的革命运动。陈独秀则放下西方的民主和自由，把目光转向俄国社会主义新文明。"南陈北李"先后转向马克思主义，大大加速了马克思主义的传播。1915年9月，陈独秀在上海创办《新青年》杂志，由此拉开了中国新文化运动的序幕。杂志编辑部迁址北京后，胡适、李大钊、鲁迅等人都加入编辑部并成为主

---

① 《孙中山选集》（上），人民出版社，1956，第338页。

要的撰稿人。这一时期，《新青年》和北大成为新文化运动的主要阵地。

新文化运动激发了国人的爱国热情，各种以救国救民为宗旨的社团组织得到广泛的发展。诸如中国学会、工学会、新民学会、新潮社、平民教育讲演团、工读互助团等组织活动频繁，青年学生的爱国热情空前高涨。1919年5月4日，五四运动爆发，中国工人阶级作为独立的政治力量登上了历史舞台，成为中国民主革命的领导阶级。五四运动同样标志着中国旧民主主义革命的结束和新民主主义革命的开端。

五四运动大大促进了马克思主义在中国的传播。随着十月革命的胜利，科学社会主义从思想学说和社会理想变为现实的社会制度，马克思主义以其科学性和革命性在各种思潮中脱颖而出。十月革命的旗帜为中国的先进知识分子指明了方向，越来越多的有识之士开始学习并接受马克思主义和科学社会主义。1918年，李大钊发表《法俄革命之比较观》《庶民的胜利》《布尔什维主义的胜利》等文章，提出十月革命是世界文明的曙光，社会主义革命时代即将到来，世界历史的潮流必将由无产阶级及其领导的社会主义革命所引导。1919年10月至11月，李大钊又分两期在《新青年》上发表《我的马克思主义观》一文，李大钊在这篇文章中对马克思主义唯物史观、政治经济学和科学社会主义的基本原理作了较为系统的介绍。随后，李大钊又发表《再论问题与主义》一文，在社会上产生了深刻而广泛的影响。这一时期，除李大钊和陈独秀外，许多进步青年和有识之士都转变为马克思主义者，如李达、杨匏安、陈望道、邓中夏、蔡和森、高君宇、恽代英、李汉俊、瞿秋白、赵世炎、陈潭秋、何叔衡、向警予、张太雷、王尽美、邓恩铭、张闻天、罗亦农、董必武、吴玉章等。1919年12月，毛泽东来到北京，与李大钊等人探讨了从根本上改造中国的办法。1920年，毛泽东又来到上海，与陈独秀交流了马克思主义理论，探讨了湖南革命运动等问题。此时的毛泽东，在理论上和某种程度的行动上已经是一名马克思主义者了。

随着马克思主义在国内的广泛传播，一批怀有社会主义理想的知识分子不断成熟，加之中国工人阶级在工人运动中不断壮大，建立无产阶级政党的时机日趋成熟。1920年3月，李大钊在北京大学建立了马克思学说研究会，这是中国最早的研究马克思主义的团体。与此同时，陈独秀在上海也聚集了一批有识之士,探讨马克思主义和科学社会主义,商议建立社会主义组织的问题。1920年5月,陈独秀发起成立马克思主义研究会,并着手开展筹建政党的工作。1920年7月,陈独秀和李大钊商定新党的名字——"中国共产党"。8月,陈独秀在上海发起成立了"中国共产党上海支部"。10月,李大钊在北京发起成立"中国共产党北京小组",后改名"中国共产党北京支部"。随后,王尽美、邓恩铭在济南发起成立共产党小组和社会主义青年团,董必武在武汉发起建立"共产党武汉支部",毛泽东在长沙发起成立共产主义小组和社会主义青年团。经过认真的筹备,1921年7月,中国共产党第一次全国代表会议在上海举行,中国共产党正式登上历史舞台。中国共产党的诞生是历史的选择,是人民的选择,是开天辟地的大事件。从此,中国革命瞄准了正确的前进方向,中国人民拥有了强大的精神力量,中国历史翻开了光明的新篇章。

总之,新文化运动是一场反封建的思想解放运动,无论是提出民主和科学的口号,还是提倡国民新道德,抑或是推广白话文,都是对中国文化的现代化转型在观念层面进行实践。随着马克思主义在中国的传播和俄国十月革命的胜利,许多新文化运动的领导者选择了马克思主义,中国文化的现代化进程终于找到正确的方向。

二 新民主主义文化道路与革命文化

文化的生成需要一个历史过程。任何一个国家的文化模式和文化道路都不是一成不变的,都不能超越历史而存在。透过文化哲学的视角,人所具体生活的世界、各个民族与国家的文化结构和观念体系都具有强烈的现实指向,任何一种具体的文化模式都是在历史中生成的,多样化是其与生俱来的特征,不能离开人们具体的、历史的活动去研究文化。新民主主义文化道路的开辟和革命文化的发展同样经历了一个历史过程。

(一) 新民主主义革命道路的开辟

五四运动之后,如何看待中西文化、如何实现中国文化现代化成为人们关注的焦点。在关于中西文化的论战中,各方政治力量各立其说,形成了在当时影响较大的几种文化现代化模式和思潮。这场中西文化论战为20

世纪初的中国文化奠定了基本的格局，形成了"中""西""马"三足鼎立的局面。

在各种思潮中，有两种主张是直接针锋相对的，即中国本位文化和全盘西化。中国本位文化作为一种理论和文化观，是由王新命、何炳松、陶希圣、萨孟武等十位教授提出的。1935年1月，他们在上海的《文化建设》月刊上联名发表了《中国本位的文化建设宣言》，正式提出中国文化建设要以中国的固有文化为原则，而不是全盘西化。全盘西化这一主张由陈序经提出。他在1934年出版《中国文化的出路》一书，主张全盘西化。在他看来，文化是一个整体，中国传统文化从整体上不适合现代，所以要全盘西化。胡适认为，中国文化的惰性只有全盘西化才能打破，他把全盘西化进一步阐释为充分世界化。中国本位文化和全盘西化这两种主张都具有一定的进步性，但同时又都存在明显的不足。无论是盲目继承传统文化，还是放弃中国旧文化而全盘接受西方文化，都不符合中国的国情。

国民党作为当时的执政党，其文化主张占据主流意识形态。作为大地主大资产阶级的代言人，南京国民政府表面上宣称实行"三民主义"的革命纲领，实际上实行的却是蒋介石的独裁统治。为了维护统治，国民政府实行文化专制制度，严格进行新闻和出版审查，大肆迫害进步文化人士，推行所谓礼义廉耻、四维八德的新生活运动。与大地主大资产阶级不同，民族资产阶级主张仿效英美的现代化道路，走一条既不革命又不同于独裁统治的中间道路。其主张大多围绕人权、自由和西化，试图通过科学教育来救国救民，实现中国文化的现代化。

中国共产党则以马克思主义为指导，探索了一条新民主主义文化发展道路。以李大钊为代表的中国早期马克思主义者，经过论战，科学回答了中国的现代化道路该选资本主义还是社会主义的问题，最终坚定地选择了社会主义现代化道路。马克思主义者以马克思主义的理论和方法为指导，主张通过无产阶级革命来实现彻底的反帝反封建，认为只有推翻帝国主义和封建主义，实现民族独立，才能实现民族文化的复兴，实现中国文化现代化。十月革命的胜利开辟出不同于资本主义现代化的全新模式，先进的中国知识分子放弃了对资本主义和西化的憧憬，选择了走社会主义道路，这是历史的结论。

第四章 "中国方案"与中国革命文化

中国共产党诞生后，坚定地选择了社会主义，并为之不懈奋斗。中国共产党第一次代表大会明确宣示，中国共产党要以马克思主义为行动指南，党的奋斗目标是实现社会主义和共产主义。1922年7月，中国共产党第二次代表大会在上海召开，在一大纲领的基础上，二大形成了《中国共产党第二次全国代表大会宣言》，实际上制定了中国共产党在民主革命阶段的主要纲领，指出中国共产党要先进行民主革命，再进行社会主义革命，而社会主义是新民主主义革命的最终方向。至此，由中国共产党领导的中国文化现代化之路正式开启。中国共产党人认为，中国文化的发展既不应该固守传统，也不能全盘西化，而应该建设民族的科学的大众的新民主主义文化。在此思想的指导下，中国共产党在革命实践中开辟出一条符合中国国情的新民主主义文化发展道路，通过发动在国统区的左翼文化运动、新启蒙运动，以及大力发展根据地的文化事业，逐步以新文化改变当时中国的面貌。

毋庸讳言，中国共产党人在新民主主义革命时期一直在探索中国文化的现代化之路。这条道路就是适合中国国情的、符合时代特征的、民族的、科学的、大众的、反帝反封建的新民主主义文化发展道路。李大钊是研究新民主主义文化的先驱。五四运动时，李大钊发表《由经济上解释中国近代思想变动的原因》一文，提出"凡一时代，经济上若发生了变动，思想上也必发生变动。换句话说，就是经济的变动，是思想变动的重要原因"。[1]他还运用唯物史观，探讨中国文化建设，认为"凡是精神上的构造，都是随着经济的构造变化而变化"[2]，李大钊对新民主主义文化的早期探索为中国共产党的新文化建设开创了思路。后来，经过多年的革命实践，毛泽东写成《新民主主义论》，为新民主主义革命的文化建设指明了正确方向。毛泽东指出，五四运动之前的新文化，具有旧民主主义性质，是世界资产阶级文化的一部分。而五四运动之后的新文化，具有新民主主义性质，属于世界无产阶级文化，是社会主义文化的一部分。"中国新的国民文化的内容，既不是资产阶级的文化专制主义，又不是单纯的无产阶级的社会主义，

---

[1] 《李大钊文集》第3卷，人民出版社，1999，第140页。
[2] 《李大钊全集》第3卷，人民出版社，1999，第27~28页。

而是以无产阶级社会主义文化思想为领导的人民大众反帝反封建的新民主主义。"①

因此,新民主主义文化是由无产阶级领导的、人民大众的、反帝反封建的文化。首先,新民主主义文化是民族的。鸦片战争后,文化发展以挽救民族危亡为主题。为了实现民族和国家的自强,必须同时对中外文化进行批判,取其精华,去其糟粕。从这个意义上讲,新民主主义文化反对帝国主义压迫,主张中华民族的独立和解放。毛泽东明确提出了马克思主义中国化的命题,他说:"马克思主义必须和我国的具体特点相结合并通过一定的民族形式才能实现","使马克思主义在中国具体化,使之在其每一表现中带着必须有的中国的特性"②。这就是说,要坚持文化的民族性,对外来文化要进行批判的接收。其次,新民主主义文化是科学的。从内容上看,新民主主义文化反对一切封建思想和迷信思想,主张实事求是,推崇客观真理,坚持理论和实践相统一。从方法和态度上看,新民主主义文化反对迷信和愚昧,拥护科学真理,提倡科学思想,讲求科学方法。摒弃文化虚无主义和文化保守主义,以科学的态度批判和吸收传统文化和西方文化。最后,新民主主义文化是大众的。新民主主义文化启发民智,提高社会文化发展水平,真正为工农劳苦民众服务。近代以来,中国文化发展的一条主线就是唤醒民众,救亡图存。然而,无论是维新派、革命派抑或是民族资产阶级,都没有能够发现和认识人民群众的历史主体作用。只有中国共产党,以马克思主义为指导,"使人民群众惊醒起来,感奋起来,推动人民群众走向团结和斗争"③,真正做到文化为广大人民群众服务。

(二)新民主主义文化与革命文化的大发展

在中国共产党的领导下,新民主主义文化与革命文化在中央苏区、敌后根据地以及国统区蓬勃发展起来。

中国共产党在苏区实行苏维埃文化教育总方针,内容包括:宣传共产主义,教育劳苦大众,发展文化事业,提倡科学知识,组织文艺运动,尊

---

① 《毛泽东选集》第2卷,人民出版社,1991,第706页。
② 《毛泽东选集》第2卷,人民出版社,1991,第534~535页。
③ 《毛泽东选集》第3卷,人民出版社,1991,第861页。

重知识分子与科学艺术人才，等等。中国共产党十分重视教育事业，大力开办夜校，利用多种方式扫除文盲，提高民众的文化水平。有学者统计，1934年，鄂、闽、粤三省的2932个乡中，有补习夜校6426所，学生9.4517万人，识字组3.2388万个，组员15.5371万人。[①] 苏区的教育开展情况，相较国民政府而言更加积极。与此同时，许多教育培训班相继建立起来，马克思共产主义学校、苏维埃大学、中国工农学校等高等教育机构也纷纷建立。苏区专门成立了苏维埃剧团和高尔基戏剧学校，积极开展广泛的革命文艺创作与宣传。苏区还通过创办《红色中华》《红星》等报纸杂志，宣传马克思主义思想，出版马克思的书籍。总之，苏区的文化建设发展很快，整个苏区人民的精神面貌有了很大的改观，文化水平得到了明显的提升，参加革命的觉悟大大提高。

在敌后根据地和解放区，新民主主义文化和革命文化也得到了快速的发展。毛泽东发表《在延安文艺座谈会上的讲话》，确立了文艺工作要为人民群众、为工农兵服务的总方针。在这一方针的指导下，边区大力开展革命文艺工作，创办了鲁迅艺术学校和文艺院团。这一时期，文艺工作者创作了《兄妹开荒》《夫妻识字》《白毛女》等大批经典文艺作品，文学工作者创作了《小二黑结婚》《李有才板话》《暴风骤雨》等大批经典文学作品。革命文化特别是革命文艺的大发展，有力地支援了抗日战争，提升了边区人民的思想觉悟，增强了马克思主义的影响力。

教育的大发展是新民主主义文化大发展的重要组成部分。苏维埃政府除了出台普及免费义务教育的新制度外，还在边区创办了抗日军政大学、陕北公学、鲁迅艺术学院、华北联合大学等院校，通过发展高等教育，培养了大批军政干部和文艺人才。除了正规教育外，各个边区开展了形式多样的社会教育、夜校、识字班等。边区政府创办了《陕甘宁日报》《晋察冀日报》《大众日报》等一大批革命报刊，出版发行《共产党宣言》《资本论》等马克思主义著作，在边区掀起了学习和研究马克思主义的热潮，大大提高了人民群众的文化素质。

抗战时期，各种矛盾错综复杂。为系统解答"中国向何处去"的问题，

---

① 郑师渠主编《中国共产党文化思想史研究》，中共中央党校出版社，2007，第70页。

毛泽东适时地加强理论研究工作。1939~1940年，毛泽东以马克思主义唯物辩证法和唯物史观为原则，撰写了《论持久战》《论新阶段》《新民主主义论》等一系列理论著作，为马克思主义理论的实际应用提供了指导。毛泽东系统阐述了关于中国革命和中国文化发展的理论，确立了以马克思主义为指导，批判和继承中国优秀传统文化的指导思想，大大推进了马克思主义中国化的进程。

马克思主义认为，"人们在自己生活的社会生产中发生一定的、必然的、不以他们的意志为转移的关系，即同他们的物质生产力的一定发展阶段相适合的生产关系。这些生产关系的总和构成社会的经济结构，即有法律的和政治的上层建筑竖立其上并有一定的社会意识形态与之相适应的现实基础。物质生活的生产方式制约着整个社会生活、政治生活和精神生活的过程。不是人们的意识决定人们的存在，相反，是人们的社会存在决定人们的意识。社会的物质生产力发展到一定阶段，便同它们一直在其中运动的现存生产关系或财产关系（这只是生产关系的法律用语）发生矛盾。于是这些关系便由生产力的发展形式变成生产力的桎梏。那时社会革命的时代就到来了。随着经济基础的变更，全部庞大的上层建筑也或慢或快地发生变革"。[①] 毛泽东根据这一理论，将文化划分到上层建筑的范畴，并通过社会经济结构探寻其根源，揭示出文化与经济、文化与政治间的关系。他说："一定的文化（当作观念形态的文化）是一定社会的政治和经济的反映，又给予伟大影响和作用于一定社会的政治和经济；而经济是基础，政治则是经济的集中的表现。这是我们对于文化和政治、经济的关系及政治和经济的关系的基本观点。"[②] 毛泽东认为，鸦片战争以来，中国社会的经济和政治结构发生变化，对经济和政治状况的分析与研究必须以近代中国半殖民地半封建社会的国情为出发点，要认识到新文化是各种新兴经济力量和政治力量在观念层面的反映。五四运动后，无产阶级作为独立的政治力量登上历史舞台，改变了中国革命的性质。中国共产党成为文化的生力军，开始用马克思主义来改造中国传统文化，开创了社会科学和文学发展

---

① 《马克思恩格斯选集》第2卷，人民出版社，1995，第32~33页。
② 《毛泽东选集》第2卷，人民出版社，1991，第663~664页。

的新局面。毛泽东还认为,俄国十月社会主义革命的胜利开辟了人类历史的新纪元,"任何殖民地半殖民地国家,如果发生了反对帝国主义,即反对国际资产阶级、反对国际资本主义的革命,它就不再是属于旧的世界资产阶级民主主义革命的范畴,而属于新的范畴了"①,"这种革命,已经不是旧的、被资产阶级领导的、以建立资本主义的社会和资产阶级专政的国家为目的的革命,而是新的、被无产阶级领导的、以在第一阶段上建立新民主主义的社会和建立各个革命阶级联合专政的国家为目的的革命"②。因此,新民主主义的经济和政治决定了新民主主义文化的发展方向。

毛泽东在《新民主主义论》中指出,新民主主义文化以反对帝国主义压迫、争取中华民族尊严和独立为己任,因而具有鲜明的民族性、科学性、大众性。新民主主义文化建设的基本原则是尊重本民族的历史,肯定本民族文化中的优秀成分,批判地继承民族文化遗产,同时,要面向世界,客观看待其他民族文化,积极地吸收和借鉴外来文化的长处。既要反对民族虚无主义和全盘西化,又要避免闭关自守和盲目排外。也就是说,一切民族的文化都具有自身的长处,其存在的价值是不可替代的,在人类社会发展的每一个阶段,总有与经济基础相适应的文化形态。毛泽东认为,对于民族传统文化,在认真进行挖掘和继承的同时,要看到它与现实的矛盾与冲突,找出其在近代衰败的原因,从而摒弃"文化本体论""食古不化""厚古薄今"的错误主张;对于外来文化,要在对比和交流中扬长避短。总之,毛泽东的新民主主义文化观使马克思主义与中国传统文化结合起来,促进了民族文化的自我完善,进一步推进了马克思主义中国化。

经历延安整风运动,全党上下确立了实事求是的思想路线。其间,毛泽东撰写了《改造我们的学习》《整顿党的作风》《反对党八股》等一系列著作,号召全党反对主观主义、反对宗派主义、反对党八股,以整顿学风、党风和文风。在《改造我们的学习》中,毛泽东针对历史研究中存在的问题指出:"虽则有少数党员和少数党的同情者曾经进行了这一工作,但是不曾有组织地进行过。不论是近百年的和古代的中国史,在许多党员的心目

---

① 《毛泽东选集》第2卷,人民出版社,1991,第668~669页。
② 《毛泽东选集》第2卷,人民出版社,1991,第668页。

中还是漆黑一团。许多马克思列宁主义的学者也是言必称希腊,对于自己的祖宗,则对不住,忘记了。认真地研究现状的空气是不浓厚的,认真地研究历史的空气也是不浓厚的"①,"对于近百年的中国史,应聚集人材,分工合作地去做,克服无组织的状态。应先作经济史、政治史、军事史、文化史几个部门的分析的研究,然后才有可能作综合的研究"②。在这一号召下,中国化的马克思主义史学诞生,这对于马克思主义与中国传统文化的结合意义重大。随着马克思主义史学工作的开展,一大批历史学和社会科学著作相继出现,如范文澜的《中国通史简编》、吕振羽的《简明中国通史》、艾思奇和吴黎平合著的《唯物史观》、徐懋庸等人编著的《社会科学基础教程》,等等。延安整风运动是一次伟大的思想解放运动,它加速了马克思主义中国化的进程,破除了文化上的教条主义和封建主义,确保中国共产党人能够以科学的态度对待中西文化,正确把握中国文化的发展方向。

就在延安整风运动开展之际,共产国际宣布解散。毛泽东撰写《关于共产国际解散问题的报告》,与整风运动相联系,进一步阐述了中国共产党人应该如何对待中华优秀传统文化的问题。他指出:"共产国际的解散,不是为了削弱各国共产党,而是为了加强各国共产党,使各国共产党更加民族化,更加适应于反法西斯战争的需要。我党近年的整风运动,反对主观主义、宗派主义和党八股这些不好的东西,就正是为了使中国共产党更加民族化,更加适合抗战建国的需要。"③ 党中央在《中国共产党中央委员会关于共产国际执委主席团提议解散共产国际的决定》中进一步指出:"中国共产党人是我们民族一切文化、思想、道德的最优秀的继承者,把这一切优秀传统看成和自己血肉相连的东西,而且将继续加以发扬光大。中国共产党近年来所进行的反主观主义、反宗派主义、反党八股的整风运动,就是要使马克思列宁主义这一革命科学更进一步地和中国革命实践、中国历史、中国文化结合起来。"④ 共产国际的解散,客观上为中国共产党独立自主地领导中国革命提供了更大的空间。随着科学社会主义与中华优秀传统

---

① 《毛泽东选集》第3卷,人民出版社,1991,第797页。
② 《毛泽东选集》第3卷,人民出版社,1991,第802页。
③ 《毛泽东文集》第3卷,人民出版社,1996,第22~23页。
④ 中央档案馆编《中共中央文件选集》第14册,中共中央党校出版社,1992,第41页。

文化相结合，中国化的马克思主义——毛泽东思想走向成熟，这标志着马克思主义中国化实现了第一次历史性飞跃。

历经了28年艰苦卓绝的武装革命斗争，中国共产党人领导中国人民取得了新民主主义革命的彻底胜利。在中华人民共和国诞生前夕，毛泽东撰写《论人民民主专政》一文，全面总结了中国革命的历史经验与教训，并深刻指出："西方资产阶级的文明，资产阶级的民主主义，资产阶级共和国的方案，在中国人民的心目中，一齐破了产。资产阶级的民主主义让位给工人阶级领导的人民民主主义，资产阶级共和国让位给人民共和国。这样就造成了一种可能性：经过人民共和国到达社会主义和共产主义，到达阶级的消灭和世界的大同。"① 此外，在《唯心史观的破产》一文中，毛泽东又指出："自从中国人学会了马克思列宁主义以后，中国人在精神上就由被动转入主动。从这时起，近代世界历史上那种看不起中国人，看不起中国文化的时代应当完结了。伟大的胜利的中国人民解放战争和人民大革命，已经复兴了并正在复兴着伟大的中国人民的文化。这种中国人民的文化，就其精神方面来说，已经超过了整个资本主义的世界。"② 从此，马克思主义进一步与中华优秀传统文化结合，马克思主义中国化进入了全新的发展阶段。

三 社会主义革命与社会主义制度的确立

中华人民共和国的成立标志着旧时代的结束和新时代的开始。至此，中国的社会结构彻底发生改变，中国人民的前途命运发生了根本性的变化。在中华人民共和国成立之初，我国所建立的是新民主主义社会。新民主主义社会并不是一个独立的社会形态，而是一个由新民主主义向社会主义转变的具有过渡性质的社会发展阶段。当经济、政治、文化条件成熟之时，新民主主义社会就可以实现向社会主义社会的过渡，并最终确立社会主义制度。

---

① 《毛泽东选集》第4卷，人民出版社，1991，第1471页。
② 《毛泽东选集》第4卷，人民出版社，1991，第1516页。

党的七届二中全会根据毛泽东关于中国革命分两步走的理论,制定了我国由新民主主义转变为社会主义的战略。至于什么时候转、怎么转、转变的具体步骤和方法,要根据具体情况的发展来决定。最初的设想是,可能需要用二三十年来准备新民主主义向社会主义转变的条件。但是,到了1952年夏秋之际,中国社会经济经过短短三年的恢复,工商业产值中的公私比例发生了很大的变化,中国的社会经济形态逐步向社会主义转变。

经过反复论证,毛泽东在1953年6月15日的中央政治局扩大会议上,正式提出过渡时期总路线。过渡时期总路线的中心内容可以概括为"一体两翼"或"一化三改"。"一体"和"一化"指的是社会主义工业化,"两翼"或"三改"指的是对农业、手工业和对资本主义工商业的三大改造。整体需要的时间估计是十到十五年。社会主义工业化被确立为我国建立社会主义制度的主体,这是因为工业化对建成社会主义制度起着决定性的作用。而"三大改造"是它的两翼,是为了使生产关系适应生产力发展的要求,加快实现国家的工业化。过渡时期总路线适应经济社会发展的需要,符合广大人民的意愿,是我国建成社会主义制度的战略指引。它体现了发展生产力和变革生产关系的有机统一,是马克思主义中国化的又一次成功实践。

中国共产党团结带领中国人民,在过渡时期总路线的指引下,创造性地开辟出了一条适合中国国情的社会主义改造的道路。一是对农业进行改造。个体农业遵循自愿互利、典型示范和国家帮助的原则,创造了从组织带有社会主义萌芽性质的临时互助组和常年互助组,到半社会主义性质的初级农业生产合作社,再到社会主义性质的高级农业生产合作社的过渡形式。农业社会主义改造,即农业合作化,在过渡时期总路线中占有特殊重要的地位。面对中国几千年延续下来的分散、落后的小农经济,如何将其改造成为与国家工业化相适应的社会主义集体经济,是十分艰巨的难题。1953年12月,党中央发布《关于发展农业生产合作社的决议》,为提高农业合作化运动程度确定了指导方针。针对农业个体经济与社会主义工业化高涨的需要之间的矛盾,党确定了农村工作最根本的任务,即把农民组织起来,逐步实行农业的社会主义改造。该决议的公布标志着农业社会主义改造运动全面展开。1956年3月底,入社的农户达到总农户数的90%,全国基本实现农业合作化。二是对手工业进行改造。国家通过典型试办，创造了由手工业生产合作小组、手工业供销合作社到手工业生产合作社的办法，实现手工业的社会主义改造。针对手工业者规模小、资金少、生产经营普遍存在困难的实际状况，手工业改造采取了灵活多样的方式，循序渐进，按照由小到大、由低级到高级的顺序进行。1956年6月，全国基本实现了手工业合作化，这大大减少了生产的盲目性，提高了劳动生产率。三是对资本主义工商业进行改造。国家以委托加工、计划订货、统购包销、委托经销代销、公私合营和全行业公私合营等一系列由低级到高级的过渡形式，实现对资本主义工商业的社会主义改造。1955年下半年，资本主义工商业的社会主义改造向全行业的公私合营发展，国家对原私营工商业者采取发放固定股息的办法，一般是5%，至1966年9月停发。总之，在三大改造的实践中，中国共产党人充分体现出政治智慧，大大丰富和发展了马克思主义理论。

1956年，社会主义改造基本完成，中华人民共和国从新民主主义社会过渡到社会主义社会。通过生产资料所有制的社会主义改造，我国建立了全民所有制和集体所有制两种公有制形式的社会主义基本经济制度，建立了按劳分配的社会主义分配制度，建立了计划经济体制。在建设社会主义经济制度的同时，我国还建立了中国共产党领导的、以工农联盟为基础的人民民主专政制度，建立了保障人民当家做主权利的人民代表大会制度，实行了中国共产党领导下的多党合作和政治协商制度，实行了民族区域自治制度。由此，社会主义制度在中国正式确立，这是中国有史以来最深刻、最伟大的社会变革，它彻底改变了中国和中国人民的历史命运，为建设社会主义现代化强国和实现中华民族伟大复兴奠定了坚实的基础。

四 全面建设社会主义时期的文化建设

伴随着社会主义制度的确立，全面建设社会主义时期到来，社会主义文化也迎来春天。中国革命的胜利不仅是政治秩序的彻底改变，也是整个社会和文化的转型和重建。中华人民共和国之初，通过对旧文化的批判与改造、社会主义文化事业的开展与社会主义意识形态的构建，中华人民共和国的社会主义文化初步建立。正如马克思所指出："在人们的生产力发展的一定状况下，就会有一定的交换和消费形式。在生产、交换和消费发展的一定阶段上，就会有一定的社会制度、一定的家庭、等级或阶级组织，一句话，就会有一定的市民社会。有一定的市民社会，就会有不过是市民社会的正式表现的一定的政治国家。"① 这就是说，一定的生产方式决定生活方式，从而形成一定的文化模式。

根据1949年9月出台的《中国人民政治协商会议共同纲领》，中华人民共和国的文化教育为新民主主义的，即民族的、科学的、大众的文化教育。人民政府的文化教育工作，应以提高人民的文化水平，培养国家建设人才，肃清封建的、买办的、法西斯主义的思想，发展为人民服务的思想为主要任务。

通常来说，文化变革滞后于社会政治变革，意识形态的相对独立性和文化的多元性决定了中国社会主义文化建设与发展的艰巨性。1949年，毛泽东在七届二中全会上提出了"现代性的工业"的概念，后来毛泽东把"现代性"与"工业化"等同。第一届全国人大一次会议上，周恩来初步提出"四个现代化"构想，即现代化的工业、现代化的农业、现代化的交通运输业和现代化的国防。中共八大上将"四个现代化"写入党章。毛泽东进一步发展了"四个现代化"的构想，提出了文化科学现代化的目标，"建设我们国家现代化的工业、现代化的农业、现代化的科学文化和现代化的国防"②，由此，发展现代化的社会主义文化成为社会主义现代化建设的重要内容。中国共产党人高度重视文化建设，毛泽东指出："科学技术这一仗，一定要打，而且必须打好……不搞科学技术，生产力无法提高。"③

1952年，高等院校实施院系调整，进行课程改革，广泛开设马克思主义、毛泽东思想的课程，并创建了中国科学院等一大批科学研究机构，初步形成了体系完善的科学研究系统。与此同时，中国共产党根据文化建设的特点，在分析研究国情的基础上，确立了一个"方向"和两个"方针"，

---

① 《马克思恩格斯全集》第27卷，人民出版社，1972，第477页。
② 《毛泽东文集》第8卷，人民出版社，1999，第162页。
③ 《毛泽东文集》第8卷，人民出版社，1999，第351页。

即文化建设为人民服务、为社会主义服务的方向,百花齐放、百家争鸣和古为今用、洋为中用、推陈出新的方针。毛泽东在《论十大关系》中明确提出"艺术问题上的百花齐放,学术问题上的百家争鸣,我看应该成为我们的方针"①。"双百"方针在1956年中共八大中被写进政治报告,成为文化工作的指导方针。

此外,中华人民共和国构建了新的教育体系。这一体系具有社会主义性质,彻底清除了旧教育体系中资本主义和封建主义的影响。国家还大力发展小学和中学教育,吸收工农子弟入学,创建工农速成高中和各种文化科学进修班。1957年2月17日,毛泽东在最高国务会议第十一次(扩大)会议上做了题为《关于正确处理人民内部矛盾的问题》的重要讲话。在讲话中,毛泽东提出社会主义社会矛盾的学说,指出是矛盾的运动推动社会主义社会不断向前发展;他还提出了社会主义社会存在不同性质的矛盾,要严格区分和正确处理两类不同性质的矛盾,把正确处理人民内部矛盾作为国家政治生活的主题。

中国共产党还致力于研究苏联的经验。从1958年11月起,毛泽东多次提议各级领导干部读苏联的《政治经济学教科书》。毛泽东组织读书小组,先后在杭州、上海和广州读《政治经济学教科书》。毛泽东系统总结了中国革命和社会主义建设的经验,阐述了社会主义社会发展规律,论述了运用马克思主义的立场、观点和方法来研究社会主义的问题。通过对苏联经验的研究借鉴,我国全面建设社会主义时期的经济、政治、文化建设取得了巨大的成就。

全面建设社会主义时期,文化的发展呈现出政治化取向。这是因为国内政局刚刚稳定,国家正面临革命和建设的双重任务。在国际上,世界划分为社会主义和资本主义两大阵营,双方剑拔弩张。中华人民共和国经济与文化的发展都必须为巩固政权服务,这是国情与世情的客观要求。面对严峻的形势,文化领域的革命也广泛开展起来。

在全国范围内的新兴文化改造,是以延安时期的文化建设为经验,统合社会主义国家意识形态的革命运动。这场持续的文化改造的核心是确立

---

① 《毛泽东文集》第7卷,人民出版社,1999,第54页。

马克思主义在整个思想文化领域的指导地位。其步骤有五：一是对知识分子的思想改造；二是对电影《武训传》的批判；三是对梁漱溟思想的批判；四是对俞平伯《红楼梦》研究观点的批判引申出来的对胡适派思想的批判；五是对胡风文艺思想的批判。五大步骤之中最具普遍针对性的，是对知识分子的文化改造运动。这一运动以清除资本主义对知识分子的影响、培养现代化建设人才为目标，配合党的知识分子政策进行开展。知识分子改造运动始于1951年，该运动使得大多数知识分子明确了社会主义的发展方向。1956年，知识分子会议提出，知识分子中间的绝大部分已经成为国家工作人员，已经为社会主义服务，已经是工人阶级的一部分。社会主义的现代化建设必须依靠工人和知识分子的兄弟联盟。会议还提出"向科学进军"的伟大号召，国家成立了科学规划委员会，制订了第一个科学技术发展计划，确立了"重点发展，迎头赶上"的方针，优先发展尖端科技和国防事业。知识分子的积极性大大提高，开始积极投身社会主义现代化建设事业。1957年4月27日，党中央发出《关于整风运动的指示》，明确提出把正确处理人民内部矛盾的问题作为整风的主题，在全党进行一次普遍、深入的反对官僚主义、宗派主义和主观主义的整风运动。然而，在整风运动中，出现了十分复杂的情况，反右运动出现扩大化趋势，产生了严重的后果，致使当时的指导思想出现"左"的偏差。其后发生的"文化大革命"，将文化高度政治化推向了极端，使社会主义文化事业遭受严重的挫折。

这一时期，文化建设呈现政治化取向的另一主要原因就是中国与苏联关系的恶化。中华人民共和国初创时期，国家生产力发展水平和文化发展水平很低，中国共产党人不得不艰难探索在经济文化落后的国家建设社会主义的道路。由于缺乏经验，向苏联学习成为比较现实的路径。党中央号召"向苏联学习"，社会上也流行着"苏联的今天就是我们的明天"的说法。全面学习、研究并借鉴苏联的社会主义建设经验，对中华人民共和国在短期内建立起比较完整的工业体系、顺利完成第一个五年计划以及取得社会主义改造的胜利发挥了巨大的作用。但苏联模式并不都是正确的。中国共产党在社会主义建设的实践中很快发现了苏联模式的弊端，例如：片面发展重工业，忽视农业和轻工业；片面扩大积累，忽视改善人民生活；经济管理体制过于集中；等等。毛泽东在1955年底提出了"以苏联为鉴"，中国共产党人开始探索独立自主地进行社会主义建设的方法。从"向苏联学习"到"以苏联为鉴",也反映出文化高度政治化的取向。毛泽东指出,中国"是一个被民族压迫和封建压迫所造成的文化落后的国家",要建立"自己的民族的、科学的、人民大众的新文化和新教育",应当"以中国人民的实际需要为基础,批判地吸收外国文化"[①]。中华人民共和国成立之时,苏联已经开展了几十年的社会主义建设,中国共产党认为苏联的社会主义新文化是真正的人民文化,是我国建设人民文化的范例。中华人民共和国邀请苏联大批科学家和各方面的专家来到国内,指导中国的社会主义建设,在教育上全面学习苏联的教育体制,在文化上照搬苏联高度集中政治化的文化管理与方针。然而,随着苏共二十大的召开,中国共产党和苏联共产党之间展开了意识形态大论战,"反修防修"成为国家生活和党的生活的重要主题。毛泽东提出:"我们需要同时反对这两种错误倾向,而在目前,反对修正主义的倾向尤其是迫切的任务。"[②] 这里的"两种错误倾向"就是指教条主义和修正主义。"反修防修"开始在思想文化领域迅速开展起来。

综上所述,中华人民共和国成立至改革开放前的 30 年,是社会主义文化发展道路曲折探索的 30 年,也是中国特色社会主义文化建设奠定基础的 30 年。中华人民共和国成立之初,就提出了在开展大规模经济建设的同时,开展大规模的文化建设,建设具有高度文化的先进文明国家的目标。当时文化建设的主要任务是扫除文盲,提高全民族的文化素质,破除迷信,移风易俗,在知识分子和广大干部群众中进行社会主义教育,让他们掌握马克思主义的世界观和方法论,大力发展科学技术和教育事业,为现代化建设培养了急需的各类人才。在这一时期所形成的"百花齐放、百家争鸣"和"古为今用、洋为中用"的文化方针,以及关于经济建设和文化建设共同发展的思想、关于实现科技现代化和建设文化国家的思想、关于大力发展文化教育提高全民族素质的思想,特别是在经济和文化建设上突破苏联模式所进行的符合本国实际的发展道路的探索,都对我国社会主义文化的改革与发展具有重要的启示意义。

---

① 《毛泽东选集》第 3 卷,人民出版社,1991,第 1082~1083 页。
② 《毛泽东文集》第 7 卷,人民出版社,1999,第 315 页。

第五章 "中国方案"与中国特色社会主义先进文化

"发展中国特色社会主义文化，就是以马克思主义为指导，坚守中华文化立场，立足当代中国现实，结合当今时代条件，发展面向现代化、面向世界、面向未来的，民族的科学的大众的社会主义文化，推动社会主义精神文明和物质文明协调发展。"

——习近平在中国共产党第十九次全国代表大会上的报告

（2017年10月18日）

中国共产党在不断推进马克思主义中国化、现代化、大众化过程中，始终重视对文化重要地位和作用的加深认识，反复寻求破解建设中国特色社会主义文化的历史课题。党的十八大以来，习近平紧紧围绕实现"两个一百年"奋斗目标和实现中华民族伟大复兴中国梦，围绕当代中国文化建设与发展，提出了一系列重要思想。例如，民族强盛要以文化兴盛为支撑，传承弘扬中华优秀传统文化，文化发展要睁眼看世界，增强国家文化软实力，培育和践行社会主义核心价值观，扎实推进社会主义文化强国战略，增强文化自信和价值观自信，等等。习近平新时代中国特色社会主义思想，是坚持中国特色社会主义发展道路，建设社会主义文化强国，推动社会主义文化繁荣兴盛的行动指南和指导思想。在党的十九大报告中，习近平明确指出，发展中国特色社会主义文化，就是以马克思主义为指导，坚守中华文化立场，立足当代中国现实，结合当今时代条件，发展面向现代化、面向世界、面向未来的，民族的科学的大众的社会主义文化，推动社会主义精神文明和物质文明协调发展。

实践证明,中国特色社会主义文化的大发展大繁荣是真正实现社会主义现代化的保证。如果缺少了中国特色社会主义先进文化的引领,人民精神世界的极大丰富就无从谈起。缺少全民族精神力量的充分发挥,就不可能全面建成小康社会。同样,如果没有中国特色社会主义先进文化的滋养,社会主义的"中国方案"也就无法在多元并存的世界文化格局中发出响亮的中国声音,讲好动听的中国故事。

一 改革开放与中国特色社会主义文化理论的形成

马克思指出:"历史的每一阶段都遇到有一定的物质结果、一定数量的生产力总和,人和自然以及人与人之间在历史上形成的关系,都遇到有前一代传给后一代的大量生产力、资金和环境,尽管一方面这些生产力、资金和环境为新的一代所改变,但另一方面,它们也预先规定新的一代的生活条件,使它得到一定的发展和具有特殊的性质。"[①] "每个个人和每一代当作现成的东西承受下来的生产力、资金和社会交往形式的总和,是哲学家们想象为'实体'和'人的本质'的东西的现实基础,是他们神化了的并与之作斗争的东西的现实基础,这种基础尽管遭到以'自我意识'和'唯一者'的身分出现的哲学家们的反抗,但它对人们的发展所起的作用和影响却丝毫也不因此而有所削弱。"[②] 任何一个阶段的文化都是具体的文化,具有历史和现实的基础。

中国特色社会主义文化理论是马克思主义文化理论与当代中国具体实际相结合的产物,它体现了中国共产党对中国特色社会主义文化建设的规律性认识,是中国特色社会主义发展理论的重要组成部分,是建设中国特色社会主义文化的指导思想。改革开放是坚定不移走中国特色社会主义道路的关键抉择,对中国特色社会主义文化理论的形成具有关键的作用。

---

① 《马克思恩格斯全集》第3卷,人民出版社,1960,第43页。
② 《马克思恩格斯全集》第3卷,人民出版社,1960,第43页。

（一）文化领域的拨乱反正

"文化大革命"后，党和国家面临重大课题，即如何认识社会主义、怎样建设社会主义以及中国究竟该往何处去。经过十年动荡，我国文化事业严重滞后。大量优秀的文化典籍和电影、戏剧等文化作品遭到摒弃，人们的共产主义理想信念严重削弱，社会出现文化创造力和文化享受能力的缺失。

与其他事业一样，文化事业作为社会主义事业的重要组成部分，也经历了一个拨乱反正的过程。1975年9月，邓小平在农村工作座谈会上说："我总觉得现在有一个很大的问题，就是怎样宣传毛泽东思想。林彪把毛泽东思想庸俗化的那套做法，罗荣桓同志首先表示不同意，说学习毛主席著作要学精神实质。当时书记处讨论，赞成罗荣桓同志的这个意见。林彪主张就学'老三篇'（后来加成'老五篇'），是割裂毛泽东思想。毛泽东思想有丰富的内容，是完整的一套，怎么能够只把'老三篇'、'老五篇'叫做毛泽东思想，而把毛泽东同志的其他著作都抛开呢？怎么能够抓住一两句话，一两个观点，就片面地进行宣传呢？割裂毛泽东思想这个问题，现在实际上并没有解决。"[①] 这段话实际上是批判了文化领域的教条主义。在这次会议上，邓小平还提出各方面都要整顿。关于教育，邓小平要求进行整顿，他指出："现在相当多的学校学生不读书，这也不符合毛泽东思想。毛泽东同志反对的是教育脱离实际、脱离群众、脱离劳动，并不是不要读书，而是要读得更好。毛泽东同志给少年儿童的题词是'好好学习，天天向上'嘛。还有，毛泽东同志讲了四个现代化，还讲过阶级斗争、生产斗争、科学实验是三项基本社会实践，现在却把科学实验割裂出来了，而且讲都怕讲，讲了就是罪，这怎么行呢？"[②] 关于科学技术，邓小平指出了科学研究的重要性和科学技术的作用，他说："科学研究是一件大事，要好好议一下。"[③] "科学技术叫生产力，科技人员就是劳动者！"[④] 关于文化，邓小平提出坚持"百花齐放""推陈出新"的文艺方针，要防止僵化，提倡

[①] 《邓小平文选》第2卷，人民出版社，1994，第36页。
[②] 《邓小平文选》第2卷，人民出版社，1994，第37页。
[③] 《邓小平文选》第2卷，人民出版社，1994，第32页。
[④] 《邓小平文选》第2卷，人民出版社，1994，第34页。

"百家争鸣"。他说:"比如文艺方针,毛泽东同志说,要古为今用,洋为中用,百花齐放,推陈出新。这是很完整的。"①

这一时期发生了一件具有深远意义和影响的大事,这就是高考的恢复。"文化大革命"期间,教育战线存在"两个估计",这严重挫伤了广大教育工作者和知识分子的革命积极性,阻碍了教育事业的发展。邓小平说:"对全国教育战线十七年的工作怎样估计?我看,主导方面是红线。应当肯定,十七年中,绝大多数知识分子,不管是科学工作者还是教育工作者,在毛泽东思想的光辉照耀下,在党的正确领导下,辛勤劳动,努力工作,取得了很大成绩。特别是教育工作者,他们的劳动更辛苦。现在差不多各条战线的骨干力量,大都是建国以后我们自己培养的,特别是前十几年培养出来的。如果对十七年不作这样的估计,就无法解释我们所取得的一切成就了。"② 其后,《人民日报》在1977年11月18日发表题为《教育战线的一场大论战——批判"四人帮"炮制的"两个估计"》的文章,指出教育战线是共产党同"四人帮"长期争夺的一条重要战线。1977年8月,全国教育和科学工作座谈会召开,与会专家纷纷发言,建议改变招生办法,通过考试来招收大学生。教育部最终形成《关于1977年高等学校招生工作的意见》,决定从1977年起,改革高等学校招生制度,恢复通过考试统一招收大学生的制度。该意见根据当时的实际情况,规定凡是工人、农民、上山下乡和回乡知识青年、复员军人、干部和应届高中毕业生,符合条件的均可报考。对实践经验比较丰富并钻研有成绩或确有专长的,年龄可放宽到30岁,婚否不限;招生实行德、智、体全面衡量,择优录取的原则,政审主要看本人政治思想表现。该意见出台后,广大知识青年获得了平等竞争上大学的机会。恢复高考制度这一重大事件,改变了知识青年的命运,并在政治、经济、文化、科技领域为我国改革开放和社会主义现代化建设培养了一大批高素质的人才。

1978年3月,党在新形势下召开全国科学大会。邓小平在开幕式上作重要讲话,他阐述了"科学技术是生产力"这一马克思主义的基本观点,

---

① 《邓小平文选》第2卷,人民出版社,1994,第37页。
② 《邓小平文选》第2卷,人民出版社,1994,第48页。

强调四个现代化,关键是科学技术的现代化,要努力培养又红又专的社会主义建设人才。为了改变我国教育与文化事业的封闭落后状态,学习并借鉴世界优秀文化,从1978年开始,我国恢复了向国外派遣留学生的做法。中国人民开始以积极的姿态参与到世界文化与科技交流中,开创了文化教育事业的新局面。

(二) 文化领域的解放思想和实事求是

"文化大革命"后,仍有很多人奉行"两个凡是"的主张,这一主张严重禁锢了全党、全社会的思想解放,阻碍了文化发展进程。"两个凡是"是在1977年2月7日《人民日报》《解放军报》《红旗》杂志联合发表的社论《学好文件抓住纲》中提出的。针对这一错误主张,邓小平鲜明地指出:"'两个凡是'不符合马克思主义。"① "按照'两个凡是',就说不通为我平反的问题,也说不通肯定1976年广大群众在天安门广场的活动'合乎情理'的问题。把毛泽东同志在这个问题上讲的移到另外的问题上,在这个地点讲的移到另外的地点,在这个时间讲的移到另外的时间,在这个条件下讲的移到另外的条件下,这样做,不行嘛!毛泽东同志自己多次说过,他有些话讲错了。……这是个重要的理论问题,是个是否坚持历史唯物主义的问题。彻底的唯物主义者,应该像毛泽东同志说的那样对待这个问题。马克思恩格斯没有说过'凡是',列宁、斯大林没有说过'凡是',毛泽东同志自己也没有说过'凡是'。"② 1977年6月2日,邓小平在全军政治工作会议上阐述了毛泽东关于实事求是的观点,他说:"我们也有一些同志天天讲毛泽东思想,却往往忘记、抛弃甚至反对毛泽东同志的实事求是、一切从实际出发、理论与实践相结合的这样一个马克思主义的根本观点,根本方法。不但如此,有的人还认为谁要是坚持实事求是,从实际出发,理论和实践相结合,谁就是犯了弥天大罪。他们的观点,实质上是主张只要照抄马克思、列宁、毛泽东同志的原话,照抄照转照搬就行了。要不然,就说这是违反了马列主义、毛泽东思想,违反了中央精神。他们提出的这

---

① 《邓小平文选》第2卷,人民出版社,1994,第38页。
② 《邓小平文选》第2卷,人民出版社,1994,第38~39页。

个问题不是小问题,而是涉及到怎么看待马列主义、毛泽东思想的问题。"①"实事求是,是毛泽东思想的出发点、根本点。这是唯物主义。"② 在党的十一届三中全会上,邓小平指出:"要用准确的完整的毛泽东思想来指导我们全党、全军和全国人民,把我们党的事业、社会主义的事业和国际共产主义运动的事业推向前进。"③ 他进一步指出,提出准确的完整的毛泽东思想,就是要反对教条主义,坚持实事求是,一切从实际出发。他要求全党坚持毛泽东思想的科学体系,破除迷信,摆脱"左"的思想的束缚。7月21日,邓小平明确要求中央有关部门不要再"下指令""设禁区",不要把"刚开始的生动活泼的政治局面拉向后退"。在邓小平的支持和推动下,理论界、新闻界纷纷批判"两个凡是",提出完整地准确地理解毛泽东思想的讨论,极大地促进了人们的思想解放,加快了拨乱反正的步伐。

随着思想的解放,1978年5月10日,中央党校内部刊物《理论动态》发表了《实践是检验真理的唯一标准》一文。5月11日,《光明日报》公开发表了这篇文章。5月12日,《人民日报》《解放军报》等报纸进行了全文转载。这标志着全国范围内的真理问题大讨论正式展开。这篇文章指出,实践是检验认识是否具有真理性的唯一标准。检验真理的标准不能到主观领域去寻找,不能到理论领域去寻找,思想、理论自身不能成为检验自身是否符合客观实际的标准,正如在法律上原告是否属实,不能依他自己的起诉为标准一样。文章还指出:由于历史的和阶级的局限性,我们的认识可能犯错误,需要由实践来检验,凡经过实践证明是错误的或者是不符合实际的东西,就应当改变,不应再坚持。现在,"四人帮"加在人们身上的精神枷锁,还远没有完全粉碎。毛主席在第二次国内革命战争时期批评过的"《圣经》上载了的才是对的"这种倾向依然存在。无论在理论上或实际工作中,"四人帮"都设置了不少禁锢人们思想的"禁区",对于这些"禁区",我们要敢于去触及,敢于去弄清是非。躺在马列主义毛泽东思想的现成条文上,甚至拿现成的公式去限制、宰割、裁剪无限丰富的飞速发展的

---

① 《邓小平文选》第2卷,人民出版社,1994,第114页。
② 《邓小平文选》第2卷,人民出版社,1994,第114页。
③ 《邓小平文选》第2卷,人民出版社,1994,第42页。

革命实践，这种态度是错误的。我们要有共产党人的责任心和胆略，勇于研究生动的实际生活，研究现实的确切事实，研究新的实践中提出的新问题。只有这样，才是对待马克思主义的正确态度。① 文章中的一系列观点具有强烈的现实意义，在现实中引起了极大的关注与争论。邓小平对于《实践是检验真理的唯一标准》一文给予了支持，认为其是一篇马克思主义的文章，是驳不倒的。叶剑英、李先念、陈云等老一辈革命家也明确表示支持真理标准问题大讨论。在邓小平等人的支持下，真理标准问题大讨论逐渐深入。理论界、新闻界纷纷举办关于真理标准问题的讨论，积极澄清在这个问题上的混乱认识。各省市各自治区和军队也均表态支持真理标准问题讨论。② 经过这次大讨论，中国共产党为重新确立马克思主义思想路线、政治路线和组织路线奠定了理论基础。邓小平说："通过实践是检验真理唯一标准和'两个凡是'的争论，已经比较明确地解决了我们的思想路线问题，重新恢复和发展了毛泽东同志倡导的实事求是、理论联系实际、一切从实际出发的思想路线。"③

在真理标准问题大讨论的基础上，中国共产党开始恢复解放思想，实事求是的思想路线。邓小平对这一思想路线作了比较完整的阐述，他说："解放思想，开动脑筋，实事求是，团结一致向前看，首先是解放思想。只有思想解放了，我们才能正确地以马列主义、毛泽东思想为指导，解决过去遗留的问题，解决新出现的一系列问题，正确地改革同生产力迅速发展不相适应的生产关系和上层建筑，根据我国的实际情况，确定实现四个现代化的具体道路、方针、方法和措施。"④ 解放思想就是让人的思想活跃起来，勇于思考和创新；实事求是就是从实际出发，认识、掌握客观规律。解放思想是实事求是的前提和条件，实事求是优势，解放思想的基础。只有解放思想，才能实事求是，也只有实事求是，才能解放思想，两者互为依赖，互为促进。解放思想、实事求是的思想路线大大改变了"文化大革命"时期思想僵化、迷信盛行的局面，标志着中国共产党和中国人民已经

---

① 参见《中国特色社会主义文化发展道路》，中央文献出版社，2013，第33页。
② 沈宝祥：《真理标准问题讨论始末》，中共党史出版社，2008，第164~180页。
③ 《邓小平文选》第2卷，人民出版社，1994，第190页。
④ 《邓小平文选》第2卷，人民出版社，1994，第141页。

在思想文化领域扫清障碍,为迎接改革开放做好了思想准备。

(三) 改革开放与开创文化事业新局面

通过真理标准问题的大讨论,人们极大地解放了思想。在讨论过程中,许多同志进一步提出了要尽快结束徘徊状态,实现党的工作重点转移这一更深层次的问题。人们希望早日实现这一伟大的历史转折。邓小平也在思考这个问题,他决心从实际出发,探寻一条适合中国实际的社会主义现代化建设道路。

1978年9月,邓小平在东北三省发表了一系列重要谈话,即"北方谈话"。在"北方谈话"中,邓小平反复强调了解放思想,实事求是。他批判了"两个凡是"的错误观点,指出摆在面前的问题,关键还是理论结合实际,一切从实际出发,这是四个现代化建设的现实问题。邓小平指出:"毛泽东思想的基本点就是实事求是,就是把马列主义的普遍原理同中国革命的具体实践相结合。"① "毛泽东同志在延安为中央党校题词,就是'实事求是'四个大字,这是毛泽东哲学思想的精髓。"② 在听取中共辽宁省委的工作汇报时,他进一步指出:"不恢复毛主席树立的实事求是的优良传统和作风,四个现代化没有希望。我们要根据现在的国际国内条件,敢于思考问题,提出问题,解决问题。千万不要搞'禁区'。"③ 如果不能开动脑筋,就不会有实事求是,就不能从实际出发提出问题、解决问题。

在"北方谈话"中,邓小平还明确提出要一心一意搞建设,因为"社会主义必须大力发展生产力,逐步消灭贫穷,不断提高人民的生活水平"④。在吉林谈话时,他说:"我们是社会主义国家,社会主义制度优越性的根本表现,就是能够允许社会生产力以旧社会所没有的速度迅速发展,使人民不断增长的物质文化生活需要能够逐步得到满足。按照历史唯物主义的观点来讲,正确的政治领导的成果,归根结底要表现在社会生产力的发展上,人民物质文化生活的改善上。""我们一定要根据现在的有利条件加速发展

---

① 《邓小平文选》第2卷,人民出版社,1994,第126页。
② 《邓小平文选》第2卷,人民出版社,1994,第67页。
③ 《邓小平年谱(1975~1997)》(上),中央文献出版社,2004,第381页。
④ 《邓小平文选》第3卷,人民出版社,1993,第10页。

生产力，使人民的物质生活好一些，使人民的文化生活、精神面貌好一些。"① 在辽宁谈话中，邓小平说："马克思主义认为，归根到底要发展生产力、改善人民生活条件。"② 总之，"北方谈话"实际上已经初步回答了"什么是社会主义，怎样建设社会主义"这一基本问题。邓小平运用马克思主义的方法论来观察世界和中国发展所面临的问题，作出了很多科学的判断。邓小平指出："世界天天发生变化，新的事物不断出现，新的问题不断出现，我们关起门来不行，不动脑筋永远陷于落后不行。现在在世界上我们算贫困的国家，就是在第三世界，我们也属于比较不发达的那部分。"③ "世界在发展，我们不在技术上前进，不要说超过，赶都赶不上去，那才真正是爬行主义。"④

邓小平还强调了向世界学习先进经验的问题，他认为"现在就是要好好向世界先进经验学习，不然老是跟在人家后面爬行。你们在国内是比较好的，但是同发达国家比，还是落后的。要到发达国家去看看，应当看看人家是怎样搞的。"⑤ 针对我国计划经济体制下固有企业管理和技术设备落后、生产力低下等问题，邓小平主张通过改革引入国外先进技术和管理方法，然后提高创新能力。"我们要以世界先进的科学技术成果作为我们发展的起点。我们要有这个雄心壮志。"⑥ "引进先进技术设备后，一定要按照国际先进的管理方法、先进的经营方法、先进的定额来管理，也就是按照经济规律管理经济。一句话，就是要革命，不要改良，不要修修补补。"⑦

在"北方谈话"中，邓小平还多次提到要贯彻按劳分配原则，打破平均主义，调动人的积极性。他说："合格的管理人员、合格的工人，应该享受比较高的待遇，真正做到按劳分配。这个并不是资产阶级的，平均一百元二百元的工资，变不成资本家。这会不会打击其他人的积极性？讲怪话的会有，但可以刺激大家努力向上。发展经济工人要增加收入，这样反过

---

① 《邓小平文选》第 2 卷，人民出版社，1994，第 128 页。
② 《邓小平年谱（1975～1997）》（上），中央文献出版社，2004，第 381 页。
③ 《邓小平文选》第 2 卷，人民出版社，1994，第 128 页。
④ 《邓小平文选》第 2 卷，人民出版社，1994，第 129 页。
⑤ 《邓小平年谱（1975～1997）》（上），中央文献出版社，2004，第 373 页。
⑥ 《邓小平文选》第 2 卷，人民出版社，1994，第 129 页。
⑦ 《邓小平文选》第 2 卷，人民出版社，1994，第 129 页。

来才能促进经济发展。农业也是一样,增加农民收入,反过来也会刺激农业发展,巩固工农联盟。社会主义要表现出它的优越性,哪能像现在这样,搞了二十多年还这么穷,那要社会主义干什么?我们要在技术上、管理上都来个革命,发展生产,增加职工收入。"①"我们过去是吃大锅饭,鼓励懒汉,包括思想懒汉,管理水平、生活水平都提不高。现在不能搞平均主义。毛主席讲过先让一部分人富裕起来。好的管理人员也应该待遇高一点,不合格的要刷下来。讲物质刺激,实际上就是要刺激。"②

在"北方谈话"中,邓小平还谈及了体制改革的问题,他说:"从总的状况来说,我们国家的体制,包括机构体制等,基本上是从苏联来的,人浮于事,机构重叠,官僚主义发展。""有好多体制问题要重新考虑。总的来说,我们的体制不适应现代化,上层建筑不适应新的要求。"③ 总之,邓小平在"北方谈话"中提出了很多重要的观点,为即将召开的十一届三中全会作了充分的理论准备和思想准备。

1978年12月18日至22日,党的十一届三中全会顺利召开。全会批判了"两个凡是"的错误方针,充分肯定了必须完整地、准确地掌握毛泽东思想的科学体系,高度评价了关于真理标准问题的讨论,重新确立了解放思想、实事求是的思想路线,把党和国家的工作重点转移到社会主义现代化建设上来。全会公报提出:"根据新的历史条件和实践经验,采取一系列新的重大的经济措施,对经济管理体制和经营管理方法着手认真的改革,在自力更生的基础上积极发展同世界各国平等互利的经济合作,努力采用世界先进技术和先进设备,并大力加强实现现代化所必需的科学和教育工作。"④ 这段文字实际上就是关于"改革开放"的论述。全会还强调保证人民民主,加强社会主义法治,使民主制度化、法律化。十一届三中全会打破了长期形成的"左"的精神枷锁,实现了中华人民共和国成立以来具有历史意义的重大转折,开辟了建设中国特色社会主义的新道路。邓小平说:"一九七八年我们党的十一届三中全会对过去作了系统的总结,提出了一系

---

① 《邓小平文选》第2卷,人民出版社,1994,第130页。
② 《邓小平年谱(1975~1997)》(上),中央文献出版社,2004,第387页。
③ 《邓小平年谱(1975~1997)》(上),中央文献出版社,2004,第376页。
④ 《三中全会以来重要文献选编》(上),人民出版社,1982,第5页。

列新的方针政策。中心点是从以阶级斗争为纲转到以发展生产力为中心，从封闭转到开放，从固守成规转到各方面的改革。"①

1979年1月18日，党的理论工作务虚会在北京召开。这是一次规模较大的理论工作会议，会议的主题就是真理标准问题。会议总结了粉碎"四人帮"两年来理论宣传战线的经验教训，就思想理论上的重大原则问题展开讨论。会议还分析了党把工作重心转移到经济建设上来之后理论宣传工作的根本任务。与会代表们解放思想，实事求是，就长期以来困扰人们的理论和实践问题进行了讨论。邓小平在这次会议上郑重提出了"坚持四项基本原则"，即坚持社会主义道路，坚持无产阶级专政，坚持共产党的领导，坚持马克思列宁主义、毛泽东思想，四项基本原则为中国改革开放和现代化建设指明了方向，成为党的基本路线的重要内容。

1979年10月30日至11月16日，中国文学艺术工作者第四次代表大会召开。参加会议的有各民族的文学家、戏剧家、美术家、音乐家、表演艺术家、电影工作者和其他文艺工作者代表共计3000多人。与会代表共同总结30年来文艺工作的基本经验，商讨在新的历史时期繁荣社会主义文艺事业、服务四个现代化建设的问题。邓小平代表党中央和国务院向大会致祝词，指出了我国文学艺术的任务，即在建设高度物质文明的同时，提高全民族的社会科学文化水平。他指出，同心同德地实现四个现代化，是今后一个相当长的时期内全国人民压倒一切的中心任务，是决定祖国命运的千秋大业。"对实现四个现代化是有利还是有害，应当成为衡量一切工作的最根本的是非标准。"②"文艺工作者，要同教育工作者、理论工作者、新闻工作者、政治工作者以及其他有关同志相互合作，在意识形态领域中，同各种妨害四个现代化的思想习惯进行长期的有效的斗争。"③"我们的文艺，应当在描写和培养社会主义新人方面付出更大的努力，取得更丰硕的成果。要塑造四个现代化建设的创业者，表现他们那种有革命理想和科学态度、有高尚情操和创造能力、有宽阔眼界和求实精神的崭新面貌。要通过这些

---

① 《邓小平文选》第3卷，人民出版社，1993，第269页。
② 《邓小平文选》第2卷，人民出版社，1994，第209页。
③ 《邓小平文选》第2卷，人民出版社，1994，第209页。

新人的形象,来激发广大群众的社会主义积极性,推动他们从事四个现代化建设的历史性创造活动。"① 邓小平的讲话为改革开放和中国特色社会主义文化的发展提供了理论指导,从此,一个全新的文化时代正式开启。

总之,从真理标准问题大讨论到十一届三中全会,中国共产党重新确立了解放思想、实事求是的正确思想路线,确定把党和国家的工作重点转移到社会主义现代化建设上来,做出实行改革开放的重大决策。经历的曲折发展,中国特色社会主义文化理论也在实践中逐步形成。

二 中国特色社会主义先进文化的探索与实践

1991年7月1日,在庆祝中国共产党成立70周年大会上,"有中国特色社会主义的文化"的概念得到阐述:"有中国特色社会主义的文化,必须以马克思列宁主义、毛泽东思想为指导,不能搞指导思想的多元化;必须坚持为人民服务、为社会主义服务的方向和'百花齐放、百家争鸣'的方针,繁荣和发展社会主义文化,不允许毒害人民、污染社会和反社会主义的东西泛滥;必须继承发扬民族优秀传统文化而又充分体现社会主义时代精神,立足本国而又充分吸收世界文化优秀成果,不允许搞民族虚无主义和全盘西化。"② 1997年9月,党的十五大召开,大会报告系统阐述了建设有中国特色社会主义文化的基本纲领:"建设有中国特色社会主义的文化,就是以马克思主义为指导,以培育有理想、有道德、有文化、有纪律的公民为目标,发展面向现代化、面向世界、面向未来的,民族的科学的大众的社会主义文化。"③ 2002年11月,党的十六大召开,大会报告对中国特色社会主义先进文化的内涵做出了全面阐释:"在当代中国,发展先进文化,就是发展面向现代化、面向世界、面向未来的,民族的科学的大众的社会主义文化,以不断丰富人们的精神世界,增强人们的精神力量。"④ 马克思主义是科学的世界观和方法论,党章和宪法都明确规定了马克思主义的指

---

① 《邓小平文选》第2卷,人民出版社,1994,第209页。
② 《十三大以来重要文献选编》(下),人民出版社,1995,第1643页。
③ 《十五大以来重要文献选编》(上),人民出版社,2000,第16页。
④ 《十六大以来重要文献选编》(上),中央文献出版社,2005,第29页。

导地位。要毫不动摇地坚持马克思主义基本立场、观点和方法，坚持解放思想、与时俱进，大力推进理论创新，推进马克思主义的中国化、时代化、大众化，用中国特色社会主义理论体系指导我国社会主义文化建设，用发展着的马克思主义指导实践。

（一）大力建设社会主义精神文明

改革开放后，我国社会主义现代化建设不断迈上新台阶，广大人民群众也对精神文化生活提出了越来越高的期待。党中央高度重视社会主义文化建设，结合我国国情，提出了建设社会主义精神文明的任务，为社会主义现代化建设助力。

1979年9月，党的十一届四中全会上的《在庆祝中华人民共和国成立30周年大会上的讲话》指出："我们要在建设高度物质文明的同时，提高全民族的教育科学文化水平和健康水平，树立崇高的革命理想和革命道德风尚，发展高尚的丰富多彩的文化生活，建设高度的社会主义精神文明。"[①] 1979年10月，邓小平在中国文学艺术工作者第四次代表大会的祝词中在此提出要建设高度的社会主义精神文明，他说："我们要在建设高度物质文明的同时，提高全民族的科学文化水平，发展高尚的丰富多彩的文化生活，建设高度的社会主义精神文明。"[②] 1980年12月，在中共中央工作会议上，邓小平对社会主义精神文明的主要内容做出概括，他指出："我们要建设的社会主义国家，不但要有高度的物质文明，而且要有高度的精神文明。所谓精神文明，不但是指教育、科学、文化（这是完全必要的），而且是指共产主义的思想、理想、信念、道德、纪律，革命的立场和原则，人与人的同志式关系，等等。"[③] 1981年6月，党的十一届六中全会通过的《中国共产党中央委员会关于建国以来党的若干历史问题的决定》提出"社会主义必须有高度的精神文明"，并把它作为我国社会主义现代化建设的十条基本结论之一。1982年7月，邓小平在军委座谈会上指出："搞社会主义精神文明，主要是使我们的各族人民都成为有理想、讲道德、有文化、守纪律的

[①] 《改革开放30年重要文献选编》（上），中央文献出版社，2008，第71页。
[②] 《邓小平文选》第2卷，人民出版社，1994，第208页。
[③] 《邓小平文选》第2卷，人民出版社，1994，第367页。

人民。当然还有'五讲四美'"。① 1982年9月，党的十二大深刻揭示了社会主义精神文明的内涵，"社会主义精神文明是社会主义的重要特征，是社会主义制度优越性的重要表现"。②"社会主义精神文明的建设大体可以分为文化建设和思想建设两个方面。这两方面又是互相渗透和互相促进的。"③经过长期的探索，党的十二大系统阐述了社会主义精神文明的丰富内涵，明确把社会主义精神文明建设的内容概括为文化建设和思想建设两个方面，这对我国社会主义精神文明建设的实践具有重要的指导意义。

社会主义精神文明建设影响着中国特色社会主义现代化建设的全局。中国共产党在现代化建设的实践中，不断深化对社会主义精神文明建设的认识，坚持物质文明、精神文明"两手抓，两手都要硬"。精神文明建设对物质文明建设具有巨大的促进作用。一方面，精神文明能够为物质文明的发展提供精神动力和智力支持。物质文明是精神文明建设的基础，但精神文明并不是单纯的被动的被决定的方面，它对物质文明有巨大的反作用。精神领域是整个社会分工的一个相对独立的领域，有自己的发展规律。邓小平指出："光靠物质条件，我们的革命和建设都不可能胜利。过去我们党无论怎样弱小，无论遇到什么困难，一直有强大的战斗力，因为我们有马克思主义和共产主义的信念。有了共同的理想，也就有了铁的纪律。无论过去、现在和将来，这都是我们的真正优势。"④ 另一方面，精神文明是物质文明乃至整个社会主义发展的思想保证。1982年4月，中央政治局会议讨论《中共中央、国务院关于打击经济领域中严重犯罪活动的决定》，邓小平明确提出了建设社会主义精神文明是坚持社会主义道路的思想必要保证之一。党的十二大，邓小平提出社会主义四个现代化建设的思想工作，其中就包括建设社会主义精神文明，并认为这四项工作是坚持社会主义道路、集中力量进行现代化建设的重要的保证。1985年9月，在中国共产党全国代表会议上，邓小平在讲话中专门论述了精神文明对物质文明的保证作用。

---

① 《邓小平文选》第2卷，人民出版社，1994，第408页。
② 《改革开放30年重要文献选编》（上），中央文献出版社，2008，第274页。
③ 《改革开放30年重要文献选编》（上），中央文献出版社，2008，第275页。
④ 《邓小平文选》第3卷，人民出版社，1993，第144页。

他说:"不加强精神的文明建设,物质文明的建设也要受破坏,走弯路。"①因此,只有实现物质文明和精神文明的共同发展,才能确保社会主义现代化事业的健康发展。

党的十二大总结了社会主义精神文明建设的经验,围绕社会主义精神文明建设,阐释了一系列重要问题,大会报告提出:"我们在建设高度物质文明的同时,一定要努力建设高度的社会主义精神文明。这是建设社会主义的一个战略方针问题。社会主义的历史经验和我国当前的现实情况都告诉我们,是否坚持这样的方针,将关系到社会主义的兴衰和成败。"② 正是基于对社会主义精神文明建设重要性的深刻认识,绝不能忽视社会主义精神文明建设。在中国特色社会主义建设中,物质文明和精神文明两手都要抓,两手都要硬。

(二)提出"三个面向"和"四有"新人

"三个面向"和"四有"新人都是对马克思主义教育和生产理论的创新与发展,通过理论与实际相结合,培养学用一致、全面发展的社会主义人才,最终消除脑力劳动与体力劳动的差别,实现社会平等和人的全面发展。

1983年秋,邓小平给景山学校题词:"教育要面向现代化,面向世界,面向未来。"这"三个面向"的题词,体现出中国共产党人对教育方向和人才培养的深层思考,为教育事业在改革开放时期的发展指明了方向,为社会主义人才培养提供了标准。

一是面向现代化。这里的现代化指的是工业、农业、国防、科学技术的现代化。其中,科学技术作为重要的生产力,是社会主义生产的关键因素。随着新兴学科和新兴科技不断发展,生产力发展水平也提高至新的层次。学科更新速度、科技更新速度大大超出了人们的预期。只有跟上迅速更新的科技的速度,才能与时俱进地获得、掌握和传播知识,才能更快地发展生产力,从而提高劳动生产率和经济效益。从这个意义上说,国际竞争就是技术的竞争和人才的竞争。因此,教育必须面向现代化。

二是面向世界。当人类社会发展到工业文明时代,随着资本主义开拓

---

① 《邓小平文选》第3卷,人民出版社,1993,第144页。
② 《改革开放30年重要文献选编》(上),中央文献出版社,2008,第273页。

世界市场，国家和民族的界限被打破，无论是物质生产还是精神生产都具有了世界历史性特征。中国的教育作为社会主义现代化建设的重要方面，也不能脱离国际环境。改革开放之初，中国在文化教育、科学技术领域落后于西方发达国家。破解困局的途径在于坚持自力更生，对外开放，吸收和借鉴发达国家的方法与经验，在引进技术的同时，培养具有世界眼光的社会主义人才，增强国家的发展潜力。

三是面向未来。这就是说教育要具有前瞻性。联合国教科文组织在1972年发布题为《学会生存——教育世界的今天和明天》的报告。报告指出，科学技术的发展带来了科技变革，人类进入学习型社会，教育不再停留在阶段性教育层面，而应成为"终身教育"。对我国来说，面向未来的教育一定是立德树人的教育，是传承马克思主义与中国文化传统的教育。邓小平指出："要特别教育我们的下一代下两代，一定要树立共产主义的远大理想。一定不能让我们的青少年作资本主义腐朽思想的俘虏，那绝对不行。"[①] "我们国家，国力的强弱，经济发展后劲的大小，越来越取决于劳动者的素质，取决于知识分子的数量和质量。一个十亿人口的大国，教育搞上去了，人才资源的巨大优势是任何国家比不了的。有了人才优势，再加上先进的社会主义制度，我们的目标就有把握达到。"[②] 要发展面向未来的教育，就必须准确把握时代脉搏，认清客观规律，实现科学发展。

随着社会主义现代化建设的深入开展，我国的教育要培养什么样的人呢？党的十三大报告明确提出："培育有理想、有道德、有文化、有纪律的社会主义公民，提高整个中华民族的思想道德素质和科学文化素质。"[③]

有理想，就是要有远大的共产主义理想和社会主义理想。一方面，要把个人理想放到共产主义的大背景中去，使之成为内心中强大的精神力量；另一方面，要把远大的共产主义理想和社会主义理想与现阶段我国各族人民的共同理想相结合。理想不是空洞的，而是体现在建设社会主义现代化强国的实践中，体现在个人日常的生活中。

---

① 《邓小平文选》第3卷，人民出版社，1993，第111页。
② 《邓小平文选》第3卷，人民出版社，1993，第120页。
③ 《十一届三中全会以来重要文献选读》（下），人民出版社，1987，第1155页。

有道德，就是要具备共产主义和社会主义思想道德观念。把个人利益、集体利益、国家利益融合到一起，与理想融合到一起，热爱祖国，热爱人民，热爱劳动，热爱科学，热爱社会主义。凡事以国家利益、集体利益为先，个人利益服从国家、集体利益。邓小平指出："为了国家和集体的利益，为了人民大众的利益，一切有革命觉悟的先进分子必要时都应当牺牲自己的利益。我们要向全体人民、全体青少年努力宣传这种高尚的道德。"①

有文化，就是能够正确认识社会发展的客观规律，能够掌握现代科学文化知识，能够具有运用技术的能力和创造能力。邓小平说："我们要掌握和发展现代科学文化知识和各行各业的新技术新工艺，要创造比资本主义更高的劳动生产率，把我国建设成为现代化的社会主义强国，并且在上层建筑领域最终战胜资产阶级的影响，就必须培养具有高度科学文化水平的劳动者，必须造就宏大的又红又专的工人阶级知识分子队伍。"②

有纪律，就是要树立严格的组织纪律观念和法制观念，自觉遵守纪律，遵守法律。有纪律，是实现理想、维护道德、学习文化的保障条件。改革开放时期，培养有纪律的社会主义新人格外重要，这是加强团结、维护安定、加速发展的关键因素。邓小平指出："同心同德，一心一意，没有纪律不行。我们过去革命，就是靠纪律，而且是自觉的纪律。中国共产党成立后，最好的风气就是这个。"③

培育"四有"新人，是加速我国社会主义现代化建设的内在需要和任务要求。1981年8月15日，党中央发出《关于关心人民群众文化生活的指示》。这一文件指出，文化是人民群众社会生活的重要方面，是人民群众不可缺少的一种精神生活需要。社会主义建设的根本目的，是在满足人民群众对物质生活的需要的同时，满足人民群众对文化生活的需要。

总之，改革开放后，社会主义事业在经济、政治、文化等各个领域全面展开。培养有理想、有道德、有文化、有纪律的"四有"新人，是发挥社会主义制度优越性的需要，是推进社会主义文化工作的要求。

---

① 《邓小平文选》第2卷，人民出版社，1994，第337页。
② 《邓小平文选》第2卷，人民出版社，1994，第104页。
③ 《邓小平文选》第2卷，人民出版社，1994，第408页。

(三) 坚持"二为"方向

"二为"即社会主义文化建设要"为人民服务,为社会主义服务"。这体现了社会主义文化建设的历史使命和发展方向。社会主义文艺是人民的文艺,必须坚持以人民为中心的创作导向,深入生活,扎根人民,结合时代进行文艺创造。早在1942年5月,毛泽东就在延安文艺座谈会上指出:"文艺是从属于政治的,但又反转来给予伟大的影响于政治。"① 进而阐述了无产阶级文化必须为工农兵服务的观点。1949年中国人民政治协商会议通过的《共同纲领》专门有"文化教育政策"一章,提出文化教育工作"应以提高人民文化水平"和"发展为人民服务的思想为主要任务"②。1956年后,文化建设与社会主义建设紧密结合,积累了丰富的实践经验。改革开放后,党中央根据新的形势和任务,对文化建设的方向提出了更为明确的要求。1980年7月26日,《人民日报》发表题为《文艺为人民服务,为社会主义服务》的社论,文章指出:"为人民服务,这是一切革命工作的唯一宗旨。社会主义是现阶段人民利益的根本所在。人民的物质和文化生活的提高,依赖于社会物质生产和精神生产的不断发展,依赖于社会主义制度的巩固和逐步完善。离开了为人民服务,为社会主义服务,文艺工作难道还有其他的目的么?没有,这是我们唯一的目的。"③ 十五大以来,党中央也曾提出:"坚持为人民服务、为社会主义服务,实行百花齐放、百家争鸣,是发展先进文化必须贯彻的重要方针。"④ 2015年10月,习近平在北京召开文艺工作座谈会上强调:"社会主义文艺,从本质上讲,就是人民的文艺。文艺要反映好人民心声,就要坚持为人民服务、为社会主义服务这个根本方向。"⑤ 在党的十九大报告中,习近平指出,要坚持为人民服务、为社会主义服务,坚持百花齐放、百家争鸣,坚持创造性转化、创新性发展,不断铸就中华文化新辉煌。总之,"二为"方向深刻体现了中国共产党领导

---

① 《毛泽东选集》第3卷,人民出版社,1991,第866页。
② 《建国以来重要文献选编》第1册,中央文献出版社,1992,第10~12页。
③ 《文艺为人民服务,为社会主义服务》,《人民日报》1980年7月26日。
④ 《十五大以来重要文献选编》(下),人民出版社,2003,第1907页。
⑤ 《习近平主持召开文艺工作座谈会强调 坚持以人民为中心的创作导向创作更多无愧于时代的优秀作品》,《人民日报》2014年10月16日。

文化建设的性质、任务和方向,是党对文艺工作的基本要求,也是决定我国文艺事业发展前途的关键。

(四) 坚持"双百"方针

1949年9月29日,中国人民政治协商会议第一次全体会议通过的《共同纲领》指出:"文化工作的首要任务是积极地发展适合群众需要的新的文学艺术和电影的创作,同时对民间原有的各种艺术和文化娱乐形式应广泛地、正确地加以发掘、利用、改革和发展。"①《共同纲领》对于党的文化方针具有指导作用。1956年,党中央正式提出"百花齐放、百家争鸣"的方针,简称"双百"方针。毛泽东指出:"百花齐放是一种发展艺术的方法,百家争鸣是一种发展科学的方法。"②实行"双百"方针,是"根据中国的具体情况提出来的,是在承认社会主义社会仍然存在着各种矛盾的基础上提出来的,是在国家需要迅速发展经济和文化的迫切要求上提出来的。百花齐放、百家争鸣的方针,是促进艺术发展和科学进步的方针,是促进我国的社会主义文化繁荣的方针"③。"双百"方针加强了马克思主义在思想文化领域的指导地位,解除了广大文化工作者的思想束缚,促进了科学文化事业的发展和学术思想的繁荣。在新的历史条件下,习近平指出:"文艺工作者要志存高远,随着时代生活创新,以自己的艺术个性进行创新。要坚持百花齐放、百家争鸣的方针,发扬学术民主、艺术民主,营造积极健康、宽松和谐的氛围,提倡不同观点和学派充分讨论,提倡体裁、题材、形式、手段充分发展,推动观念、内容、风格、流派切磋互鉴。"④深入贯彻"双百"方针,有利于社会主义和谐社会建设,有利于社会主义文化繁荣兴盛,有利于应对复杂多变的国际形势,有利于建设社会主义文化强国。

坚持"双百"方针,不能脱离四项基本原则。邓小平指出,我们必须"坚持社会主义道路,坚持人民民主专政,坚持共产党的领导,坚持马列主

---

① 《建国以来重要文献选编》第5册,中央文献出版社,1992,第18页。
② 《建国以来重要文献选编》第6册,中央文献出版社,1992,第391页。
③ 《毛泽东文集》第7卷,人民出版社,1999,第229页。
④ 《习近平主持召开文艺工作座谈会强调 坚持以人民为中心的创作导向创作更多无愧于时代的优秀作品》,《人民日报》2014年10月16日。

义、毛泽东思想"①。只有在四项基本原则下，各种观点、主张和理论才可以争鸣、讨论。四项基本原则的核心是坚持党的领导，在贯彻"双百"方针的同时，还要以党的中心工作、党的事业的大局为重，维护党的路线、方针、政策，维护人民的利益、国家利益和党的利益。只有加强党的领导，坚持"双百"方针，才能创作优秀的文艺作品，引导人民树立正确的价值观，营造积极健康的文化氛围。

（五）坚持古为今用，洋为中用

1942年5月，毛泽东发表《在延安文艺座谈会上的讲话》，他明确指出："我们决不可拒绝继承和借鉴古人和外国人，哪怕是封建阶级和资产阶级的东西。但是继承和借鉴决不可以变成替代自己的创造，这是决不能替代的。"② 这体现了毛泽东"批判继承"的文化观，初步提出了"古为今用，洋为中用"的思想。1956年，毛泽东在《同音乐工作者的谈话》中说："向古人学习是为了现在的活人，向外国人学习是为了今天的中国人。"③ 1964年9月，毛泽东在《对中央音乐学院的意见》的批示中正式提出"古为今用，洋为中用"的文艺方针。

党的十一届三中全会以后，面对改革开放和社会主义现代化建设对社会主义文化的新挑战和新要求，邓小平指出："坚持百花齐放、推陈出新、洋为中用、古为今用的方针"④。同时他也提出，要围绕"四个现代化的共同目标"，"敢于创新"，并提出"钻研""吸收""融化""发展"的八字原则。⑤ 在传统文化与现代文化的关系问题上，邓小平强调要"古为今用"，要从社会主义现代化建设的现实需要出发来考虑传统文化的继承问题。在中外文化的关系问题上，邓小平强调要坚持"洋为中用"，"属于文化领域的东西，一定要用马克思主义对它们的思想内容和表现方法进行分析、鉴别和批判"⑥。

---

① 《邓小平文选》第3卷，人民出版社，1994，第137页。
② 《毛泽东选集》第3卷，人民出版社，1991，第860页。
③ 《毛泽东文选》第7卷，人民出版社，1999，第82页。
④ 《邓小平文选》第2卷，人民出版社，1994，第210页。
⑤ 《邓小平文选》第2卷，人民出版社，1994，第212页。
⑥ 《邓小平文选》第3卷，人民出版社，1993，第44页。

2014年9月24日，习近平在纪念孔子诞辰2565周年国际学术研讨会上指出，要"科学对待文化传统。不忘历史才能开辟未来，善于继承才能善于创新。优秀传统文化是一个国家、一个民族传承和发展的根本，如果丢掉了，就割断了精神命脉。我们要善于把弘扬优秀传统文化和发展现实文化有机统一起来，紧密结合起来，在继承中发展，在发展中继承"①。

总之，"古为今用，洋为中用"，是中国共产党在对待民族传统文化和西方文化的问题上的惯有立场，是繁荣社会主义科学文化的重要方针。建设有中国特色的社会主义文化必须吸收人类所创造的一切优秀文化成果，坚持马克思主义的文化观，立足现实，尊重历史，创造性地继承发扬优秀传统文化，建设体现社会主义时代精神的社会主义新文化。

三 以"五大发展理念"引领新时代中国特色社会主义文化建设

发展是解决我国一切问题的基础和关键，发展必须是科学发展，必须坚定不移贯彻创新、协调、绿色、开放、共享的发展理念。因此，中国特色社会主义文化建设要在新时代取得大发展，就必须以"五大发展理念"作为指导。"五大发展理念"是关系我国发展全局的深刻变革，它在全面建成小康社会决胜阶段应运而生，成为新时代中国特色社会主义文化建设的行动指南；在丰富和发展中国特色社会主义理论的同时，为实现"两个一百年"奋斗目标提供思想指引。

创新发展，就是要在马克思主义发展理论的基础上，创新文化发展理念，拓展文化建设途径。加强社会主义核心价值观建设，发掘中华优秀传统文化的现代价值，增强文化软实力，更高质量地重建中国文化。推动文化产业提高效益，在生产、技术、管理、人才等各个环节进行改革，实现文化事业的整体创新。

协调发展，就是要优化结构，补齐短板，实现更加均衡的发展。在我

---

① 习近平：《在纪念孔子诞辰2565周年国际学术研讨会暨国际儒学联合会第五届会员大会开幕会上的讲话》，人民出版社，2014，第11页。

国，国民素质和社会文明程度与经济社会发展水平还不相协调。要持续推进文化事业建设，构建公共文化服务体系，满足广大人民群众的文化需求，保障社会公众享受文化的平均权利。

绿色发展，就是要让人的精神世界充满绿色。一方面，要生产符合社会主流价值观的精神文化产品。要加强监管，鼓励绿色文化内容和文化产品的输出，形成风清气正的社会风气；另一方面，要坚持以人为本，构建积极、健康、和谐的社会文化氛围，促进人的优秀品格的形成。

开放发展，就是要与世界接轨，积极参与到世界文化发展中，展现中国文化的魅力。要以马克思主义为指导，依托本民族优秀传统文化，吸收并借鉴外来文化的优秀成分，繁荣中国特色社会主义文化。要在确保文化安全的前提下，坚持"引进来"和"走出去"，为世界文化进步提出中国方案。

共享发展，就是确保文化发展成果被人民群众所共享。人民群众是历史的创造者，要维护社会公平正义，确保文化成果"从群众中来，到群众中去"。要大力发展现代信息科技和网络技术，为人民群众提供更多、更好的精神文化产品，丰富物质文化生活。

五大发展理念相互促进，缺一不可。在新时代建设和发展中国特色社会主义文化，就要更加注重创新创造，更加注重协调均衡，更加注重质量效益，更加注重交流互鉴，更加注重共建共享。

（一）建设社会主义核心价值体系

文化自信是一个国家、一个民族发展中更基本、更深沉、更持久的力量。必须坚持马克思主义，牢固树立共产主义远大理想和中国特色社会主义共同理想，培育和践行社会主义核心价值观，不断增强意识形态领域主导权和话语权，推动中华优秀传统文化创造性转化、创造性发展，继承革命文化，发展社会主义先进文化，不忘本来、吸收外来、面向未来，更好地构筑中国精神、中国价值、中国力量，为人民提供精神指引。

社会主义核心价值体系是兴国之魂，决定着中国特色社会主义的发展方向。坚持中国特色社会主义文化发展道路，推动社会主义文化繁荣兴盛，必须紧紧围绕建设社会主义核心价值体系这个根本任务，坚持用马克思主义中国化的最新成果武装全党，教育人民，用中国特色社会主义共同理想凝聚力量,用民族精神和改革创新的时代精神引领社会主义文化发展道路。

一个国家,其文化软实力的灵魂就是核心价值观。核心价值观是决定文化性质和方向的最深层次要素,也是文化软实力建设的重点。改革开放以来,外来文化对我国文化领域形成强烈冲击,造成社会上价值观取向多样,各种非马克思主义思潮有所滋长,意识形态领域呈现出更加复杂的态势。但不管形势如何变化,只要牢牢抓住社会主义核心价值体系建设这条主线,就能够凝心聚力,强基固本,确保社会主义事业的正确航向。

2006年10月,党的十六届六中全会首次提出了"建设社会主义核心价值体系",指出马克思主义指导思想、中国特色社会主义共同理想、以爱国主义为核心的民族精神和以改革创新为核心的时代精神,社会主义荣辱观,构成社会主义核心价值体系的基本内容,"要坚持把社会主义核心价值体系融入国民教育和精神文明建设全过程、贯穿现代化建设各方面","坚持以社会主义核心价值体系引领社会思潮,尊重差异,包容多样,最大限度地形成社会思想共识"[①]。

社会主义核心价值体系有灵魂,那就是马克思主义指导思想。马克思主义是关于全世界无产阶级和全人类彻底解放的学说,是在实践中不断丰富、发展和完善关于自然界、人类社会和人类思维发展普遍规律的科学体系。作为社会主义意识形态的灵魂与旗帜,马克思主义是社会主义新中国和中国共产党的根本指导思想。构建社会主义核心价值体系,必须高举马克思主义旗帜,坚持用马克思主义中国化的最新成果武装全党,教育人民,不断巩固社会主义意识形态。

社会主义核心价值体系有主题,那就是中国特色社会主义共同理想。理想源于现实又高于现实,寄托着人们对未来的美好憧憬和追求。将人类理想与社会历史发展规律相联系,是马克思主义的创举,这使得人们更加科学地认识和树立理想。在现阶段,我国各族人民的共同理想就是在中国共产党领导下,走中国特色社会主义道路,实现中华民族伟大复兴。国家、民族和个人通过这一共同理想紧紧地联系在一起。中国特色社会主义共同理想基于国家推进实现现代化的实践,基于满足人民需求的现实,基于实

---

① 《十六大以来重要文献选编》(下),中央文献出版社,2008,第661页。

现民族伟大复兴的梦想,因此,这一共同理想有利于调动全体人民的积极性和主动性,将社会主义最高理想、现阶段共同理想、个人理想统一于中国特色社会主义的伟大实践。

社会主义核心价值体系有精髓,那就是民族精神和时代精神。"以爱国主义为核心的民族精神是民族文化最本质、最集中的体现,已经深深地融入我们的民族意识、民族品格、民族气质之中,成为各族人民团结一心、共同奋斗的价值取向。以改革创新为核心的时代精神,是马克思主义与时俱进的理论品格、中华民族富于进取的思想品格与改革开放和现代化建设实践相结合的伟大成果,已经深深地融入我国经济、政治、文化、社会建设的各个方面,成为各族人民不断开创中国特色社会主义事业新局面的强大精神力量。"[①] 大力弘扬民族精神和时代精神,使全体人民始终保持昂扬向上的精神状态,是社会主义文化建设的主旋律。只要准确把握了这一点,就抓住了社会主义核心价值体系的精髓。

社会主义核心价值体系有基础,那就是社会主义荣辱观。体现世界观、人生观、价值观的重要内容之一就是荣辱观,合乎社会道德水平的荣辱观是形成良好社会风气的重要基础。大到良好的社会道德风尚,小到个人正确的价值判断,都需要能够明辨善恶美丑的荣辱观。要夺取全面建成小康社会决胜阶段的伟大胜利,实现"两个一百年"奋斗目标,实现中华民族伟大复兴中国梦,除了需要巩固马克思主义在意识形态领域的指导地位、倡导伟大的民族精神和时代精神外,还需要确立人人奉行的价值观念和行为准则。以"八荣八耻"为主要内容的社会主义荣辱观,既鼓励先进,又照顾多数,兼具先进性与广泛性,为当今社会生活确定了价值取向和道德准则,促进良好社会风气的形成和发展。只要紧紧把握住这一点,就把握了社会主义核心价值体系的基础。

建设社会主义核心价值体系,具有重要的意义。

首先,这是党在思想道德建设上的一个重大理论创新,也是党在构建社会主义和谐社会过程中的一个重要实践成果。全体社会成员普遍的思想道德素质水平决定了社会的和谐程度。如果在一个社会中,社会成员没有

---

① 《十六大以来重要文献选编》(下),中央文献出版社,2008,第790页。

共同的理想信念，缺乏良好的道德规范，那么这个社会就无法实现和谐。建立并完善社会主义核心价值体系，是构建社会主义和谐社会的必然要求。建设社会主义和谐社会，并不是要否认差异与矛盾的存在，而是要强调社会秩序与活力的有机统一。社会主义核心价值体系可以在多元中存包容，在交流中谋共识，在坚守社会共同理想的同时，引领社会向更高的理想目标迈进。

其次，建设社会主义核心价值体系可以对一个问题亮出鲜明的答案。即在新的历史条件下，党用什么样的精神旗帜团结带领全体人民开拓前进，中华民族又将以什么样的精神风貌屹立于世界民族之林。这个问题是党在思想文化领域面临的重大课题，是对社会主义本质的时代之问。回答好这个问题，就是对马克思主义的重大理论创新，而完成好这个问题所产生的任务，将大大推动中国特色社会主义事业的进步。

最后，建设社会主义核心价值体系是党在思想文化建设上的一个重要战略任务。社会主义核心价值体系源于马克思主义文化、优秀传统文化、人类文明优秀成果，它集思想文化之大成，顺应时代发展的要求，集中反映了当代中国人民的理想信念和精神追求，是我国社会主义文化的引领和主导。加强社会主义核心价值体系建设，巩固马克思主义指导地位，坚定共同理想信念，强化精神支柱，弘扬基本道德规范，是中国特色社会主义文化建设的重要战略任务。社会主义核心价值体系重在建设，这既包括对社会主义核心价值体系理论本身的丰富和发展，也包括不断探索用社会主义核心价值体系引领社会思潮的新方法、新途径。

要建设社会主义核心价值体系，除了要推进马克思主义中国化、时代化、大众化，广泛开展理想信念教育，大力弘扬民族精神和时代精神，树立和践行社会主义荣辱观之外，最为关键的是培育、弘扬、践行社会主义核心价值观。中共中央办公厅2013年12月11日印发的《关于培育和践行社会主义核心价值观的意见》指出，社会主义核心价值观是社会主义核心价值体系的内核，体现了社会主义核心价值体系的根本性质和基本特征，反映社会主义核心价值体系的丰富内涵和实践要求，是社会主义核心价值体系的高度凝练和集中表达。培育、弘扬和践行社会主义核心价值观，对更好地凝聚全党全国各族人民的思想、在日益激烈的国际思想舆论竞争中掌握主动权和话语权具有十分重要的意义。尤其是在网络新媒体兴起、舆论环境复杂、各种思潮激烈碰撞的情况下，唱响主旋律、弘扬真善美、贬斥假恶丑尤为重要。

"三个倡导"，即倡导富强、民主、文明、和谐，倡导自由、平等、公正、法治，倡导爱国、敬业、诚信、友善，积极培育社会主义核心价值观。这一表述，包含了社会主义最基本、最核心、最重要的价值理念。其中，富强、民主、文明、和谐体现了社会主义核心价值观在发展目标上的规定，是立足国家层面提出的要求；自由、平等、公正、法治体现了社会主义核心价值观在价值导向上的规定，是立足社会层面提出的要求；爱国、敬业、诚信、友善体现了社会主义核心价值观在道德准则上的规定，是立足公民个人层面的要求。这三个层次相互联系、相互贯通，实现了政治理想、社会导向、行为准则的统一，实现了国家、集体、个人在价值目标上的统一，兼顾了国家、社会、个人三者的价值追求。这一表述反映了我国社会主义制度的本质，体现了中国特色社会主义事业的发展要求。这一表述还继承了中华传统文化精华，汲取了人类文明优秀成果，符合党和国家一贯倡导的思想、理念、精神，有利于最大限度地统一思想，凝聚共识，形成合力。

2013年9月，习近平在会见第四届全国道德模范及提名奖获得者时指出，要按照培育和践行社会主义核心价值观的要求，高度重视和切实加强道德建设，推进社会公德、职业道德、家庭美德、个人品德教育，倡导爱国、敬业、诚信、友善等基本道德规范，培育知荣辱、讲正气、做奉献、促和谐的良好风尚。2014年2月，习近平又在中央政治局第十三次集体学习时强调，要深入挖掘和阐发中华优秀传统文化讲仁爱、重民本、守诚信、崇正义、尚和合、求大同的时代价值，使中华优秀传统文化成为涵养社会主义核心价值观的重要源泉。这些重要论述，进一步把培育和弘扬社会主义核心价值观引向深入。

总之，社会主义核心价值观是当代中国精神的集中体现，凝结着全体人民共同的价值追求。中国特色社会主义新时代要求我们，以培养担当民族复兴大任的时代新人为着眼点，强化教育引导、实践养成、制度保障，发挥社会主义核心价值观对国民教育、精神文明创建、精神文化产品创作生产传播的引领作用，把社会主义核心价值观融入社会发展各方面，转化为人们的情感认同和行为习惯。深入挖掘中华优秀传统文化蕴含的思想观念、人文精神、道德规范，结合时代要求继承创新，让中华文化展现出永久魅力和时代风采。

（二）建设社会主义文化强国

在中国特色社会主义新时代，建设社会主义文化强国，提高国家文化软实力，必须坚定不移走中国特色社会主义文化发展道路。习近平指出，实现中华民族伟大复兴，就是中华民族近代以来最伟大的梦想。这个梦想凝聚了几代中国人的夙愿，体现了中华民族和中国人民的整体利益，是每一个中华儿女的共同期盼。"中国梦"深刻道出了中国近代以来历史发展的主题主线，而践行这一梦想，社会主义文化建设不可或缺。

建设社会主义文化强国，需要高度的文化自觉和文化自信。回望历史，中华民族拥有世界上独一无二的5000多年连续发展的文明史。中华民族要实现伟大复兴，就必须首先成为一个现代化的文化强国，这既要求我们对民族传统文化具有清醒的认识，也要求我们找到当代文化发展的准确定位。因此，高度的文化自觉和文化自信将是中华民族以全新姿态重新屹立于世界民族之林的关键所在。文化自觉不能和文化保守主义画等号。文化的自觉首先是从思想观念上确立本国文化的地位，辩证地分析和认识本民族文化与外来文化的长处和短处。只有实现了文化自觉，一个民族、一个国家及这个国家的政党才能更好地把握文化发展规律，找到本民族或本国文化的比较优势和发展方向。文化自信则是一种精神成熟的表现，不同于自负和自大，文化自信基于理性认识，是一种文化上知己知彼的高度自觉。文化发展的使命感和责任心只有从文化自信（而且是高度文化自觉基础上的文化自信）中去寻找。拥有悠久历史的中华文明博大精深，其中蕴藏着中华民族自强不息的精神追求和历久弥新的精神财富。如果要更好地摄取传统文化的精髓，将其发扬光大，就必须以正确的视角看待本民族文化的优点和缺点。

实现中国特色社会主义自觉和自信的前提，也是树立高度的文化自觉和文化自信。文化自觉和文化自信是对中国特色社会主义道路、理论和制度的自觉和自信，它们建立在中国特色社会主义伟大实践之上。引领中国实现现代化、创造人民美好生活是中国道路的目标指向，而与此同时，中国特色社会主义道路也拓展了世界文化的路径，为人类文明的发展与进步，特别是发展中国家的发展与进步提供了新的方案，这是中国文化对世界的独特贡献。改革开放以来，中国道路使社会主义的中国实现了近代以来从未有过的长期快速稳定发展，开辟了中华民族伟大复兴的光明前景。

建设社会主义文化强国，需要继承并发展中国特色社会主义理论体系。这一理论体系是马克思主义基本原理同当代中国实际和时代特征相结合所形成的科学体系，具有鲜明的实践特色、民族特色和时代特色。这一理论体系坚持解放思想、实事求是、与时俱进，为解决我国社会主义现代化建设和人类共同面临的诸多难题提供了中国方案。在长期革命、建设和改革进程中，中国共产党领导全国人民，坚持以马克思主义为指导，在对中国国情的深刻认识的基础上，不断完善制度设计，逐步建立起具有强大生命力的中国特色社会主义制度。这一制度是当代中国发展进步的根本保障，集中体现了中国特色社会主义的特征和优势。总之，只有坚持对中国特色社会主义道路、理论、制度的自信与自觉，才能提升文化自觉，增强文化自信，实现文化自强。

建设社会主义文化强国，还需要大力提高国家文化软实力。人类社会的发展是一个历史过程，在这一历史过程中，政治、经济、文化、社会多方面相互作用、相互联系。如果说历史上的大国崛起所依靠的多是战争侵略、资本扩张、殖民劫掠，那么，今天的大国崛起所更多凭借的，就是文化软实力。作为国家核心竞争力的基础内容，文化软实力正日益受到各国重视。现代国家一旦拥有了优势文化，就能够更好地实现生存与发展。具体表现在，更为有效地运用各种资源，更为有效地组织起先进的生产关系，更为有效地推动技术和制度创新。可以说，国家在国际竞争中的基本态势往往被文化地位的高低优劣所左右，谁想要在激烈的国际竞争中赢得主动，谁就要占领文化制高点，拥有更加强大的文化软实力。建设社会主义文化强国，提高文化软实力，需要着重做到三点。

其一，努力展现并保持中国传统文化的独特魅力。加强对优秀文化传统及其思想价值的挖掘、对文化遗产的保护，发挥国民教育在文化传承创新中的基础性作用和各类文化载体的重要作用，建设优秀传统文化传承体系，传播当代中国文化创新成果。其二，努力传播当代中国价值观念。当代中国价值观念,就是新时代中国特色社会主义价值观念,它代表了中国先进文化的前进方向。要增强文化安全,拓展对外传播的平台与载体,向国际社会输出和交流社会主义核心价值观,向世界展现经济富裕、政治民主、精神文明、社会和谐的社会主义目标与愿景,传播中国人民和中华民族的价值观念。其三,努力提高国际话语权。话语体系承载着一个民族国家特定思想价值观念,是国家文化软实力的重要组成部分,是一个国家在国际舞台上确立话语权的前提和基础。要在竞争激励的国际社会赢得话语权,就必须构建起富有道义感召力和思想穿透力的国际话语体系,发出中国声音,讲好中国故事。因此,要加强国际传播能力建设,构建有中国特色和国际表达力的话语体系,发展媒体技术,掌握话语主动权,增强对外话语的创造力、感召力和公信力。

国家文化整体实力和竞争力的增强有赖于持续推进社会主义文化强国建设。文化实力和竞争力是国家富强、民族振兴的重要标志。中国特色社会主义现代化的重要目标之一就是实现国家文化整体实力和竞争力的提升。文化整体实力和竞争力是综合国力的重要组成部分,是民族凝聚力和创造力的重要源泉。要实现文化与经济、政治、军事等硬实力的均衡发展,就必须增强文化整体实力和竞争力,这会有助于文化资源的调整与优化。增强文化整体实力和竞争力,也是文化科学发展的本质要求和价值取向,有助于满足人民群众日益增长的文化需求。

增强国家文化的整体实力和竞争力,需要从以下几方面展开。首先,以提高文化产业的国际竞争力为目标,大力推进文化创新。正如文化的灵魂在于创新,提高文化产业的国际竞争力的关键在于提高自主创新能力。适应时代的发展,利用高科技在实践中实现从文化产品内容到文化生产方式的创新,在文化生产的全过程中贯穿创新精神。通过努力创作,生产更多的优秀文化产品供历史和人民检验。其次,以实现社会效益和经济效益的统一为目的,提高文化的社会效益。正确处理社会效益和经济效益的关系,就必须坚持社会主义先进文化,形成公有制为主体、多种所有制共同发展的文化产业格局。这一格局由全社会积极参与,以政府为主导,以公共财政为支撑,以公益性文化单位为骨干,以全体人民为服务对象,以保障人民基本文化权益为主要内容,保障文化的公益性、均等性和便民性。

最后，以扩大文化交往为目的，实施"文化走出去"战略。真正实现"文化走出去"，构建多层次、宽领域的文化开放格局。具体的做法是，以政府为主导，以市场为杠杆，以机制为保障，以交流为主体，建立对外文化交流与合作渠道，不断将中华文化的价值观念推向世界，以促进国际社会对中国文化的认同，提升中华文化的世界影响。

总之，建设社会主义文化强国是中国特色社会主义事业总体布局的重要组成部分。在"五位一体"的总体布局中，文化建设是灵魂，指引着经济、政治、社会、生态建设的方向。正如习近平所指出："提高国家文化软实力，关系'两个一百年'奋斗目标和中华民族伟大复兴中国梦的实现。要弘扬社会主义先进文化，深化文化体制改革，推动社会主义文化大发展大繁荣，增强全民族文化创造活力，推动文化事业全面繁荣、文化产业快速发展，不断丰富人民精神世界、增强人民精神力量，不断增强文化整体实力和竞争力，朝着建设社会主义文化强国的目标不断前进。"[①]

（三）以改革创新推动社会主义文化繁荣兴盛

满足人民过上美好生活的新期待，必须提供丰富的精神食粮。党的十八届三中全会通过《中共中央关于全面深化改革若干重大问题的决定》（以下简称《决定》），对深化文化体制改革做出了重大战略部署。《决定》把"推进文化体制机制创新"作为文化体制改革的重要内容和基本方向。在新时代，要实现社会主义文化繁荣兴盛，就必须深化文化体制改革，完善文化管理体制，加快构建把社会效益放在首位、社会效益和经济效益相统一的体制机制。在推进文化体制改革、繁荣发展文化事业和文化产业的过程中，要把握好意识形态属性和产业属性、社会效益和经济效益的关系，始终坚持社会主义先进文化前进方向，始终把社会效益放在首位。

1. 改革创新文化管理体制

转变政府行政管理部门职能是改革创新文化管理体制的第一个必要步骤，这也是改革创新文化管理体制的基本要求和重要任务。更为科学的宏观调控和有效的政府治理都要通过转变政府职能来实现。发挥市场在文化资源配置中的决定作用，也必须以政企分开、政事分开为前提，以妥善处

[①] 《习近平谈治国理政》，外文出版社，2014，第160页。

理"放"和"管"的关系为保障。转变文化行政管理部门的职能，主要途径是坚持政资分开、管办分离，在政策调节、市场监管、社会管理和公共服务领域发挥更大作用，加大建设力度，综合运用技术能力和管理手段，提高效率，促进文化立法，加强行业自律，最终实现文化行政管理部门的科学管理、依法管理、有效管理。

加强国有文化资产的管理，是改革创新文化管理体制的重点。中共十八届三中全会《决定》明确提出："建立党委和政府监管国有文化资产的管理机构，实行管人管事管资产管导向相统一。"① 这就是说，党委和政府同为加强国有文化资产管理工作的主体，既要保证文化企业正确导向，又要保证国有文化资产保值增值。因此，要建立管理机构，由党委和政府共同监管，要认真落实管理机制，建立现代企业制度，坚持管人、管事、管资产相统一。要坚持党在意识形态工作中的绝对领导地位，确保国有文化单位重大事项的决策权、资产配置的控制权、宣传业务的终审权、主要领导干部的任免权掌握在党委手中。

加强和完善互联网管理和工作体制，是改革创新文化管理体制的难点。当前，互联网领域立法处于起步阶段，网络信息服务不够健全，网络安全防护缺乏经验，网络社会管理机制不健全。网上有害信息、网络谣言都对国家网络信息和文化安全构成挑战。面对网络管理工作的困难，要创新管理思想，完善互联网管理工作的体制机制，要加快立法立规，推进网络依法规范有序运行，建立综合性的互联网文化管理体制。与此同时，加强和完善互联网管理和工作体制，还必须构建正面引导和依法管理相结合的网络舆论新格局，在实践中建立健全基础管理、内容管理、行业管理以及网络违法犯罪防范和打击等工作联动机制。

坚持正确舆论导向是改革创新文化管理体制的关键。坚持正面宣传，统筹社会舆情、媒体舆情、网络舆情，维护团结稳定，提高人民群众在重大问题、敏感问题上的政治敏锐性和政治鉴别力。不断深化对文化发展规律的认识，牢固树立马克思主义文化观和新闻观，维护国家利益和人民利益，坚持对文化改革发展中的焦点问题、热点问题的正确舆论导向，适时、

---

① 《十八大以来重要文献选编》（上），中央文献出版社，2014，第533页。

客观、准确地进行宣传报道,增强公信力。

2. 积极建设现代文化市场体系

2013年11月9日至12日,党的十八届三中全会召开,会议通过的《决定》以建立健全文化资本、文化企业、文化产品市场准入和退出机制为着眼点,鼓励各类市场主体的公平竞争与优胜劣汰,促进文化资源在全国范围内合理流动,强调从增强文化市场主体竞争力、鼓励非公有制文化企业发展、建立多层次文化产品和要素市场、创新现代文化市场体系政策环境等方面,建立健全现代文化市场体系。

积极建设现代文化市场体系,必须完善文化市场准入和退出机制,鼓励各类市场主体公平竞争、优胜劣汰。《决定》指出:"培育壮大文化市场主体,要继续推进国有经营性文化单位转企改制,加快公司制、股份制改造。"[1] 根据《决定》要求,推进国家经营性文化单位"转企改制",这是培育文化市场主体的关键;必须加快建立产权清晰、权责明确、政企分开、管理科学的现代企业制度,按照创新体制、转换机制、面向市场、壮大实力的要求,完善文化企业的法人治理结构,提高其自主经营、自我创新、面向市场、参与竞争的能力;进一步拓展改革成果,改进文化企业的资产组织形式和经营管理模式,推进国有文化企业的公司制、股份制改革。在此过程中,支持有条件的国有文化企业在法律允许的框架内上市融资,引进社会资本进行进一步的股份制改革,参与市场竞争。

积极建设现代文化市场体系,必须提高文化产业规模化、集约化、专业化水平;进一步打破区域限制和行业壁垒,推动文化企业跨地区、跨行业、跨所有制兼并重组;把国有文化企业的转企改制与资源整合、结构调整结合起来,鼓励有实力的国有骨干文化企业以资本为纽带,实行跨地区、跨行业、跨所有制兼并重组,推动文化资源和要素向优势骨干文化企业或企业集团集聚,发挥国有骨干文化企业对文化市场的主导和引领作用。

积极建设现代文化市场体系,必须鼓励非公有制文化企业发展。《决定》指出:"鼓励非公有制文化企业发展,降低社会资本进入门槛,允许参与对外出版、网络出版,允许以控股形式参与国有影视制作机构、文艺院

---

[1] 《十八大以来重要文献选编》(上),中央文献出版社,2014,第534页。

团改制经营。"① 支持各种非公有制文化企业发展，有利于进一步解放和发展文化生产力，有利于激发全民创业热情和文化创造活力，有利于活跃文化市场，有利于促进我国产业结构升级。

总之，改革创新现代文化市场体系，必须坚持以人民为导向，全面贯彻"二为"方向和"双百"方针，推动我国文化产品多样化发展，努力实现社会效益最大化。

3. 加快构建现代公共文化服务体系

加快构建现代公共文化服务体系，提高公共文化服务能力与水平，深入实施文化惠民工程，丰富群众性文化活动，是推动社会主义文化事业的必然要求。从中共十八届三中全会提出要完善文化管理体制，到中共十八届四中全会提出制定公共服务保障法，促进基本公共文化服务标准化、均等化，都表明了党中央对构建现代文化服务体系的重视。2015年1月14日，中共中央办公厅、国务院办公厅印发了《关于加快构建现代公共文化服务体系的意见》，进一步推动了我国现代公共服务体系的构建。

加快构建现代公共文化服务体系，需要从以下几方面推进工作。一是统筹推进公共文化服务均衡发展。在制定国民经济和社会发展总体规划和城乡发展规划时，认真研究公共文化服务均衡发展的问题；深刻把握城镇化发展新趋势，时刻关注城乡人口变化情况，以此为基础统筹城乡公共文化建设；建立常态化的工作机制，在文化设施布局、服务面向、资金保障、队伍建设等方面均衡配置公共文化资源。二是增强公共文化服务发展动力。以满足人民群众多层次的文化消费需求为目标，进一步培育并促进文化消费，提升公共文化服务层次，以优质的服务实现标准化和个性化服务的有机统一，将人民群众的基本文化需要和多样化文化需求统筹于建设公共文化服务体系的实践中。三是加强公共文化产品的服务与供给。提升公共文化服务水平，提高效能，完善保障机制，实行公共文化设施免费开放，加大优秀公共文化产品丰富供给力度，提供便民服务的窗口和平台。四是实现公共文化服务与科技创新的融合发展。加大文化科技创新力度，发挥文化和科技相互促进的作用，深入实施国家文化科技创新工程，研究制定公

---

① 《十八大以来重要文献选编》（上），中央文献出版社，2014，第534页。

共文化服务领域的科技标准和规范,以科技创新推进公共文化服务建设。五是创新公共文化管理体制和运行机制。立足实际,发现当前公共文化服务体系建设存在的问题,加大公益性文化事业单位改革力度;完善党委领导、政府管理、部门协同、权责明确、统筹推进的管理制度,确保公共文化服务体系建设的质量与速度;探索有效方式和途径,整合基层公共文化服务资源,实现共建共享和综合效益的提升。六是建立健全公共文化服务法律体系。"加快建立健全坚持社会主义先进文化前进方向、遵循文化发展规律、有利于激发文化创造力、保障人民基本文化权益的文化法律制度,依法保障公民的文化权利得到有效落实。加快出台公共文化服务保障法等相关法律法规,为现代公共文化服务体系建设提供法律支撑。加强公共文化立法与文化体制改革重大政策相衔接,加快制定地方性公共文化服务法律规范,提高公共文化服务领域法治化水平。"①

综上所述,通过本章对中国特色社会主义先进文化的探源,可以清晰地看到,发展中国特色社会主义先进文化,建设社会主义文化强国这一战略目标与"两个一百年"奋斗目标和中华民族伟大复兴中国梦是紧密相连的,这其中凝聚了几代人矢志不渝的梦想,也承载了共产党人的价值追求。一路走来,中国特色社会主义先进文化与中国特色社会主义道路、理论体系、制度紧密结合在一起,成为不断推进中国特色社会主义伟大事业的精神动力。

---

① 《关于加快构建现代公共文化服务体系的意见》,《光明日报》2015年1月15日。

第六章 "中国方案"与世界优秀文化

"进行文明相互学习借鉴,要坚持从本国本民族实际出发,坚持取长补短、择善而从,讲求兼收并蓄,但兼收并蓄不是囫囵吞枣、莫衷一是,而是要去粗取精、去伪存真。"

——习近平在纪念孔子诞辰2565周年国际学术研讨会上的讲话

(2014年9月24日)

放眼世界,每一个国家和民族的文化都有优势和长处,因而不同文化之间的学习、交流与借鉴是世界文化发展的必然。2014年9月24日,习近平在纪念孔子诞辰2565周年国际学术研讨会上发表讲话,提出各国各民族都应该虚心学习、积极借鉴别国别民族思想文化的长处和精华,这是增强本国本民族思想文化自尊、自信、自立的重要条件。如今,在"中国方案"倡导下,中外文化交流开始在更大范围、更广领域、更深层次上展开,这同时也为中国向世界优秀文化学习创造了有利条件。在塑造和展示我国文明、开放、和谐、包容形象,向世界传播中国价值的同时,我们也要以文化的世界眼光,积极学习、吸收和借鉴人类文明发展进步的最新成果。

面向现代化、面向世界、面向未来的中国特色社会主义文化彰显了文化发展的时代性、开放性和创新性。在世界先进文化中,"中国方案"不能缺席。"中国方案"所依托的中华优秀传统文化经历了5000多年的历史洗礼,饱含社会生活的文化精髓,紧随时代的发展更新,"中国方案"的独特性和不可替代性正源于此。同时,创新是一个民族进步的灵魂,文化领域的创新更是"中国方案"继续保持生命力和活力的关键。中国特色社会主义文化必须在创新中吸收世界文化。需要强调的是,"中国方案"对世界优秀文化的学习借鉴实际上涵盖了世界上各个国家和民族的优秀文化，其具体内容涉及经济、政治、社会、生态等社会生活的方方面面。

一　"中国方案"对人类优秀文明成果的借鉴

（一）人类文明的交流与融合

中国特色社会主义的"中国方案"，是人类文明的重要组成部分。马克思曾运用生产方式这一尺度区分文化模式，他指出："在一切社会形式中都有一种一定的生产决定其他一切生产的地位和影响，因而它的关系也决定着他一切关系的地位和影响。这是一种普照的光，它掩盖了一切其他色彩，改变着它们的特点。这是一种特殊的以太，它决定其它里面显露出来的一切存在的比重。"[①]

人类文明的发展过程是由低级到高级，如果从不同的角度来划分，人类文明经历了不同的发展阶段。例如，以生产力为标准划分为农耕文明和工业文明，以生产工具为标准划分为旧石器时代、新石器时代、青铜器时代、铁器时代、手工业时代、机器工业时代、计算机时代。马克思从经济的角度把人类文明划分为自然经济、商品经济、产品经济三个发展阶段。与自然经济相对应的是奴隶社会和封建社会，与商品经济相对应的是资本主义社会，而将与产品经济相对应的是共产主义社会。马克思还从生产方式的角度，把人类文明的发展划分为原始社会、阶级社会和共产主义社会。人类文明的发展既有其必然性，也充满了偶然性，既有跳跃和进步，也有倒退和停滞。具体到不同地区和不同国家的文明发展，情况更加多样。

总体而言，人类文明有兴起，也有衰落，有高潮，也有低谷，其发展是一个复杂曲折的过程。在这一过程中，继承与创新是两个必不可少的环节。人类文明要向前发展，就不能止步不前，因而就不能仅仅注重继承而不重视创新；同时，创新需要必要的基础和条件，这就离不开继承。所以，继承和创新相统一是人类文明向前发展的需要。创新是对原有的人类文明的扬弃，是人类文明由低级向高级发展的必然要求，在创新的过程中，不

[①]《马克思恩格斯选集》第2卷，人民出版社，1995，第24页。

可割裂与以往人类文明的联系，要继承符合人类需要的东西、有利于社会进步的东西、适应时代变化的东西、具有内在生命力的东西，这些就是所谓人类优秀的文明成果。

人类文明的发展层次是多重的。总体而言，物质文明、政治文明、精神文明、生态文明组成人类文明的基本层面。物质文明是指人类改造自然所取得的物质成果。人类物质生活的进步情况和物质生活的改善都由物质文明体现。提高物质文明的水平，有助于减少人类对自然的依赖程度，有助于增强人类利用自然、改造自然的能力。物质文明是整个人类文明发展进步的物质基础，也是先决和必要条件。政治文明是指人类社会政治生活的进步状态和政治发展取得的成果，主要包括政治制度和政治观念两个层面的内容。在政治制度层面，主要表现在经济基础和阶级力量对比的变化，而引起国家国体、政体所发生的改变；在政治观念层面，主要表现为政治价值观、政治信念和政治情感的更新变化，如民主、自由、平等、法治等思想观念的形成与发展，以及民众政治参与度的普遍提高，等等。精神文明是人类在改造客观世界和主观世界的过程中所取得的精神成果的总和。在思想道德方面，包含社会的政治理想、道德面貌、社会风尚等，它为人类文明发展提供精神动力。在科学文化方面，包含社会的文化、教育、科技、卫生、体育等事业的发展规模与水平。在生态文明方面，包含人们对建设美丽环境的向往、贯穿社会建设全领域的系统工程，以及由此取得的物质成果、精神成果和制度成果。总之，物质文明、政治文明、精神文明和生态文明相互促进、相辅相成，共同推动了人类文明的发展与进步。

从本质上看，人类文明是人类社会实践，特别是劳动实践的产物。不同国家、不同民族的实践既具有共性，也具有个性，体现了一般性与特殊性的辩证统一。从共性特征看，人类文明的发展进步具有普遍适用的共同规律。马克思主义认为，社会存在决定社会意识，生产关系要适应生产力发展，人民群众是推动社会前进的根本动力，人类的发展不断地由必然王国走向自由王国，这些都是人类文明发展的共同规律。这些规律适用于所有国家和所有民族的发展，贯穿于人类文明发展的始终。人类文明成果包括物质文明成果、政治文明成果、精神文明成果、生态文明成果，正是这些共同的方面构成了人类文明相互传承、相互借鉴的根据和基础，它使得不同国家、不同民族、不同历史阶段的文明连接起来，形成了人类文明得以彼此借鉴、传承发展的共性特征。

从个性特征看，人类文明由于实践主体、环境与条件等的不同而存在差异性。各个国家、地区的文明都带有自己的特点，文明发展道路和模式不尽相同。列宁针对俄国社会主义革命和建设中遇到的人类文明特殊性问题给出了论述，他说："俄国是个介于文明国家和初次被这场战争最终卷入文明之列的整个东方各国即欧洲以外各国之间的国家，所以俄国能够表现出而且势必表现出某些特殊性，这些特殊性当然符合世界发展的总的路线，但却使俄国革命有别于以前西欧各国的革命，而且这些特殊性到了东方国家又会产生某些局部的新东西。"[①] 由此可见，人类文明的差异性和特殊性为人类文明创新与发展提供了重要的推力。从纵向看，过去的文明成果具有与之相适应的环境和条件，而要解决现实问题，不能仅仅继承以往的经验和做法，必须从当今所面临的新条件新环境出发，创造出不同于过去的文明成果，以此推动人类文明的不断发展。从横向看，每个国家的情况也有不同，要解决本国实践所面临的新问题、新情况，仅仅借鉴他国的经验和做法是不够的，必须把他国经验和本国实际相结合，立足国情进行创新，才能创造出有生命力的文明成果，丰富人类文明成果的宝库。因此，要坚持共同性与特殊性的有机统一，在实践中既重视人类文明的共同性，又把握不同国家和不同历史阶段文明的特殊性。

人类文明由于其多样性而走向交流和融合。自古至今，人类文明始终是多样的。在世界文明史上，曾出现过中国文明、古印度文明、巴比伦文明、埃及文明、古希腊文明、安第斯文明、墨西哥文明、玛雅文明，等等。这些文明有的衰落，有的延续，至于今日，世界文明划分为较有影响力的两支：一为东方文明，二为西方文明。此外，还有阿拉伯文明、非洲文明等。各个国家、各个民族相继进入文明时代，为人类文明的延续和发展做出了自己的贡献。人类文明的多样性带来了各种文明之间的相互关系问题。诚然，每一种文明都有自身的特点，这些不同的特点与不同国家、不同社会的发展状况相联系，例如，东方文明与西方文明在价值观层面就各有各

---

① 《列宁选集》第4卷，人民出版社，1995，第776页。

的特点,很难据此判断哪一种文明更加优越。从整个人类历史的发展来看,几乎每个文明都曾缔造属于自己的辉煌时代。原始社会时期的四大文明古国、近代资本主义社会时期的欧美西方文明都是为人类文明发展进步做出独特贡献的典型代表。

在对待人类各种文明时,应秉承客观、平等的态度。每个文明都有其特定的产生环境与条件,每个国家和每个民族的文明都有自身的特点和专长,所有的文明共同构筑成人类文明的整体。因此,人类文明的发展不可以走单一路线或模式,如果将某一种文明说成是人类文明的共同道路和模式而不承认其他文明的存在和发展,如果以霸权主义推行单一的价值理念,就势必会引发各个国家、各个民族之间的冲突和对立,这对于人类文明的发展与进步会起到巨大的反作用。因此,人类文明的多样性要求各个文明之间的交流与融合。这是人类文明存续、发展、繁荣的重要推力。总而言之,随着生产力的不断发展,人类相互交往的范围不断扩大,联系愈发紧密,人类各种文明之间的交流和融合是历史发展的主流,是各个国家、各个民族的共同期盼。

(二) 社会主义与人类优秀文明成果

社会主义是人类社会发展中的一个社会形态和发展阶段,该怎样把握它与以往的人类优秀文明成果的关系呢?马克思根据人类历史发展的一般规律,给出了他的意见:"历史不外是各个世代的依次交替。每一代都利用以前各代遗留下来的材料、资金和生产力;由于这个缘故,每一代一方面在完全改变了的环境下继续从事所继承的活动,另一方面又通过完全改变了的活动来变更旧的环境。"① 因此,社会主义继承了人类改造世界的社会实践活动,既要利用人类改造世界的实践经验来建设社会主义,又要利用社会主义来继续推进人类改造世界的实践活动。俄国十月革命后,世界上第一个社会主义国家建立,列宁适时地提出了利用资本主义创造的文明成果来建设社会主义的主张。列宁指出:"有人在这里说,不向资产阶级学习也能够实现社会主义,我认为,这是中非洲居民的心理。我们不能设想,除了建立在庞大的资本主义文化所获得的一切经验教训的基础上的社会主

---

① 《马克思恩格斯文集》第1卷,人民出版社,2009,第540页。

义，还有别的什么社会主义。没有邮电和机器的社会主义，不过是一句空话而已。"① 列宁还说："我们应该利用资本主义（特别是要把它纳入国家资本主义的轨道）作为小生产和社会主义之间的中间环节，作为提高生产力的手段、途径、方法和方式。"② "如果你们不能利用资产阶级世界留给我们的材料来建设大厦，你们就根本建不成它，你们也就不是共产党人，而是空谈家。"③ 在列宁的指导下，俄国所实行的新经济政策对国民经济的恢复和发展起到了重要的作用。综上，马克思、恩格斯、列宁都曾对借鉴人类优秀文明成果来建设社会主义进行过设想，但由于无产阶级革命的首要任务是批判和推翻资本主义，所以在实践中关于人类优秀文明成果的论述并未引起广泛的重视。到了苏联和美国相对立的冷战时期，社会主义国家与资本主义国家始终处于对抗状态，要利用资本主义成果来建设社会主义更是天方夜谭。直至冷战结束后，和平与发展成为时代主题，社会主义国家借鉴人类优秀文明成果（特别是资本主义国家资金、技术以及管理和经营方式等）的时机和条件已经成熟。

资本主义文明成果是值得重视和借鉴的人类优秀文明成果。马克思恩格斯在《共产党宣言》中指出："资产阶级在它的不到一百年的阶级统治中所创造的生产力，比过去一切世代创造的全部生产力还要多，还要大。"④ 当今世界，资本主义国家的生产力水平仍大幅领先于后发国家，人类文明社会的当代文明成果，大部分还是由资本主义所创造的。社会主义代替资本主义仍需要一个较长的历史过程，在可预见的一个时期内，资本主义不仅会和社会主义共存，还会在经济文化领域处于领先的位置。因此，社会主义国家要利用国内国外两个市场，而发展生产力，发展先进的科学技术，这都需要借鉴资本主义文明成果。经济全球化时代，社会主义与资本主义共处同一个世界，无论哪一方，都是世界市场的组成部分。对社会主义国家而言，利用资本主义来建设社会主义，是一个重要的时代课题。列宁曾

---

① 《列宁全集》第34卷，人民出版社，1985，第252页。
② 《列宁全集》第41卷，人民出版社，1986，第217页。
③ 《列宁全集》第36卷，人民出版社，1985，第6页。
④ 《马克思恩格斯文集》第2卷，人民出版社，2009，第36页。

说:"不利用大资本主义所达到的技术和文化成就便不可能实现社会主义。"①"没有资本主义文化的遗产,我们建不成社会主义。除了用资本主义遗留给我们的东西以外,没有别的东西可以用来建设共产主义。"②"要进行社会主义建设,必须充分利用科学、技术和资本主义俄国给我们留下来的一切东西。"③资本主义区别于以往的社会形态,它建立在社会化生产的基础上,社会化生产与资本主义私有制之间的矛盾是其基本矛盾。社会主义可以直接利用和借鉴的是资本主义社会化生产的经验、规律和制度,特别是经营管理的方式和方法,借鉴合理因素为社会主义建设服务。

重视本国的优秀文化传统是借鉴人类优秀文明成果的前提。社会主义必须与各国的环境和条件相结合才会被人民所拥护,才能具有生命力。社会主义扎根于中国的文化土壤,与历史上延续至今的优秀文化传统相结合,发展成为具有中国特色的社会主义。中国文化历史悠久、源远流长,是世界上唯一延续至今的文明。长期稳定的历史积淀,形成了博大精深的优秀传统文化,对周边各国乃至世界文化产生了深远的影响。在继承本国优秀文化传统的时候,要坚持马克思主义的科学态度,以辩证的、发展的眼光看待传统文化。中国传统文化曾经在古代取得了辉煌的成就,但随着时代与世界的不断发展,特别是进入资本主义时代以来,中国文化前进的脚步逐渐减缓,甚至曾长期停滞。辩证唯物主义昭示,事物的优点往往与其不足相联系,中国传统文化亦然。例如,中国传统文化强调事物的整体性,却缺乏对个性的重视,而张扬个性恰恰是近代西方文化的突出特征和重大优势;中国传统文化以其重义轻利的义利观,维系了中国社会的长期稳定,但缺乏必要的生机与活力,而市场经济恰恰追求利益的最大化;中国传统文化重视社会和谐,西方文化则讲究竞争,要发展社会主义市场经济,就需要引入西方文化中的竞争。总之,借鉴人类优秀文明成果要重视本国的优秀文化传统。既要坚持传统文化的长处与优势,又要正视其缺陷和不足,扬长避短,将坚持传统文化与借鉴人类优秀文化传统结合起来,推进中国

---

① 《列宁专题文集 论社会主义》,人民出版社,2009,第133页。
② 《列宁全集》第36卷,人民出版社,1985,第129页。
③ 《列宁全集》第36卷,人民出版社,1985,第6页。

特色社会主义建设。

（三）中国特色社会主义对人类优秀文明成果的吸收与借鉴

党的十一届三中全会做出了对外开放的重大战略决策，这就为中国借鉴人类优秀文明成果指明了方向。从此，中国打开国门，与世界各国开展了全方位的交流与合作，开创了中国特色社会主义新局面。

对外开放作为建设中国特色社会主义的重大战略决策，具有重要的价值和意义。实行对外开放，将有利于开阔人民的视野，加深对其他国家乃至整个世界发展变化的了解，有助于获得世界发展的各种信息，对于解放思想、科学决策具有重要的意义。也只有实行对外开放，才能促进各国进行日常的经济、政治、文化交流，相互吸收彼此的优秀文明成果，借鉴彼此有益的经验和做法，从而大大加快经济社会的进步与发展。实行对外开放，还可以突破地域和国界对生产力发展的限制，使各种生产要素在更大的范围流动、进行优化配置，扩大生产规模和提高经济效益。从整个人类社会发展的历史看，人类文明的发展与社会的开放程度是相辅相成的关系，人类文明越是向前发展，就越要求对外开放，而社会越是对外开放，就越能促进文明的发展。在古代社会，由于生产力水平低下，人类社会实行的是自给自足的自然经济，生产的规模和生活的范围都不大，各个国家和民族之间的交往较少，基本上处于封闭和半封闭的状态，这一时期人类文明的进步速度较为缓慢。在近代社会，由于商品经济的发展和社会化生产的出现，生产、交换和消费具有了世界性，人们的活动开始超出地方和国家的限制，整个世界日益成为开放的世界，人类历史也开始真正成为世界历史。这一时期，顺应时代潮流，以开放的态度对待世界的国家会迅速崛起和强大，而违背时代潮流，闭关锁国的国家只会在人类优秀文明成果面前逐步衰落。在现代社会，随着新科技革命的发展，社会生产规模迅速扩大，经济全球化大大推动各种生产要素在世界范围大规模的快速流动。世界经济政治文化联系空前密切，各国的共同利益和需要共同解决的问题不断增加。由于交通和通信事业的高度发达，人们交往的时间大大缩短，各国之间的距离日益拉近，任何一个国家或地区所发生的重大事件都会对其他国家乃至整个世界产生影响。

吸收和借鉴人类优秀文明成果是建设中国特色社会主义的现实需要。

改革开放初期，邓小平指出："中华人民共和国建立以后，第一个五年计划时期是对外开放的，不过那时只能是对苏联东欧开放。以后关起门来，成就也有一些，总的说来没有多大发展。当然这有内外许多因素，包括我们的错误。"① 中华人民共和国成立以来的经验表明，要建设中国特色社会主义，必须坚持对外开放。"你不开放，再来个闭关自守，五十年要接近经济发达国家水平，肯定不可能。"② 要实现社会主义现代化和中华民族伟大复兴，就必须坚持对外开放。党的十一届三中全会前后，以邓小平为代表的中国共产党人注意到了当时世界上其他国家实行对外开放而迅速发展的经验。邓小平的结论是："总结历史经验，中国长期处于停滞和落后状态的一个重要原因是闭关自守。经验证明，关起门来搞建设是不能成功的，中国的发展离不开世界。"③ 这就是对外开放国策的历史和现实依据。

中国特色社会主义对人类优秀文明成果的吸收与借鉴需要遵循一定的原则，这就是古为今用，洋为中用，独立自主。中国特色社会主义理论建立在广泛吸收和利用中华民族几千年优秀文明成果的基础上，将其作为自己的重要思想渊源和理论创新的重要材料，这一过程不是简单、机械的模仿，而是结合实际的理论创新。在中国特色社会主义理论创新过程中，既有对中国传统文化的继承和吸收，又有对传统文化的批判和改造。中国特色社会主义还广泛地吸收和借鉴国外的文明成果，其中既包括其他社会主义国家的文明成果，又包括西方发达国家的文明成果。

从改革开放近40年的实践经验看，利用西方发达资本主义国家的文明成果，对开创和发展中国特色社会主义尤为重要。而借鉴人类优秀文明成果，特别是资本主义文明成果，需要从以下几个方面进行推进，一是要坚持对外开放政策。实行对外开放，是社会主义国家利用资本主义的根本途径。只有实行对外开放，社会主义国家才能开阔视野，了解世界各种信息，把握国际经济的形式和脉搏、科学技术发展的最新趋势和最新成就、各国经济的实际情况和具体政策等，抓住有利的条件和机遇发展自己，制定出

---

① 《邓小平文选》第3卷，人民出版社，1993，第90页。
② 《邓小平文选》第3卷，人民出版社，1993，第90页。
③ 《邓小平文选》第3卷，人民出版社，1993，第78页。

符合实际的国际国内政策，为自己的建设创造良好的国际环境；只有实行对外开放，社会主义国家才有可能从国外大量引进人才、资金、先进的技术和设备，学习资本主义国家的现代化的生产、经营、管理经验，以及有益的东西；只有实行对外开放，社会主义国家才能开展广泛的国际合作和各种经济、政治、文化交流，广泛参与国际分工与竞争，在世界经济大潮中奋进，在与发达资本主义国家的合作与竞争中，逐步将劳动生产率提高到国际先进水平。二是要研究当代资本主义。当代资本主义与马克思所处的时代不同，发生了重大的变化，出现了许多新特点、新问题。我们必须以马克思主义为指导，认真研究当代资本主义的一系列重大问题，如国家垄断资本主义问题、跨国公司的地位作用问题、经济全球化的问题、新科技革命的问题、信息化和知识经济的问题、金融危机问题、社会保障问题、工人参与民主管理问题、发达国家的经济社会发展趋势问题等。要通过研究，进一步认识当代资本主义，揭示其规律、特点和发展趋势，正确理解社会主义和资本主义的关系，把握有利的时机，积极而有效地利用资本主义来建设社会主义。三是要着力解决世界文明与中国实际相结合的问题。西方资本主义国家与我国的历史文化传统不同，生产力发展水平不同，社会制度不同，简言之，基本国情不同。在学习和借鉴世界文明成果的时候，不能简单照搬，一定要从中国的实际情况出发。这中间既有积极的吸收、消化和利用，也有必要的分析、批判和改造，还有进一步的发展和创造，真正从国情出发，从社会主义建设的需要出发，积极利用资本主义和整个人类的文明成果。四是要积极参与世界经济全球化进程。必须进一步将本国经济融入世界经济体系，使其成为世界市场的有机组成部分。冷战时期，社会主义国家和资本主义国家在政治和军事上尖锐对立，在经济上形成了截然不同的体制、管理办法、经营方式、法律规范、对外政策等。随着冷战的终结，中国实行改革开放政策，引入了社会主义市场经济，加入了世界贸易组织、国际货币基金组织等经济组织，利用国际国内的资源和市场建设社会主义，中国经济融入世界经济已经成为历史的必然。随着中国经济和世界经济结合成为一个整体，直接参加国际经济合作与竞争，也必然把中国的对外开放推向国际化、全球化的新阶段，从而增强中国经济社会发展的活力。

二 "中国方案"对市场经济经验与做法的借鉴

邓小平说:"社会主义要赢得与资本主义相比较的优势,就必须大胆吸收和借鉴人类社会创造的一切文明成果,吸收和借鉴当今世界各国包括资本主义发达国家的一切反映现代社会化生产规律的先进经营方式、管理方法。"① 市场经济正是"中国方案"借鉴、吸收的重要经济制度。全面深化改革开放,加快完善社会主义市场经济体制,是党中央的重大战略部署。习近平多次指出,改革开放是党在新的历史条件下带领人民进行的新的伟大革命,是党的历史上的一次伟大觉醒。改革开放是决定当代中国命运的关键一招,也是决定实现"两个一百年"奋斗目标、实现中华民族伟大复兴的关键一招。因此,要下大功夫总结和运用我国改革开放的成功经验。

(一)社会主义市场经济的启示

在中国改革开放过程中,最值得回顾和总结的,就是实行社会主义市场经济的历程。从市场取向的改革,到确立社会主义市场经济体制的改革目标,再到初步建立和完善社会主义市场经济体制,整个历程多次实现了理论和实践上的历史性突破,取得了许多重要经验。

第一,实行社会主义市场经济,在制度层面保障了中国经济的腾飞,创造了中国奇迹。作为中国改革开放以来最重大的制度创新,这一历史选择改变了中国的命运。中国共产党领导中国人民,经过长期的革命探索与艰苦奋斗,做出走社会主义道路的历史选择。社会主义能够比资本主义更好更快地发展生产力,能够避免贫富两极分化,能够给人们带来更加幸福美好的生活。随着市场机制的引入,以往高度集中的计划体制开始向市场进行改革,这是改革开放的起点。党的十一届三中全会后,"家庭联产承包责任制"在中国广大的农村开始实行,这一制度将更多的经营管理权交给农民,赋予农民独立商品生产者和经营者的身份和地位,同时大幅提升农产品收购价格。通过"家庭联产承包责任制"这一经济体制改革,我国农业实现快速发展,在农民高涨的积极性下,农产品迅速增产,带动农村脱

---

① 《邓小平文选》第3卷,人民出版社,1993,第373页。

离贫困,农村面貌焕然一新,农民生活水平大大提高。"家庭联产承包责任制"的成功使人们对于经济体制改革产生了新的认识。此后,改革在工业领域推广,并向城市中推进。随着农副产品、工业消费品等价格的陆续放开,市场迅速繁荣和扩大,商品的种类日益增多,以往长期存在的因商品短缺而不得不凭票供应的情况从根本上得到扭转。通过实践,党对市场经济改革的认识也逐步发展。党的十二大提出以计划经济为主、市场调节为辅,党的十二届三中全会提出社会主义经济是在公有制基础上的有计划的商品经济,党的十三大提出社会主义有计划商品经济的体制应该是计划与市场内在统一的体制,党的十三届四中全会以后提出建立适应有计划商品经济发展的计划经济与市场调节相结合的经济体制和运行机制。十多年的实践为市场经济改革探明了道路,总结了经验。1992年,党的十四大明确提出建立社会主义市场经济体制,并将其确立为经济体制改革的目标。从此以后,中国的社会主义市场经济体制进入了崭新的发展阶段。

第二,实行社会主义市场经济,为中国特色社会主义道路注入了鲜明特色。中国特色社会主义的特色之所在,就是把社会主义与市场经济相结合,利用市场来配置资源,发展社会主义经济,这对于世界经济来说,是一条不同于以往的创新之路。值得注意的是,资本主义社会化大生产是市场经济的先决条件,因此,市场经济在社会主义视野中,曾是资本主义社会的万恶之源,一度是非常具有负面意义的名词。马克思恩格斯正确把握人类社会和历史发展的规律,深刻揭示了资本主义最终被社会主义所代替的历史必然性,并展望了社会主义社会及其制度。他们曾做出预言,到了社会主义社会,社会主义公有制将代替资本主义私有制,生产资料归劳动人民所有,社会生产的无政府状态被有计划的统一生产所取代。列宁也曾经认为,世界上任何法律都无法消灭剥削和不平等,除非消灭市场经济,消灭货币权力和资本力量。社会主义的基本特征是公有制,而计划经济又是公有制的基本特征。

20世纪90年代初期,苏联和东欧的社会主义政权相继倒台,世界社会主义事业陷于低谷。但就是在同一时期,中国的市场经济改革迎来了发展新阶段。党的十四大提出,为进一步解放和发展生产力,我国经济体制改革目标是建立社会主义市场经济体制。社会主义市场经济一旦与社会主基本制度相结合，社会主义在资源配置方式上具有的独特优势就能够与市场经济体制优势联合，将实现一加一远远大于二。经过实践，人们对社会主义的认识取得了重大的突破，中国特色社会主义市场经济驶入发展快车道。历史经验表明，中国道路之所以成功，就在于实现了社会主义基本制度同市场经济相结合。这条道路探索出全新的社会发展模式，它不仅是对西方传统政治经济学理论的突破，也是对传统社会主义经济模式的超越。由此，社会主义市场经济体制成为中国方案的一个鲜明特色，也成为中国特色社会主义道路最生动的诠释。

　　第三，实行社会主义市场经济，是中国共产党对"什么是社会主义，怎样建设社会主义"的创造性回答，是对社会主义认识的新思想、新观点、新论断，是对世界社会主义发展的重大贡献。社会主义理论从提出到现在，有500年的历史。而社会主义实践从俄国十月革命建立第一个社会主义国家开始到现在，仅仅有100年的历史。在整个20世纪的前60多年，世界上的各个社会主义国家基本都没有跳出计划经济体制，社会主义发展模式是单一而僵化的。到了20世纪的后30多年，中国特色社会主义在世界舞台上熠熠生辉，真正开辟出社会主义新境界。经过对传统社会主义的反思，中国特色社会主义突破传统理论与观念，以一系列新思想、新观点、新成果，科学地且充满创造性地回答了"什么是社会主义、怎样建设社会主义"这一重大理论和现实问题。中国共产党立足基本国情，带领人们重新认识了社会主义，例如，"计划经济不等于社会主义，资本主义也有计划；市场经济不等于资本主义，社会主义也有市场。计划和市场都是经济手段。计划多一点还是市场多一点，不是社会主义与资本主义的本质区别"[①]；"公有制实现形式可以而且应当多样化。一切反映社会化生产规律的经营方式和组织形式都可以大胆利用"[②]；"股份制是现代企业的一种资本组织形式，有利于所有权和经营权的分离，有利于提高企业和资本的运作效率，资本主义可以用，社会主义也可以用"[③]；"非公有制经济是我国社会主义市场经济的

[①]《十三大以来重要文献选编》（下），人民出版社，1993，第2069页。
[②]《十五大以来重要文献选编》（上），人民出版社，2000，第21页。
[③]《十五大以来重要文献选编》（上），人民出版社，2000，第488页。

重要组成部分"[①]；等等。这样的超越了传统社会主义理论的新观点、新论断，拓展了社会主义的理论内涵，创新了社会主义的现实形式，深化了人们对社会主义的科学理解，使人们在"什么是社会主义、怎样建设社会主义"的问题上达成共识。世界社会主义运动也因此有了全新的视野。

第四，在社会主义条件下搞市场经济，彻底突破了西方政治经济学，是人类在经济领域史无前例的伟大探索和艰辛创造。从市场经济体制建立的时间线来看，市场化改革的初始阶段是1978~1991年，社会主义市场经济体制的初步确立是1992~2002年，社会主义市场经济体制的完善阶段是2003年至今。

1993年11月，党的十四届三中全会在社会的热切期盼中召开。会议审议通过的《中共中央关于建立社会主义市场经济体制若干问题的决定》，是建立社会主义市场经济体制的又一个重要文献。社会主义市场经济体制的基本框架被搭建起来，其基本内容是：建立现代企业制度，培育发展市场体系，建立健全宏观调控体系，建立合理的收入分配制度和社会保障制度，实现五个方面的有机统一。

1997年9月，党的第十五次全国代表大会在北京召开，会议审议通过了《高举邓小平理论伟大旗帜，把建设有中国特色社会主义事业全面推向二十一世纪》的报告，针对基本经济制度、所有制、股份制等重大而敏感的问题作了回答。这一报告具有里程碑意义，在这个报告中，党中央正式确立了社会主义初级阶段的基本经济制度，这就突破了传统的所有制理论，从机制和体制上扫清了障碍，大大促进了社会主义市场经济的发展。

2001年12月11日，中国成为世界贸易组织的第143个正式成员，中国的对外开放进入新阶段。外部环境的变化和国内经济的发展为社会主义市场经济体制改革带来了新机遇，也提出了新问题。在这样的背景下，中国共产党第十六次全国代表大会提出了要建成完善的社会主义市场经济体制的目标任务，具体的时间就是21世纪的前20年内。2003年10月，党的十六届三中全会召开，会议审议通过的《中共中央关于完善社会主义市场经济体制若干问题的决定》在总结近十年市场经济实践经验的基础上，进一

---

① 《十五大以来重要文献选编》（上），人民出版社，2000，第22页。

步提出了完善社会主义市场经济体制的新思路、新要求以及总体方案。完善社会主义市场经济体制的新思路和新要求是：以科学发展观为指导，按照统筹城乡发展、统筹区域发展、统筹经济社会发展、统筹人与自然和谐发展、统筹国内发展和对外开放的要求，在更大程度上发挥市场在资源配置中的基础性作用。具体来看，在所有制形式、产权制度、发展非公有制经济等很多方面，该决定都有所突破与创新。例如：提出大力发展混合所有制经济，让国有资本、集体资本和非公有资本等参股经营，使股份制成为公有制的主要实现形式；提出所有制的核心和主要内容是产权，要"建立归属清晰、权责明确、保护严格、流转顺畅的现代产权制度"；提出"放宽市场准入，允许非公有资本进入法律法规未禁入的基础设施、公用事业及其他行业和领域"。

经过 21 世纪前 20 年的实践，中国共产党对社会主义市场经济改革积累了更为丰富的经验，对社会主义市场经济体制的完善再次形成新思想、新观点。党中央把完善社会主义市场经济体制和转变经济发展方式摆到了经济建设中的突出重要位置，同时也反映出这两者之间存在的重要关系。经济体制改革的核心是处理好政府与市场的关系，必须更加尊重市场规律，更好地发挥政府作用。这实际上就是完善社会主义市场经济体制的新路径。通过对社会主义市场经济改革经验的总结与提炼，中国共产党进一步加深了对社会主义市场经济规律的科学认识。

总之，建立和完善社会主义市场经济体制，是被中国道路所证明的社会主义改革发展的必由之路，是前人克服种种困难留给我们的宝贵经验。时代还在发展，使命依旧在前，必须进一步凝聚共识、积累力量、增强信心、鼓足干劲，持续推进社会主义市场经济改革。

（二）深化社会主义市场经济体制改革

党的十八届三中全会指出，全面深化改革的重点是经济体制改革，处理好政府和市场的关系是核心问题，要使市场在资源配置中起决定性作用和更好发挥政府作用；而市场在资源配置中起决定性作用的基础，是建设统一开放、竞争有序的市场体系。

1. 提升市场配置资源的决定作用

2013 年 11 月，党的十八届三中全会在北京召开。会议审议通过《中共中央关于全面深化改革若干重大问题的决定》，其遵循市场经济的一般规律，明确了全面深化改革的重点，即经济体制改革，强调要把市场与政府的关系作为核心问题来寻求理论和实践的突破，同时对市场的地位和作用做出了全新定位，即市场在资源配置中起决定性作用。根据经验，在社会经济活动中，资源相对于人们的需求而言是稀缺的。要产出满足人们需要的产品，就必须对相对稀缺的资源进行合理配置。政府和市场是现代市场经济条件下，资源配置的两大方式，它们各具优缺点。

政府配置方式就是由政府来制订国民经济发展计划，然后经过行政审批等政府手段来统一管控和分配资源。这种方式的优点是在一定条件下从整体上协调国民经济的发展，可以集中力量办大事。但它的缺点同样明显，那就是缺乏竞争，如何配置全部由政府来计划，容易产生资源配置不合理以及资源浪费。政府配置方式在经济结构简单、人们需求单一的条件下可以发挥最大作用，但随着经济的发展，产业结构逐步升级，人们的需求日趋多样化，需要经过层层审批的政府配置方式无法适应市场的要求，势必要引入新的资源配置方式。由此，第二种资源配置方式即市场配置方式开始在国民经济中发挥作用。

市场配置方式的优点在于可以在最大程度上提高资源配置效率。市场的各主要因素，包括市场供求、价格、竞争等共同构成市场机制，它可以发挥能动作用，促使市场在资源配置中起决定作用。具体来说，供求关系作为市场的基本要素，将供求双方有机联系在一起。首先，供给者以商品换取货币，需求者以货币换取商品；其次，商品与货币能够实现交换，要看价格是否合理；最后，商品价格是商品价值的货币表现形式，它反映的是市场的供求关系，而实际上，供求关系就是竞争。市场竞争一旦出现，就要求供求双方围绕商品质量与价格进行博弈。在市场经济中，竞争恰恰渗透在生产和流通的各个环节，为整个市场经济注入生机与活力。总之，正是在供求、价格和竞争三大要素的相互依赖、相互作用的过程中，市场机制才发挥出配置资源的决定作用。

2. 优化政府与市场的关系

对于市场与政府的作用与功能，党的十八届三中全会作了明确的界定。政府的职责范围是：宏观调控、市场监管、公共服务、社会管理、保护环境。具体包括：保持经济总量平衡、促进重大经济结构的协调和优化生产力布局；定价范围限定在重要公用事业、公益性服务、网络型自然垄断环节，而且要接受社会监督；最大限度减少中央政府对微观事务的管理，市场机制能够有效调节的经济活动一律取消审批；投资审批只涉及全国重大生产力布局、战略性资源的开发和重大公共利益等项目。正是基于此，需要通过改革，纠正政府在管理公共部门、公益经济上的越位和缺位，加快政府审批改革和落实的步伐，主动从竞争性的经济活动中退出，解除对竞争性商品价格的管制或干预；短期内不能完全依靠市场竞争，仍需由政府定价的商品和服务，其价格形成和制定也要反映市场供求、资源稀缺程度、环境损害成本和修复效益，进行合理定价，提高定价的透明度，接受社会的监督。

要转变政府职能，关键在于处理好以下几点。

首先，处理好简政放权与加强管理和服务的关系。切实转变政府职能，离不开简政放权与加强管理和服务这一枚硬币的两面。简政放权是为了激发市场主体的创造活力，使市场在资源配置中起决定性作用；加强管理和服务是为了使政府转移工作重点，更好地发挥作用，以创造良好发展环境、提供优质公共服务、维护社会公平正义。在新一轮政体制改革与转变政府职能中，简政放权、深化行政审批制度就是突破口和抓手。

其次，处理好不同层级政府间的关系。作为世界上最大的单一制国家，我国实行的是由中央统一领导，地方分级管理的体制。由于国土面积辽阔，我国各地域间存在一定差异，经济与文化发展并不平衡。随着经济社会的发展，人民群众各个层次的需求日益增多，政府的服务事项也越来越呈现出多而杂的特点。整体设计、统筹考虑、上通下达是转变政府职能的有效途径。中央的权威和政府的政令需要维护，地方、基层的积极性也要鼓励。在坚持上下一盘棋的同时，按照地区差异通盘考虑，在顶层设计下进行分类指导，做到因地制宜。

再次，合理配置权力，建立权力运行和监督体系。判断一个国家和地区文明发展水平，特别是政治水平的重要标志之一，就在于是否科学配置权力、是否良性协调运转、是否有效进行监督。《中共中央关于全面深化改革若干重大问题的决定》指出，必须构建决策科学、执行坚决、监督有力的权力运行体系，形成科学有效的权力制约和协调机制。实现这一目标，关键在于深入把握权力运行基本规律，以科学的制度设计为支撑，在行政审批目录的基础上，逐步向"权力清单"和"负面清单"管理迈进。对保留的审批事项，各部门一律以清单方式向社会公开，目录之外一律禁止审批，切实解决"权力无边"的问题，实现"法无授权，政府和部门不可为"。[1]

最后，进行行政管理和服务方式创新，正确处理直接管理和间接管理的关系，实现国家治理体系和治理能力现代化。因此，政府工作状态势必发生改变，以现代化为目标提升行政管理水平和服务能力，以服务型政府替代管制型政府。进一步变革行政管理和服务方式，建立规则导向，改变权力导向；建立社会本位，改变政府本位；建立疏导渠道，改变权威管制。以经济、法律手段为主，以必要的行政手段为辅，多种手段相协同，健全宏观调控体系，切实加强宏观调控的预见性与科学性，确保其有效性；鼓励并支持社会各方面共同参与社会治理，通过政府治理以及社会自我调节、居民自治，推进社会共同治理。

3. 建设统一开放、竞争有序的市场体系

党的十四届三中全会制定了社会主义市场经济体制的总体规划，提出为了实现城乡市场的结合、国内外市场的衔接、资源配置优化的目标，要建立全国统一开放的市场体系。市场体系是一个有机的整体，在这个有机体中，各类市场相互联系、相互作用。市场体系既包括生产要素市场，也包括商品市场，因此，单一的市场是不能组成市场体系的，必须实现各类市场的有机统一。

经过近40年的改革开放，中国特色社会主义市场体制改革取得了显著的成果，较为健全的商品市场已经形成，绝大部分商品价格已放开，并实现了市场的自主调节。国家虽然控制少数产品和服务的价格，但市场规律仍是其定价时所需尊重的重要因素。当今世界，生产要素出现稀缺性与流动性的特征，市场组织形式也有所改变，这些都是现代市场体系着重强调的要素。生产要素的交易发生于生产要素市场之中，主要包括金融市场、

---

[1] 薄贵利：《加快转变政府职能》，《人民日报》2014年5月21日。

劳动力市场、土地市场和技术市场。现代市场体系具备统一开放、竞争有序的基本特征。

市场是统一的。现代市场体系的核心与灵魂就是通过统一性来体现的,市场规则的一致性、市场要素的自由流动性、市场价格的均衡性、不同市场价格之间的关联性等都是统一性的具体表现形式。现代市场体系的形成以市场的统一性为基础,这一体系也为促进社会总需求与总供给的均衡、国民经济各部门和地区的有机联结、提高经济效益创造必要的条件。

市场是开放的。对外开放是开放,对内开放实际上是更为重要的开放。所谓对内开放,即地区、部门之间的相互开放。有研究表明,在过去的20年间,我国的国内市场一体化程度显著加强,省际的贸易依存度处于不断上升的态势。其中,由于东部地区的开放程度较高,东部地区的省际贸易依存度要高于中西部地区。但与此同时,我国国内市场一体化的速度要比国际市场慢,为提升省际贸易比重,需要进一步增强地区之间的相互开放。有些市场领域的准入限制不够妥当,难以落实非公有制经济的准入机制,导致相关领域缺乏竞争,难以优化配置各类资源,资源转化率偏低。

市场是竞争的。竞争是市场经济的显著特征,要使市场在资源配置中充分发挥决定性作用,就只有建立和健全竞争性的市场体系。为建立竞争性的市场体系,国有经济必须重新调整布局,实行政企分开、政资分开、政府监管、特许经营等方面的改革,通过竞争提高公共资源配置效率,营造有利于市场主体的平等竞争的市场环境。

市场是有序的。统一的市场规则是维系全国统一市场体系正常运行的关键。要防止权力对经济的渗透,就必须减少行政干预。具体来说,就是要从竞争规则、营商环境入手,通过规则的完善、环境的改善来约束行为主体依法办事,提高政府权力的透明度,减少或避免随机干预,建立责任追究制度。

建立健全以市场为基础的价格形成机制是完善现代市场体系的核心。通过市场规划、市场价格、市场竞争等市场机制来实现市场对资源配置的决定性作用。而要理顺并保持合理价格关系、优化资源配置、完善现代市场体系,就必须进一步完善市场决定价格的机制,这也是深化经济体制改革,完善社会主义市场经济体制的重大举措。当前,在消费品和生产资料价格这些领域，我国市场机制配置资源的效果良好，但价格改革的任务依旧艰巨。在改革开放接近40年的今天，进一步理顺价格关系、完善价格形成机制，是我国社会主义市场经济所面临的迫切课题。一句话，要促进经济发展方式转变，真正实现市场在资源配置中的决定性作用。

（三）社会主义市场经济的经验

虽然开创世界历史并不是资本主义生产的根本目的，但资产阶级确实开创了世界历史。"资产阶级社会的真实任务是建立世界市场（至少是一个轮廓）和以这种市场为基础的生产。"[①] 如果说历史向世界历史转变的重要标志就是"建立世界市场"，那么，"以这种市场为基础的生产"则是不同民族和国家走向世界历史、进入世界市场的基本经济体制。社会主义国家曾经对市场经济避之不及，直至邓小平以更加宏观的世界历史视野，提出"社会主义也可以搞市场经济"。近40年改革开放的实践证明，中国得以走向世界历史的基本经济体制正是社会主义市场经济体制。

马克思一直坚持把资本主义制度的产生、发展和危机同世界市场相联系，从更加宏大的视角来分析资本主义社会。他指出："我考察资产阶级经济制度是按照以下的顺序：资本、土地所有制、雇佣劳动；国家、对外贸易、世界市场。"[②] 社会主义作为资本主义的对立物和替代物，其存在与发展也是和世界市场紧密联系在一起的。马克思同样把世界市场与社会主义相联系来构建自己的理论体系，他认为，世界市场的存在与发展正是社会主义所需要的最重要的前提条件。这是因为生产力的普遍发展和与此相关的世界交往的普遍发展，必须以世界市场的形成与充分发展为前提。马克思指出："共产主义对我们来说不是应当确立的状况，不是现实应当与之相适应的理想。我们所称为共产主义的是那种消灭现存状况的现实的运动。这个运动的条件是由现有的前提产生的"，"这种状况是以世界市场的存在为前提的"。[③] 社会主义需要一系列的总体条件，而构成这些总体的前提正是世界市场的存在。通过将社会主义与世界市场相联系，马克思为我们指

---

① 《马克思恩格斯全集》第29卷，人民出版社，1972，第348页。
② 《马克思恩格斯选集》第2卷，人民出版社，1995，第31页。
③ 《马克思恩格斯选集》第1卷，人民出版社，1995，第87页。

明了社会主义利用世界市场的方向。

随着全球化进入新阶段,世界历史的发展也有了全新的契机。世界市场的进一步完善,无论是在深度还是广度上,世界各国对世界市场的依赖都空前加强。首先,如何扩大世界市场是西方发达国家普遍面临的问题。当前,在世界经济体系中,占决定性支配地位的依然是西方发达国家。但即便如此,西方发达国家自身依然面临着发展速度以及再发展的问题。对西方发达国家而言,这个问题的核心是"贸易要找出路,市场要找出路,不解决这个问题,你们的发展总是要受到限制的"[1]。众所周知,西方发达国家在二战结束后垄断了世界范围的资本输出和技术输出,这也造成了世界市场的压缩,发达国家的发展空间接近极限。因此,"如果只在发达国家中间兜圈子,那是很有限度的"[2]。发达国家要解决发展速度的问题,就只有先帮助发展中国家发展;发达国家要破解再发展的难题,就必须进一步扩大和融入世界市场。

其次,如何利用世界市场是广大发展中国家普遍面临的问题。由于基础落后,发展起点低,发展中国家必须充分利用世界市场,才能实现自身的社会发展目标。然而,出于历史原因,发展中国家与发达国家在世界市场中的地位明显不平等,经济发展也极不平衡,发展中国家的利益始终受到发达国家的威胁。因此,为了摆脱对发达国家的依附,保持自身发展,发展中国家就必须坚持独立自主,这也是其融入世界市场的先决条件。除了与发达国家加强联系,发展中国家还要利用世界市场,与发展中国家开展密切而广泛的合作。在世界范围内,有一种被实践所证明的有效的经济合作模式,即"南南合作"。通过南南合作,区域性的世界市场在发展中国家之间形成。由于各国发展水平相当,国与国之间的经济交往基本不存在阻力,人员、资金、技术的内部流动也将大大提高区域经济的竞争力。近年来,各个发展中国家发展势头良好,南南合作取得了丰富的成果和经验。以中国为例,自20世纪90年代起,中国—东盟合作机制、上海合作组织、中非合作论坛、金砖国家对话等交流与合作多路并进,中国与世界发展中

---

[1] 《邓小平文选》第3卷,人民出版社,1993,第106~107页。
[2] 《邓小平文选》第3卷,人民出版社,1993,第79页。

国家的合作日益加强。

再次,社会主义国家面临一个难题,即如何正确把握世界市场的双重作用。资本主义国家始终妄图搞垮社会主义国家,其针对社会主义所进行的全方位渗透一直试图利用世界市场作为媒介。邓小平在谈论世界市场时,着重强调了世界市场的双重作用。一是要坚定不移地进入世界市场、利用世界市场,"要引进国际上的先进技术、先进装备,作为我们发展的起点"。[1] 二是要深刻认识世界市场的负面影响,警惕资本主义利用在世界市场的主导地位来抢夺话语权、动摇社会主义价值取向的意图。"因为如果我们不坚持社会主义,最终发展起来也不过成为一个附庸国,而且就连想要发展起来也不容易。现在国际市场已经被占得满满的,打进去都很不容易。只有社会主义才能救中国,只有社会主义才能发展中国。"[2]

马克思主义认为,在产品经济占统治地位的社会形态,即共产主义社会,人才能实现自由全面发展。在这种社会形态下,"表现为生产和财富的宏大基石的,既不是人本身完成的直接劳动,也不是人从事劳动的时间,而是对人本身的一般生产力的占有,是人对自然界的了解和通过人作为社会体的存在来对自然界的统治,总之,是社会个人的发展"[3]。这一社会形态显然比市场经济占统治地位的社会形态更加高级,而产品经济完全替代市场经济是这一社会形态的标志。虽然如此,商品经济并非被人为地限制或取消,这种代替的前提依然是市场经济的充分发展。因此,市场经济具有世界历史意义。有序渐进是人类社会发展的特征,就像人类历史不可能由地域的民族历史一步进入世界历史,人类要跨入充分发展的产品经济,不可能从局部范围的、有限的自然经济实现一步式的跨越。在世界历史发展中,商品经济和市场经济既是经济基础,又是自然经济向产品经济过渡的中间环节,是社会经济发展不可逾越的阶段,有着特殊的地位和作用。商品经济和市场经济具有存在和发展的历史必然性和合理性,这是因为高度发达的社会生产力还没有形成。而社会主义社会最终过渡到以完全产品

---

[1] 《邓小平文选》第2卷,人民出版社,1994,第133~134页。
[2] 《邓小平文选》第3卷,人民出版社,1993,第311~312页。
[3] 《马克思恩格斯全集》第46卷下册,人民出版社,1976,第218页。

经济为基础的共产主义社会所不可缺少的基础和动力,正是现代化的市场经济。

作为私有制社会的产物,市场经济在资本主义制度下获得了空前的发展与繁荣。但是,这并不能说明市场经济是私有制的专利。事实上,并非只有在资本主义社会才能实行市场经济体制。市场经济体制的性质取决于与私有制结合在一起,还是与公有制结合在一起。中国特色社会主义道路通过实践给出了中国方案,即可以有社会主义市场经济体制。

市场经济可以在社会主义社会存在。通过批判资本主义剥削制度,马克思揭示了资本主义市场经济的内在矛盾,得出了合乎逻辑的推论,即计划经济是社会主义公有制的最佳实现形式,产品经济是社会主义经济运行的全部内容。在相当长的一段时间里,无产阶级政党和社会主义国家一直以这一理论为指导,并把它当成社会主义的重要本质特征。但在实践中,这一理论在人的脑海中造成了社会主义与计划经济画等号、市场经济与资本主义画等号的固有观念和思维定式。受此影响,社会主义国家的世界历史进程出现了严重的挫折,除了根本性的生产力增长缓慢,诸如平均主义、腐败行为等新的社会矛盾与问题集中爆发,人们不得不从经济体制的角度开始反思社会主义国家的建设之路。邓小平提出,社会主义也可以搞市场经济。在结合世情与国情、总结历史经验的基础上,社会主义市场经济理论得以创立。邓小平说:"为什么一谈市场就说是资本主义,只有计划才是社会主义呢?计划和市场都是方法嘛。只要对发展生产力有好处,就可以利用。它为社会主义服务,就是社会主义的;为资本主义服务,就是资本主义的。好像一谈计划就是社会主义,这也是不对的。"[①] 邓小平在这里将市场经济与特定的所有制关系进行剥离,对市场经济的相对独立性和特定历史作用有了更准确、更清醒的认识。

社会主义必须搞市场经济。邓小平认为,社会主义利用世界市场的一种有效形式就是建立社会主义市场经济体制。"不搞市场,连世界上的信息都不知道,是自甘落后。"[②] 随着世界经济国际化趋势的不断增强,世界各

[①] 《邓小平文选》第3卷,人民出版社,1993,第203页。
[②] 《邓小平文选》第3卷,人民出版社,1993,第364页。

地的国内市场、区域市场越来越密切地和世界大市场接轨。世界已经形成了一个统一的、无所不包的大市场。市场经济是世界市场体系的基础，它要求各国按照市场规则和国际惯例进行商品的自由贸易和生产要素的直接流动，实现资源的全球配置。为了适应这一要求，必须建立符合规范的社会主义市场经济体制，唯有如此，才能加快社会主义现代化建设的步伐，这是中国进一步走向世界的必然选择。此外，社会主义还与市场经济具有内在联系。中国的社会主义制度脱胎于极度落后的半殖民地半封建社会，而非相对发达的资本主义，因而初级阶段是中国特色社会主义的当前发展阶段。在社会主义初级阶段，商品经济极不平衡，市场经济很不发达。我国社会主义现代化建设最迫切的任务，就是实现从传统的计划经济体制向社会主义市场经济体制转变。

总之，社会主义市场经济是社会主义与市场经济的有机结合体。社会主义的基本制度保证了市场运作的方向，调节市场自身无法克服的矛盾，抑制市场的某些弱点和负面效应，从而使广大人民在市场经济中共同受益。与此同时，市场经济的运作机制，起着在社会主义基本制度下合理地调节和分配社会资源，更好地解放和发展生产力的作用。社会主义市场经济是一个完整的经济形态，它不仅解决了社会主义社会生产力的发展形式问题，而且创造了一种新型的现代化生产方式和经济制度，从而开拓了一条社会主义社会文明的新型道路。我国社会主义市场经济的实践充分说明，建立社会主义市场经济体制，有利于适应世界经济全球化这一历史发展潮流，有利于与世界性的市场经济接轨，有利于充分利用世界市场的资源配置机制，吸收和借鉴人类一切文明成果，在国际竞争中求得生存和发展，逐步跨入世界先进国家的行列，获得"世界历史性"的存在。

三 "中国方案"对生态文明建设有益成果的借鉴

实现人的自由活动是文化的本质与核心，正是在人的意义和价值尺度上，文化与自由建立起内在的关联性。马克思认为，人的实践活动是自然、人类社会与历史的现实基础，"这种活动、这种连续不断的感性劳动和创造、这种生产，正是整个现存的感性世界的基础"①。这个世界是一个文化世界，人通过实践和文化活动摆脱盲目必然性，最终扬弃异化，实现全面发展。马克思指出："人以一种全面的方式，也就是说，作为一个完整的人，占有自己的全面的本质。人同世界的任何一种人的关系——视觉、听觉、嗅觉、味觉、触觉、思维、直观、感觉、愿望、活动、爱，——总之，他的个体的一切器官，正象在形式上直接是社会的器官的那些器官一样，通过自己的对象性关系，即通过自己同对象的关系而占有对象。对人的现实性的占有，它同对象的关系，是人的现实性的实现，是人的能动和人的受动，因为按人的含义来理解的受动，是人的一种自我享受。"②马克思在这里表述了人的全面发展思想。人不同于动物或其他自然存在物，超越与创造、自由与自觉是人的活动的独有特征。从这个意义上讲，实现人的全面发展具有文化意义，无论是人的生存方式，还是人日常生活的世界，都体现出文化的本质要求，即人的自由对自然和本能的扬弃与超越。

近代以来，人与自然的关系问题日益凸显，生态危机、环境恶化、战争阴霾的相继出现使人们不得不正视人的实践与文化活动对自然造成的影响。从本质上看，人的实践活动就是文化的活动，而在这一活动中，人的生存与自然的生存应该处于和谐状态。人的全面发展是自由的，是与自然相协调的，人的生存与实践既要符合自然规律，也要为创造美好自然贡献力量。由此，通过人的实践活动，文化与自然实现了相互间的共同塑造。

"中国方案"对生态文明建设有益成果的借鉴，同样是一个实践过程。近代以来，人们总结并反思传统工业文明的发展，探寻建立一种可持续发展的社会方案。继原始文明、农业文明、工业文明后，生态文明是一种新型文明形态。人们越来越意识到，人与自然是生命共同体，人类必须尊重自然、顺应自然、保护自然。人与自然的和谐共处是生态文明的行为准则和价值标准。当今世界，人们的生存方式、生活方式和价值观念正发生着革命性的变化，这一切都与生态文明的迅速兴起密不可分。生态文明顺应时代发展趋势，直接关系到国家发展、社会进步和人民幸福。

---

① 《马克思恩格斯选集》第 1 卷，人民出版社，1995，第 77～78 页。
② 《马克思恩格斯全集》第 42 卷，人民出版社，1979，第 123～124 页。

在党的十九报告中，习近平强调，我们要"加快生态文明体制改革，建设美丽中国"。"我们要建设的现代化是人与自然和谐共生的现代化，既要创造更多物质财富和精神财富以满足人民日益增长的美好生活需要，也要提供更多的优质生态产品以满足人民群众日益增长的优美生态环境需要。""生态文明建设功在当代、利在千秋。我们要牢固树立社会主义生态文明观，推动形成人与自然和谐发展现代化建设新格局，为保护生态环境做出我们这代人的努力！"社会主义的"中国方案"借鉴生态文明思想及其有益成果，为加快生态文明体制改革，建设美丽中国做出了积极的贡献。

（一）社会主义生态文明建设理论的形成与发展

建设生态文明是中华民族永续发展的千年大计。对社会主义生态文明建设的理论，中国共产党的认识也经历了一个不断深化的过程。中华人民共和国诞生后，根据不同历史时期中国发展的具体实际，党中央围绕人与自然的关系问题，适时地提出了一系列科学认识与科学理论，大大地推动了我国生态文明建设。

毛泽东指出："认清中国的国情，乃是认清一切革命问题的基本的根据。"[①] 从地理上看，中国虽然幅员辽阔，资源却相对不足，生态环境保护问题压力较大。面对人口众多且分布不均、人均资源少、生态环境相对脆弱的基本情况，以毛泽东同志为核心的党的第一代领导集体提出了一些保护生态环境的主张。例如，号召绿化祖国、实现大地园林化；提出治理黄河、海河、淮河的分流域综合治理思想；提倡厉行节约，为社会主义现代化建设节约每一度电、每一滴水；等等。1973年8月，国务院召开第一次全国环境保护会议。会议提出，对于环境问题，"现在就抓，为时不晚"，制定了"全面规划、合理布局、综合利用、化害为利、依靠群众、大家动手、保护环境、造福人民"的环境保护工作方针，审议并通过了第一个环境保护文件《关于保护和改善环境的若干规定》，中华人民共和国现代环保事业由此兴起。

党的十一届三中全会以后，社会主义现代化建设提速，我国在经济领域取得辉煌成绩的同时，环境问题却日益严重。以邓小平同志为核心的党

---

① 《毛泽东选集》第2卷，人民出版社，1991，第633页。

的第二代领导集体立足改革开放和社会主义现代化建设的大局，将人口控制、资源节约和环境保护视为社会主义现代化建设的重要内容。1982年9月，党的十二大提出，要把全部经济工作转到以提高效益为中心的轨道上。1987年10月，党的十三大进一步提出，要从粗放经营为主逐步转向集约经营为主的轨道。这一时期，对环境保护的立法工作更是将环境保护工作推进至空前高度。1979年9月，《中华人民共和国环境保护法（试行）》颁布，第一次在法律上要求各部门和各级政府在制订国民经济和社会发展计划时，必须统筹考虑环境保护，为实现环境和经济社会协调发展提供了法律保障。1983年12月，国务院召开第二次全国环境保护会议，明确提出环境保护是国家的一项基本国策，并制定了"经济建设、城乡建设和环境建设要同步规划、同步实施、同步发展，做到经济效益、社会效益和环境效益相统一"的方针。1984年5月，国务院发出《关于加强环境保护工作的决定》，将环境保护纳入国民经济和社会发展计划，提出要在经济发展的同时重视生态环境建设。

十三届四中全会以后，党中央深刻把握我国国情，制定和实施了可持续发展战略，把控制人口、节约资源、保护环境放到重要地位，使人口增长与社会生产力的发展相适应，使经济建设与资源、环境相协调，实现良性循环。1997年9月，党的十五大明确把可持续发展战略定为我国现代化建设中必须实施的战略，把完善分配结构和分配方式，调整优化产业结构、不断改善人民生活作为经济发展的主义内容，强调正确处理经济发展同人口、资源、环境的关系，资源开发和节约并举，提高资源利用效率。2002年11月，党的十六大报告提出走经济效益好、资源消耗小、环境污染少、人力资源得到充分发挥的新型工业化道路，大力发展循环经济。这些思想的提出都为社会主义生态文明建设理论的形成与发展奠定了基础。

党的十六大以来，中国经济快速增长，但能源、资源、生态环境为此付出了极大的代价，经济发展与生态建设出现严重不协调的情况。为应对新情况，保障经济和生态环境协调发展，党中央制定了一系列政策措施。2007年，党的十七大报告正式阐述建设生态文明，提出要将生态文明建设作为实现全面小康社会的奋斗目标，要基本形成节约能源资源和保护生态环境的产业结构、增长方式和消费模式。党的十七届五中全会提出，要进一步转变经济增长方式,建设资源节约型和环境友好型的新型社会,不断提高生态文明水平。

生态文明建设事关国家建设和发展的总布局。在建设中国特色社会主义事业的过程中,生态文明建设应占据更加突出的位置。努力建设美丽中国,实现中华民族永续发展是未来生态文明建设的宏伟目标,这标志着社会主义生态文明建设理论的正式确立。这一理论的确立,标志着我们对文明的认识达到新的阶段,对科学发展的认识达到新的境界。党的十八大以来,以习近平同志为核心的党中央站在历史的高度,从"五位一体"总体布局的战略要求出发,对生态文明建设提出了一系列新思想、新观点、新要求。2013年5月,习近平在中央政治局第六次集体学习时强调指出:"要正确处理好经济发展同生态环境保护的关系,牢固树立保护生态环境就是保护生产力、改善生态环境就是发展生产力的理念,更加自觉地推动绿色发展、循环发展、低碳发展,决不以牺牲环境为代价去换取一时的经济增长。"[①] 同年9月,习近平在哈萨克斯坦纳扎尔巴耶夫大学发表演讲后回答学生提问时,提出人与自然相和谐、经济与社会相和谐的"两座山"的观点,既要金山银山,又要绿水青山,绿水青山就是金山银山。2014年3月,习近平在参加贵州代表团审议时指出,小康全面不全面,生态环境质量是关键。2017年10月18日,习近平在党的十九大报告中指出,建设生态文明是中华民族永续发展的千年大计。必须树立和践行绿水青山就是金山银山的理念,坚持节约资源和保护环境的基本国策,像对待生命一样对待生态环境,统筹山水林田湖草系统治理,实行最严格的生态环境保护制度,形成绿色发展方式和生活方式,坚定走生产发展、生活富裕、生态良好的文明发展道路,建设美丽中国,为人民创造良好生产生活环境,为全球生态安全做出贡献。这一系列深刻的论述,进一步指明了加强社会主义生态文明建设的必要性和重要性。

(二)社会主义生态文明建设的理论内涵

社会主义生态文明建设必须立足于中国社会主义初级阶段的基本国情,同时顺应时代潮流,体现时代要求。从这个意义上讲,社会主义生态文明

---

① 《习近平谈治国理政》,外文出版社,2014,第209页。

建设是实现可持续发展的一项系统性工程,具有多方面的指向和多层次的内涵。

作为对马克思主义生态文明思想的继承和发展,社会主义生态文明建设理论是中国特色社会主义发展理论的重要组成部分,其基本内容可以从以下四个层面进行阐释。从经济层面看,在社会主义现代化建设的所有经济活动中,都必须贯彻生态文明思想,要建立人与自然和谐共处的机制体制,促进经济社会的发展。人类只有一个地球家园,要提高认识,转变经济发展方式;要调整产业结构,大力发展循环经济;要提高资源利用效率,节约利用地球资源。从政治层面看,要从政治的高度看待生态问题,要从党和政府的决策层面重视生态问题。通过加强宣传工作和思想教育工作,使各级领导干部树立生态文明发展理念,明确权责与义务,在持续推进经济社会发展的过程中,切实落实环境保护工作。从文化层面看,要倡导全民在社会主义现代化建设中树立生态意识,以生态文明理念武装群众的头脑,实现人人尊重自然、顺应自然、保护自然。在培养生态文明意识,做好宣传教育工作的同时,要理顺人与自然的关系,以社会主义生态文明建设的要求规定和指导生态环境保护的措施和方法,促使各项工作落到实处。从社会层面看,党和政府要切实肩负起社会建设事业的重任。对于社会发展中的各种问题,要及时处理;对于人民居住生活的环境,要大力优化;对不健康的生活方式,要引导改变。通过多方面的努力,树立生态文明新理念,营造良好社会氛围,实现绿色、循环和低碳发展,推动人民实现科学、健康、文明向上的生产和生活方式。总之,社会主义生态文明建设是一个由四个层面共同构成的科学理论体系。在这个理论体系中,经济层面是基础,政治层面是保障,文化层面是精神支撑,社会层面是根本要求,四者互为依存、相互促进。

社会主义生态文明建设是一项综合性的系统工程。其内容十分丰富,其服务面向日趋多元,要确保这一系统工程的顺利推进,必须制定科学合理的发展目标。2015年4月,党中央国务院出台了《关于加快推进生态文明建设的意见》,对加强生态文明建设做出了全面部署。社会主义生态文明建设的主要目标是:到2020年,资源节约型和环境友好型社会建设取得重大进展,主体功能区布局基本形成,经济发展质量和效益显著提高,生态文明主流价值观在全社会得到推行,生态文明建设水平与全面建成小康社会目标相适应。国土空间开发格局进一步优化,资源利用更加高效,生态环境质量总体改善,生态文明重大制度基本确立。简言之,实现这一目标的主要途径在于推进绿色发展,着力解决突出环境问题,加大生态系统保护力度,改革生态环境监管体制。

(三) 加强社会主义生态文明建设的意义

马克思主义唯物史观认为,人类社会不断发展进步的总趋势不可逆转。随着社会的不断发展,任何一种现存文明最终都会被更高的文明形态所取代。社会主义生态文明是人类文明发展到一定阶段的必然产物,加强社会主义生态文明建设具有重大意义。

第一,加强社会主义生态文明建设,是对马克思主义生态文明思想的继承和发展。马克思恩格斯对人与自然的关系的认识集中体现了马克思主义生态文明思想。在马克思恩格斯看来,自然界是人生存和发展的前提和基础,人是自然界的产物。与此同时,人可以充分发挥主观能动性,改造自然,"但是我们不要过分陶醉于我们人类对自然界的胜利。对于每一次这样的胜利,自然界都对我们进行报复"[①]。因此,人必须要按照客观规律办事,才能科学地改造客观世界。从以上论述看,经典作家对于生态文明建设的问题早有研究,这也给我们提供了建设生态文明的哲学基础。改革开放以来,伴随着多年来经济的快速增长,一些生态问题日益凸显。党中央始终以发展的眼光看待人与自然的关系,与历史和时代的发展紧密结合,确立了不同时期的工作重点。以邓小平同志为核心的党的第二代中央领导集体侧重于人、自然、社会的全面协调;党的十六大报告中把可持续发展能力不断增强、资源利用效率显著提高、生态环境得到改善、促进人与自然的和谐确定为全面建设小康社会的一项重要指标;党的十六大后,党中央又提出了坚持以人为本,全面、协调、可持续的科学发展观,对生态文明建设提出了更高的要求;党的十八大以来,以习近平同志为核心的党中央提出要大力推进生态文明建设,更加自觉地珍爱自然,更加积极地保护生态,努力走向社会主义生态文明新时代。简言之,几代中国共产党人结

---

① 《马克思恩格斯文集》第9卷,人民出版社,2009,第559~560页。

合中国现代化建设的实践，赋予了生态文明建设新的内容，丰富了马克思主义生态文明思想。

第二，加强社会主义生态文明建设，是人类文明发展的必然趋势。人类文明经历了原始文明、农业文明和工业文明三个阶段。原始文明时期，狩猎采集是人们的生活手段，那时的生产工具主要是石器，人类对自然基本可以看作没有什么消费。农业文明时期，随着生产工具和技术的不断进步，人们具有了越来越强的知识和能力去利用和改造自然，生态问题开始出现。但由于地球具有强大的自我恢复能力，大自然可以维持生态平衡，人类在这一时期依然没有对自然生态产生大的负面影响。但是到了工业文明时期，征服自然成了人类的主观动因，人类展开了规模空前的征服自然运动。人类征服自然的能力随着世界工业化浪潮不断增强，终于在20世纪达到峰值。人类的工业文明严重破坏了地球的自然生态，全球性的生态危机开始频繁发生。发生于20世纪上半叶的英、美、日等国的"八大公害事件"进一步暴露出人类过度工业化所带来的生态问题，人与自然的关系处于空前紧张的状态。20世纪70~80年代，生态问题不仅在发达国家全面爆发，在发展中国家，生态危机也随着现代化建设的提速而不断升级。人类的生存与发展终于面临前所未有的全球性生态危机。越来越多的人开始认识到，自然生态系统有其承载极限，一旦人类经济社会活动超越了这一红线，就会招致大自然的报复。同时，自然环境是人类生存的基础，一旦自然环境被破坏，不可再生，人类文明就不可能持续向前演进。如今，无论是发达国家、发展中国家，抑或是落后地区和国家，都认识到可持续发展的重要性，倡导生态文明建设已经成为世界潮流。在这一背景下，中国提出加强生态建设，构建生态文明，顺应文明转型的要求和时代发展要求，这是我们党对全球日益严峻的环境问题提出的"中国方案"。

第三，加强社会主义生态文明建设，是中国特色社会主义的重要内容。中国特色社会主义既坚持科学社会主义的基本原则，又立足中国国情，必然要求以生态文明的标准来进行建设。从基本原则看，社会主义的本质特征和核心价值是创建一种以实现人的自由全面发展为宗旨，以真正满足属于人的功能和需求为主要内容的存在方式，中国特色社会主义坚持这一本质特征和核心价值，必然要求通过建立人与自然之间的和谐联系，即创立生态文明作为一项重要的战略任务。从具体国情看，我国环境有两个重要特点，一是环境容量有限，二是生态环境十分脆弱。因此，我国不能先污染后治理，不能在实现工业文明以后再提出建设生态文明，必须在发展工业文明的同时就重视生态文明问题。与此同时，构建社会主义和谐社会是中国特色社会主义建设的基本历史任务，这要求实现人与自然之间的和谐。党的十六届四中全会明确把构建社会主义和谐社会作为党执政能力建设的重要内容。党的十六届六中全会进一步指出，社会和谐是中国特色社会主义的本质属性。社会和谐包括人与人之间的和谐、人自身的和谐、人与自然之间的和谐。三者之中，人与自然之间的和谐占据十分突出的地位，人与自然和谐是整个社会文明体系的基础。此外，中国特色社会主义注重以人为本，通过实现人与自然的统一来推进人的全面发展。中国特色社会主义把以人为本作为其理想和价值追求，这就必然要求把人与自然之间的和谐相处摆在突出位置，消除人与自然的对立，实现人的全面发展。社会主义的物质文明、政治文明和精神文明都离不开生态文明建设，没有生态文明，人类就会陷入生存危机。从这个意义上讲，生态文明是物质文明、政治文明和精神文明的前提。

第四，加强社会主义生态文明建设，是全面建成小康社会的要求。用较少的资源消耗获得较高的生活质量是全面小康社会的要求。在全面建成小康社会过程中，要避免传统的经济发展模式，避免资源消耗的增加，避免环境污染的加重。从这个意义上讲，全面建成小康社会的头等大事就是搞好生态文明建设。更为准确地说，全面建成小康社会，要确保整个社会走上生产发展、生活富裕、生态良好的文明发展道路，就必须高度重视生态建设。全面小康不仅以增加小康认可的惠及面为目标，还要实现经济、社会、环境、资源之间的全面协调。与经济增长指标一样，人文指标、资源指标、环境指标也是全面小康的重要标准。建设资源节约型、环境友好型社会，坚持走可持续发展道路是中国特色社会主义建设的重大战略，在这一战略指引下，我国的生态建设和环境保护工作成效显著。但我们也要清醒地认识到，当前的生态环境工作现状与全面建成小康社会目标还存在较大差距。早在20世纪90年代，我国政府为了应对高能耗、高污染、低效益的粗放型增长方式所带来的潜在危机，就开始关注经济、社会与环境协调发展的问题。1994 年，我国制定并出台了《中国 21 世纪议程——中国 21 世纪人口、资源、环境发展白皮书》，1995 年在《中共中央关于制定国民经济和社会发展"九五"计划和二〇一〇年远景目标的建议》中，提出了转变经济增长方式，实施可持续发展战略的主张。进入 21 世纪，随着我国经济持续增长，经济规模不断扩大，资源利用、能源消耗和污染物排放都在同步增长。生态问题已经成为制约我国未来经济发展的严重问题。而我国经济总量的不断扩大和人口的持续增长，将大大增加对资源和环境的压力，更加影响人与自然之间的关系。因此，加强生态文明建设，正确处理发展与人口资源环境的关系，促进人和自然的协调发展是十分必要的，这也是全面建成小康社会的需要。

第五，加强社会主义生态文明建设，是实现人的全面发展的重要条件。中国特色社会主义生态文明建设是新型的生存与发展道路，这条道路所克服的是工业文明所带来的人口、环境与发展问题。根据科学发展观，发展要坚持以人为本，要树立全面、协调、可持续的发展理念，要追求经济、社会、自然与人的全面发展。现实的人除了是自然的存在之外，还是社会的存在。生态文明同时追求人与生态的和谐、人与人的和谐，这一文明形态更加注重人与自然环境的相互依存、相互促进、共处共融。生态文明与人的全面发展相互联系、相互促进，前者是后者的必要条件和重要保证，而后者又是前者的重要影响因素。从生态文明对人的全面发展的促进角度看，一是为人类提供良好的社会生活环境，既保护了环境，又促进了社会和谐；二是在满足人的生态需要的基础上提高人的生态意识，一面发展生态效益，一面进行生态创新；三是为促进人类的身心健康，使人们以积极的心态来创造生态型的消费方式；四是改变人的价值观，体现人生价值。在工业文明的潜在观念中，对物质财富的获得、占有、享用是人生目标和价值的标尺，而当经济水平发展至一定高度之后，人类应更多关注自身创造能力和发展主体的实质，在价值观念上摆脱"拜物教"的束缚。从人的全面发展对生态文明建设的影响角度看，高度发展的生态文明离不开人的全面发展，人的劳动活动及其劳动能力、人的社会关系、人的素质等方面的全面发展是人的全面发展的主要表现。只有在人的全面发展的劳动活动中，人们才能运用科学技术对自然资源的有用性进行全方位的挖掘，提高自然再生能力，永续利用自然资源，进而消除资源枯竭、环境污染、生态失衡等危机，最终实现人与自然的和谐发展。只有实现人的全面发展，人们才能实现经济效益、社会效益和生态效益的高度统一，逐渐构建起与生态环境相适应的价值观念、生活方式和消费方式，促进生态文明的最终实现。

（四）社会主义生态文明建设的基本途径

当今时代，人类文明正处于从工业文明向生态文明的过渡阶段。生态文明既是理想的境界，也是现实的目标。面对人类文明形态的历史性转向，我国在实现新型工业化的战略推进中，肩负着生态文明建设的历史任务。我们要吸取欧美国家先污染后治理的沉痛教训，借鉴其他国家特别是发达国家在生态文明建设上的成功经验，走中国特色的生态文明发展之路。

首先，树立社会主义生态文明新理念，倡导科学文明的消费模式。树立尊重自然、顺应自然、保护自然的生态文明新理念，摒弃人类征服自然、破坏自然、主宰自然的理念和行动。同时，通过教育、艺术和科学技术等方式，运用电视、广播、报纸和互联网等新途径，积极弘扬节约光荣、浪费可耻的社会风尚，提高全体国民的节能环保意识，倡导科学文明的消费模式。

其次，大力发展循环经济，形成低排放、低能耗、低污染的经济发展模式。当今世界，发展循环经济已经成为世界性的潮流和趋势。不论是发达国家还是发展中国家，都推出了一系列支持低碳技术、发展循环经济的重大举措。要积极借鉴发达国家循环经济建设的成功经验，加大力度开发低碳技术，建立循环经济发展的技术支撑体系。同时，应尽快制定和完善相关法律法规，进一步构建起完善的促进循环经济发展的法律法规体系，为循环经济发展保驾护航。

再次，推动产业结构优化升级，转变经济增长方式。一是要优化市场资源配置。充分发挥市场的资源配置作用，这是实现粗放型经济增长方式向集约型经济发展方式转变的前提。二是要确立企业在市场中的主体地位，建立现代企业制度，建立合理的宏观调控与管理体系，这是转变经济增长方式的重要保障。三是要提高科技创新水平，加快建设以企业为主体、市场为主导、产学研相结合的科技创新体系。四是要优化政策环境。建立健全资源有偿使用机制和生态环境补偿机制等机制，进一步深化税制改革，为转变经济发展方式提供良好的环境。

最后，完善生态文明制度体系，建立系统完整的制度体系。习近平指出："只有实行最严格的制度、最严密的法治，才能为生态文明建设提供可靠保障。"① 一是要完善经济社会发展考核评价体系。要把资源消耗、环境损害、生态效益等指标纳入经济社会发展的评价体系，使之成为推进生态文明建设的重要导向和约束。二是要划定生态保护红线，建立责任追究制度。生态红线就是国家生态安全的底线和生命线，这个红线不能突破。"在生态环境保护问题上，就是要不能越雷池一步，否则就应该受到惩罚。"② 三是要健全法律法规，完善生态环境保护管理制度。要加快"立改废"进程，尽快完善生态环境、土地、矿产、森林、草原等方面保护和管理的法律制度，要改革生态保护管理体制，建立和完善严格监管所有污染物排放的环境保护管理制度。

综上所述，形成绿色发展方式和生活方式，坚定走生产发展、生活富裕、生态良好的文明发展道路，建设美丽中国，为人民创造良好生产生活环境，为全球生态安全做出贡献，是中国特色社会主义事业总体布局的最新认识成果和实践内容。中国政府在2013年5月14日发表的《2012年中国人权事业的进展》白皮书，首次将生态文明建设写入人权保障。面对改革开放30多年来人民生活质量和生活追求的改变与提高，党和政府提出了保护环境就是保护生产力，改善环境就是发展生产力的观点。③ 习近平指出："走向生态文明新时代，建设美丽中国，是实现中华民族伟大复兴的中国梦的重要内容。中国将按照尊重自然、顺应自然、保护自然的理念，贯彻节约资源和保护环境的基本国策，更加自觉地推动绿色发展、循环发展、低碳发展，把生态文明建设融入经济建设、政治建设、文化建设、社会建设各方面和全过程，形成节约资源、保护环境的空间格局、产业结构、生

---

① 《习近平治国理政》，外文出版社，2014，第210~211页。
② 《习近平治国理政》，外文出版社，2014，第209页。
③ 中共中央宣传部理论局编《统一思想和推进工作的科学指南——学习习近平总书记一系列重要讲话文章选》，学习出版社，2013，第37页。

产方式、生活方式,为子孙后代留下天蓝、地绿、水清的生产生活环境。"①加强生态文明建设,走中国特色社会主义生态文明发展道路是我国的必然选择。

---

① 《习近平谈治国理政》,外文出版社,2014,第211~212页。

第七章 "中国方案"与人类命运共同体

"让和平的薪火代代相传,让发展的动力源源不断,让文明的光芒熠熠生辉,是各国人民的期待,也是我们这一代政治家应有的担当。中国方案是:构建人类命运共同体,实现共赢共享。"

——习近平在联合国日内瓦总部的演讲

(2017年1月18日)

中国人民的梦想同世界人民的梦想息息相通,实现中国梦离不开和平的国际环境和稳定的国际秩序。十八大以来的五年来,习近平不断为中国梦赋予世界意义,"中国方案"也一次次在世界舞台上掷地有声。2013年3月23日,习近平在莫斯科国际关系学院发表演讲,提出各国应该共同推动建立以合作共赢为核心的新型国际关系;2015年9月3日,习近平在纪念中国人民抗日战争暨世界反法西斯战争胜利70周年大会上指出,为了和平,中国将始终坚持走和平发展道路;2017年1月18日,习近平在联合国日内瓦总部"共商共筑人类命运共同体"高级别会议上,向世界提出"中国方案",即构建人类命运共同体,实现共赢共享。同年5月15日,习近平出席中国北京"一带一路"国际合作高峰论坛圆桌峰会,提出各方秉持共商、共建、共享原则,让"一带一路"倡议更好地造福于各国人民。今日之中国,也是世界之中国。中国前所未有地走近世界舞台的中心,前所未有地接近实现中华民族伟大复兴的中国梦,前所未有地具有实现这个目标的能力和信心。"中国方案"具有鲜明的中国特色、中国风格和中国气派,为当代中国标注出全新的历史方位。

中国共产党是为中国人民谋幸福的政党,也是为人类进步事业而奋斗的政党。中国共产党始终把为人类做出新的更大的贡献作为自己的使命。以习近平同志为核心的党中央，明确了新形势下对外工作的战略目标和重大使命，坚定中国特色社会主义大国自信，提出构建人类命运共同体的宏伟蓝图。这一蓝图描绘出各国人民同心协力，构建人类命运共同体，建设持久和平、普遍安全、共同繁荣、开放包容、清洁美丽世界的美好愿景。

一 从"中国道路"、"中国模式"到"中国方案"

（一）"中国道路"

1840年，世界资本主义列强用坚船利炮叩开了中国的国门，古老的中华文明遭遇挑战，中国延续2000多年的大国地位被彻底打破。正如恩格斯所指出："在中国进行的战争给古老的中国以致命的打击。"① 随后发生的中日甲午战争更是彻底打碎了国人"天朝上国"的美梦，加速了封建王朝的崩溃。但是，甲午战争也进一步唤醒了中华民族的民族精神与民族复兴的梦想。在长达数十年的时间里，中国的有识之士奋起抗争，在一次次失败与痛苦中艰难地探寻救国救民的道路。直至1921年，中国共产党诞生，犹如一颗启明星，照亮了黎明前的黑暗。中国共产党肩负历史和人民的期望，经过28年艰苦卓绝的不懈斗争，领导中国人民取得了新民主主义革命的胜利，建立了中华人民共和国。这标志着中国近百年来积贫积弱、内战不断、落后的挨打的历史从根本上完结了，中华人民共和国实现了国家主权的独立、民族的团结和社会的安定，中华民族终于重新屹立于世界民族之林。

中华人民共和国成立后，仅仅用3年时间就恢复了遭到严重破坏的国民经济。到1952年底，工农业生产的各项指标全部大幅超过了历史上的最高水平。中华人民共和国从1953年起实施第一个五年计划，到1957年，全国工业总产值比1952年增长128.3%，平均每年增长18%；农业总产值比1952年增长25%，平均每年增长4.5%。② 在中华人民共和国成立初期，我国基本上照搬苏联的计划经济模式，取得了经济建设的巨大成就。到1978

---

① 《马克思恩格斯选集》第4卷，人民出版社，1995，第737～738页。
② 参见严志民《社会主义改变了中国的命运》，《求是》2014年第10期。

年，我国开始实行改革开放，建立起社会主义市场经济体制。在随后的近40年里，中国经济实力大幅提升，综合国力显著增强，创造了令世界瞩目的"中国奇迹"。

"中国奇迹"引发了西方发达国家和发展中国家的广泛关注。几乎与"中国奇迹"相同步，西方资本主义国家开始在全球推广新自由主义观点，并将其鼓吹为"华盛顿共识"。这种观点主张推行所谓的经济结构调整，大力推行私有化、市场化、贸易自由化、金融自由化以及紧缩型的财政政策，其结果却是造成国家过高的对外依赖度、失去自主权、贫困人口激增和两极分化加剧。拉丁美洲国家是"华盛顿共识"的第一个重灾区。20世纪90年代，"华盛顿共识"又被运用于俄罗斯等独联体国家和中东国家，以指导这些国家向市场经济转型。然而，"华盛顿共识"造成了这些国家和地区国有资产严重流失、资本大量外流、经济秩序混乱、贫困人口骤增等严重后果。与此形成鲜明对比的是，中国虽然同样实行了经济体制改革，却取得了持续的经济增长和社会发展。中国之所以能够实现"中国奇迹"，取得举世瞩目的成绩，其根本原因在于选择走具有中国特色的社会主义发展道路，而不是走西方资本主义道路。

马克思指出："人们自己创造自己的历史，但是他们并不是随心所欲地创造，并不是在他们自己选定的条件下创造，而是在直接碰到的、既定的、从过去承继下来的条件下创造。"[①] 国情就是这样一种既定的条件。中国奇迹的创造，离不开中国共产党和中国人民对历史方位的清醒认识。当前，我国仍处于并将长期处于社会主义初级阶段的基本国情没有变，我国仍是世界上最大发展中国家的国际地位没有变，而我国社会主要矛盾发生了变化，由"人民日益增长的物质文化需要同落后的社会生产之间的矛盾"变化为"人民日益增长的美好生活需要和不平衡不充分的发展之间的矛盾"。

"中国道路"在对中国社会历史方位清醒认识的基础上，遵循了社会主义初级阶段这一最大国情。沿着中国道路一路走来，我国生产力有了很大发展，各项事业均取得了很大进步。但总的来看，人口多、底子薄、地区发展不平衡、生产力不发达的状况依旧存在，发展仍然是第一要务。坚持

---

① 《马克思恩格斯选集》第1卷，人民出版社，1995，第585页。

中国道路就是要以经济建设为中心,大力发展社会主义市场经济,坚持以公有制为主体,多种所有制经济共同发展的基本经济制度,着力消除所有制结构不合理对生产力的羁绊。要坚持人民立场,保证人民利益,充分调动全社会全民族的积极性、创造性,营造和谐相处的氛围和环境。在以按劳分配为主体的同时,鼓励人们各尽其能、各得其所,增强资本活力,运用一切劳动、知识、技术、管理创造社会财富。

"中国道路"是和平发展、合作共赢的道路。沿着中国道路,我国既为自己的发展争取了和平的国际环境,又以自身的发展维护和促进了世界的和平。中国道路在国际关系中倡导平等互信、包容互鉴、合作共赢,维护国际公平与正义。中国道路深刻洞察时代潮流和时代主题,坚持和平发展,推动建设持久和平、共同繁荣的和谐世界。中国道路还是一条不断以新思想、新战略、新实践丰富和发展起来的创新之路。中国道路坚持以人为本,坚持全面协调可持续发展,体现了党对中国特色社会主义规律认识的新高度。

马克思主义认为,社会主义新社会"通过社会生产,不仅可能保证一切社会成员有富足的和一天比一天充裕的物质生活,而且还可能保证他们的体力和智力获得充分的自由的发展和运用"[①]。邓小平也多次谈及社会主义的本质,他说:"社会主义的本质,是解放生产力,发展生产力,消灭剥削,消除两极分化,最终达到共同富裕。"[②] 十八大以来,党中央明确提出夺取中国特色社会主义新胜利的八项基本要求。中国共产党既坚持科学社会主义基本原则,又牢牢把握社会主义初级阶段这个最大的国情,始终坚持人民的主体地位,注重社会公平正义,使发展成果更多惠及全体人民,团结一切可以团结的力量,最大限度地增加和谐因素,不断实现体制机制和政策创新,走出了中国特色社会主义道路。

(二)"中国模式"

我国在社会主义建设中,逐步形成了独特的"中国模式"。"中国模式"是一种社会发展模式,是当代中国的社会主义发展模式。从中华人民共和

---

① 《马克思恩格斯选集》第3卷,人民出版社,1995,第757~758页。
② 《邓小平文选》第3卷,人民出版社,1993,第373页。

国成立到改革开放之前是"中国模式"形成的第一个阶段。这一阶段，中华人民共和国在积贫积弱、一穷二白的基础上探索革命和建设，先后经历了战后经济恢复时期、社会主义革命即三大改造完成时期和全面建设社会主义时期。以毛泽东同志为核心的第一代中央领导集体，引导中国人民走上社会主义道路。改革开放之后是"中国模式"形成的第二个阶段。通过改革开放，以经济建设为中心，我国完成了计划经济向社会主义市场经济的转变。这一时期，随着社会生产力水平大大提高，中国成为近年来全球发展最快的国家。

"中国模式"也引起了国内外舆论界和学术界的高度关注。世界银行副行长、世界银行首席经济学家林毅夫在1994年出版《中国的奇迹：发展战略与经济改革》一书，他在书中从中国发展和转型经验的角度探讨了中国模式，掀起了国内外学术界对于"中国模式"的研究高潮。2004年5月11日，英国著名思想库"伦敦外交政策中心"发表了美国《时代》周刊高级编辑、美国著名投资银行高盛公司资深顾问乔舒亚·库珀·雷默撰写的题目为《北京共识》的文章。这篇文章系统描述了中国艰苦奋斗、不断创新和大胆实践的发展历程，提出"北京共识"和"中国模式"的概念，认为这是中国适合本国国情的发展模式。此后，鉴于我国在世界金融危机中的坚挺表现，国内外学术界对"中国模式"的研究再次掀起高潮。总之，"中国模式"是中华人民共和国成立，特别是改革开放后，中国共产党团结带领全国各族人民在探索中国特色社会主义道路的过程中逐步形成的一整套政治、经济、科技、文化和社会发展模式。这一模式是中国在数十年社会主义现代化建设中探索出的政治模式、经济模式、科技模式、文化模式、社会发展模式的归纳与提升。中国模式具有不同于西方模式的八个显著特点，即实事求是、关注民生、稳定优先、渐进改革、顺序差异、混合经济、对外开放、政府得力。①

所谓"中国模式"，也是一种思想文化模式。中国在经济、政治领域取得的成就，都是以马克思主义先进思想文化为指导的。当今中国的现代化时刻伴随着思想文化的变革，要实现政治、经济上的根本变革，就必须进

---

① 张维为：《一个奇迹的剖析：中国模式及其意义》，《红旗文稿》2011年第6期。

行思想文化、思维方式的转变。在思想文化领域,"中国模式"的成功体现在如何正确对待自己的文化传统上。如果从本质上看,中国的崛起是一种从农业文明向工业文明、从传统到现代的发展过程。而全球的现代化源于西方,中国的现代化是"后发"的现代化,中国现代化是在西方现代化的影响下启动的,也是以西方现代化为路标的。然而,中国的现代化不能割裂与中国传统之间的联系,中华民族优秀的思想文化资源是成功衔接传统与现代化的关键。中华文明的连续性和独特性赋予了中华民族独一无二的创造力和自我更新能力,中华优秀传统文化更是凝聚着中国人民自强不息的精神追求,这些都是我国最宝贵的历史遗产和精神财富,也是当今中国走向现代化的重要资源。

在现代化进程中,无论是对民族文化基本元素,还是优秀传统文化思想价值,都要进行深入的挖掘和阐发,使优秀传统文化发挥更加积极的作用,从精神和实践层面鼓舞人心,凝聚力量,确保中国模式的成功实践。中国的发展时刻依托着博大精深的中华文化传统,在经济社会实现高速发展的今天,中华优秀传统文化也迎来了复兴的机遇。俄罗斯共产党总书记久加诺夫曾经这样总结"中国模式":"中国的成功=社会主义+中国民族传统+国家调控的市场+现代化技术和管理。"[①] 在这一公式中,"中国民族传统"指的就是对中华优秀民族文化传统的继承与发展。在"中国模式"中,历久弥新的优秀传统文化占有突出地位,也正因为如此,中国的崛起不同于世界上的任何国家。中国的崛起是一个延绵5000多年不曾中断的伟大文明的复兴。

一个国家要实现现代化,除了要继承和发展本民族的优秀传统思想文化,还要对外来的思想文化持有正确的态度。在对待外来思想文化的方式方面,"中国模式"同样值得世界各国效法。具体而言,改革开放不仅使国外资本和技术涌入国门,同时还引入了西方思想与文化。对于这些西方的思想文化,中华民族以开放的胸襟、恢宏的气魄、强大的文化包容性,进行了合理的学习、吸收与借鉴。改革开放近40年来,中华民族不断在吸收和借鉴外来思想文化的过程中发展和完善自身,中国的现代化进程也因此

---

① 参见常宗耀《关于中国特色社会主义道路的世界意义》,《理论探索》2008年第4期。

而紧随世界文明发展潮流，体现出时代精神。邓小平指出："社会主义要赢得与资本主义相比较的优势，就必须大胆吸收和借鉴人类社会创造的一切文明成果，吸收和借鉴当今世界各国包括资本主义发达国家的一切反映现代社会化生产规律的先进经营方式、管理方法。"①

"中国模式"是适合发展中国家现代化之路的发展模式。随着中国道路为全世界，特别是广大发展中国家提供示范，"中国模式"也越来越被世界人民所认可。联合国前任秘书长安南曾在接受媒体提问时说："中国依靠独特模式实现发展的有益经验的确值得其他国家，特别是发展中国家借鉴。"②中国模式"把发展自己与促进人类文明进步统一起来"，"把共享战略机遇与共同应对挑战统一起来"，"把借鉴人类文明成果与走自己的路统一起来"，"把用好国际资源与发挥自身优势统一起来"③，给世界的发展，特别是发展中国家的发展以深刻启迪。例如，在非洲，许多国家在引进中国的资金、技术的同时，更注重借鉴中国的发展模式；在拉丁美洲，人们已经认识到，"华盛顿共识"使他们失去了20世纪的最后10年，而"中国模式"向他们提供了有别于欧美模式的更好经验；在亚洲，借鉴"中国模式"的成功经验已经落实到许多国家的具体政策之中；在中东，约旦等国家十分看重"中国模式"，伊朗领导人也表示欢迎"中国模式"。④

"中国模式"的成功经验可以为发展中国家探寻适合本国的发展道路提供借鉴，"中国模式"顺应时代潮流，全面融入经济全球化，积极参与世界市场的平等互利竞争，充分利用全球化提供的机遇实现自身发展。"中国模式"的借鉴意义在于，扩大对外开放、积极参与经济全球化的过程，能够使自身获得了新的、更大的发展空间，从而实现在经济全球化背景下：既参与其中，又趋利避害；既与世界规则接轨，又保持独立自主；既超越社会制度、意识形态的差异，同各国发展互利合作关系，又坚持从国家利益、民族利益以及世界各国人民的共同利益出发制定各项政策；既珍惜同其他

---

① 《邓小平文选》第3卷，人民出版社，1993，第373页。
② 参见孙忠良《后危机时代中国模式的世界意义》，《科学社会主义》2012年第1期。
③ 赵周贤：《与世界共赢的中国特色社会主义道路》，《解放军报》2012年8月21日。
④ 参见秦宣《国际视野中的"中国模式"——兼论中国特色社会主义的国际影响》，《中国人民大学学报》2008年第4期。

国家和人民的友谊与合作,又不屈从于任何外来压力;既借鉴吸收人类文明优秀成果,又注重弘扬本民族的文化传统。

总之,中国同许多发展中国家有着共同的历史遭遇,现在又面临着相似的现实任务。"中国模式"所提供的经验,对其他发展中国家具有积极的借鉴意义。

(三)"中国方案"

当今世界,人类文明正处于历史的转折点上,面临着"三大矛盾的加剧"。一是人与人之间越来越不平等,资本主义文明建立在剥削和掠夺的基础上,随着全球化时代这种剥削和掠夺的加剧,人与人之间的不平等也呈现出扩大的趋势。二是人与自然之间的冲突越来越严重,人类的生态容量已接近极限,工业化、现代化以牺牲生态为代价,已引起人与自然关系的失调,破坏了生态平衡,人类正面临自然界的报复。三是人的需求之间越来越不平衡,人逐渐成为"单向度"的消费机器,一味地把"占有"作为人生宗旨,而与真正人的存在状态渐行渐远。显然,当今人类文明的发展进步取决于对以上"三大矛盾"的破解。"中国道路""中国模式"是否能对人类文明的发展做出历史性的贡献,就要看其能否在破解"三大矛盾"方面有所作为。而源于"中国道路""中国模式"的"中国方案",正是破解"三大矛盾"的良方。

针对人与人之间愈发不平等的矛盾,中国特色社会主义的解决方案是建立社会主义市场经济体制。邓小平早在"南方谈话"中就对社会主义的目标做出过经典的论述,即实现共同富裕。客观地看,处于社会主义初级阶段的中国目前尚不能完全实现共同富裕。社会主义市场经济体制兼顾了效率原则和公平原则,是中国在发展生产力的过程中实现共同富裕的合理经济体制。社会主义市场经济将市场这种有效配置资源的手段与社会主义的价值目标结合在一起,把社会主义制度与市场经济结合起来,这是中国共产党和中国人民的伟大创新。社会主义市场经济是对原有计划经济体制和传统市场经济体制的重大修正和突破,是社会主义的中国方案之一。中国的市场经济体制是社会主义的市场经济,其最终目标是让人民所创造的财富惠及普通老百姓。实践证明,社会主义市场经济体制是效益与公平兼顾的最佳经济体制,中国共产党和中国人民所创造的社会主义市场经济体制为人类文明在发展生产力、增强物质基础的过程中克服两极分化,找到了有效途径,提供了中国方案。

针对人与自然之间的冲突越来越严重的问题,中国特色社会主义的解决方案是走生态文明的道路。党的十八大以来,党中央把生态文明建设放在突出地位,提出要把生态文明建设融入经济建设、政治建设、文化建设、社会建设的各方面和全过程,向全党和全国人民展现了建设美丽中国、实现中华民族永续发展,走向社会主义生态文明新时代的灿烂前景。中国特色社会主义坚持科学社会主义的基本原理,社会主义的本质特征与核心价值在于创建一种与资本主义生活方式不一样的、以实现人的全面发展为宗旨、以真正满足属于人的功能与需求为主要内容的一种存在方式,这就必然要求把建设生态文明作为一项重要的战略任务。形成新的生活方式的一个重要条件就是建立起人与自然之间的和谐关系,即建设生态文明。没有人与自然之间的和谐,社会主义和谐社会无从谈起。在一定意义上说,人与人之间的和谐和人与自身之间的和谐正是寓于人与自然之间的和谐之中。总之,无论是优化国土空间开发格局、全面促进资源节约、加大自然生态和环境保护力度,还是加强生态文明制度建设,这些都为解决人与自然之间的矛盾积累了宝贵经验,是中国方案对人与自然关系问题的科学解答。

针对人的需求之间不平衡的问题,中国特色社会主义的解决方案是开创一种新的人类文明。中国共产党领导中国人民,通过中国道路、中国模式实现安居乐业、富裕幸福的中国梦,这就为人类文明开辟出一条新路,它的实现意味着一种新的人类文明形态的诞生。综观人类发展史,一种新的人类文明的形成,离不开物质财富的增加和生产力的提高,但这并不是新的人类文明形成的全部标识。新的人类文明的形成总是与新的文化精神联系在一起的。实际上,中国梦的实现过程就是破解当代世界"三大矛盾"的过程,中国梦的实现将为人类文明带来正能量、正效应,为人类发展破解难题,这是构成一种新的人类文明的典型文化精神要素,从这个意义上讲,实现中华民族伟大复兴中国梦就是开创一种新的人类文明。

二 共建"一带一路"的重大倡议

"在各国彼此依存、全球性挑战此起彼伏的今天,单凭单个国家的力量难以独善其身，也无法解决世界面临的问题。只有对接各国彼此政策，在全球更大范围内整合经济要素和发展资源，才能形成合力，促进世界和平安宁和共同发展。"[1] 近年来，习近平在多个双边、多边外交舞台上发表讲话，倡议更多的国家加入"一带一路"建设。"一带一路"坚持"引进来"和"走出去"并重，遵循共商、共建、共享原则，加强创新能力开放合作，形成陆海内外联动、东西双向互济的开放格局。"一带一路"契合了各国求发展、谋合作的共同愿望，倡导国与国之间的共商共建，通过对接各国的发展战略，为世界各国提供了平等互利、合作共赢的新机遇，推动经济全球化朝着更加开放、包容、普惠、平衡、共赢的方向发展，尊重世界文明多样性，赢得了沿线国家的广泛认同和支持。

以开放促改革，以开放促发展。"一带一路"倡议的提出，体现了中国全方位对外开放的新理念、新实践。党的十八大以来，以习近平为核心的党中央在发展理念中格外重视"开放"，不断推进对外开放迈上新台阶。中国人历来主张"世界大同，天下一家"。近几年来，"一带一路"由倡议落实为行动，由愿景转变为现实。"一带一路"承载着构建人类命运共同体的伟大梦想，从历史与现实的维度，展现出开放包容、和平发展、合作共赢的正能量，促进中国与世界携手，谱写人类历史更加美好的篇章。

2013年9月7日，习近平在哈萨克斯坦纳扎尔巴耶夫大学发表题为《弘扬人民友谊共创美好未来》的演讲，他指出，为了使欧亚各国经济联系更加紧密，相互合作更加深入、发展空间更加广阔，我们可以用创新的合作模式，共同建设"丝绸之路经济带"，以点带面，从线到片，逐步形成区域大合作，要实现政策沟通、道路联通、贸易畅通、货币流通和民心相通。10月3日，习近平又在印度尼西亚国会发表题为《携手建设中国——东盟命运共同体》的重要演讲，他强调说，东南亚地区自古以来就是"海上丝绸之路"的重要枢纽，中国愿同东盟国家加强海上合作，使用好中国政府设立的中国—东盟海上合作基金，发展好海洋合作伙伴关系，共同建设

---

[1] 《习近平主席在"一带一路"国际合作高峰论坛圆桌峰会上的开幕辞》，中华人民共和国商务部网站，http://www.mofcom.gov.cn/article/i/jyil/1/201705/20170502576387.shtml，最后访问日期：2017年12月5日。

"21世纪海上丝绸之路"。中国愿通过扩大同东盟国家各领域务实合作,互通有无、优势互补,同东盟国家共享机遇、共迎挑战,实现共同发展、共同繁荣。

习近平统筹国际和国内两个大局,顺应时代潮流和地区发展需求,提出推进"丝绸之路经济带"和"21世纪海上丝绸之路"建设,这是立足当前,着眼长远的重大战略构想。中国"一带一路"倡议引起了世界沿线国家的广泛共鸣,各国纷纷支持和响应这一倡议所倡导的共商、共建、共享的和平发展、共同发展理念。"一带一路"建设有利于进一步扩大开放,有利于促进经济结构调整,有利于推动经济转型升级。人们对"一带一路"充满信心与期待,因为这是一条开放包容的互信之路,是一条互利合作的共赢之路,是一条和谐共处的和平之路,是一条文明互鉴的友谊之路,是一条对接梦想的圆梦之路。

中华民族自古以来就有爱好和平的优秀传统,"一带一路"倡议就传承了古代丝绸之路和海上丝绸之路,这一倡议体现了中国和平发展的美好意愿。"一带一路"倡议将进一步密切中国与沿线国家间的经济、文化、贸易的往来,沿线国家通过加强互联互通与全方位的交流合作,将在亚欧大陆形成新的区域经济一体化格局。这一大格局的形成将为维护世界和平与发展,以及促进人类社会文明与进步贡献巨大的力量。为了与世界发展相接轨,中国践行和平发展、合作共赢的主张。习近平在2013年提出坚持睦邻、安邻、富邻,突出体现亲、诚、惠、荣的周边外交理念,树立正确的义利观;提出"不冲突、不对抗、相互尊重、合作共赢"的中美新型大国关系。

中国是发展中大国。在新的历史时期,中国立足国情,坚持改革开放,走中国特色社会主义道路,并以新的外交观念,推进与世界各国的友好往来、合作共赢。在对外交往中,中国始终主张独立自主、和平发展,积极构建国际经济政治新秩序,推动改进全球治理结构。中国正以自身的发展推动世界经济的发展,密切与世界各国的联系,以实际行动维护世界的和平与稳定。中国的发展离不开世界,世界的发展更需要中国。正如习近平所强调,中国梦是中国人民追求幸福的梦,也同各国人民的美好梦想息息相通。中国必将在世界发展潮流中实现民族的现代化,同时也必将为世界各国的共同发展带来新的生机与活力。

(一) 古时的"丝绸之路"

要探寻"丝绸之路"背后的文化因子,首先就要搞清"丝绸之路"这个名词的由来。"丝绸之路"最早是指西汉张骞、东汉班超出使西域时所开辟出来的通道,因为丝绸为商道上的大宗商品而得名。后来,这一概念成为中国对外交流通道的统称。然而,"丝绸之路"这个名词却是在130多年前由一个德国人创造的,这个德国人名叫费迪南·冯·李希霍芬。1840年,第一次鸦片战争爆发,随着一系列不平等条约在战后的签订,中国长期以来闭关锁国的局面发生了根本性的变化,中国近代史从此发端。1868~1872年,李希霍芬跟随普鲁士政府的外交使团,对大清帝国的18个行省中的13个进行了地理、地质考察。回国后,李希霍芬撰写了一部5卷的鸿篇巨制:《中国——亲身旅行和据此所作研究的成果》,在1877年出版的第1卷中,李希霍芬首次提出了"丝绸之路"的概念,并在地图上进行了标注。从此,这一术语被广泛采纳,描述古代中国的辉煌岁月。

从狭义上讲,丝绸之路一般指陆上丝绸之路;从广义上讲,丝绸之路又分为陆上丝绸之路和海上丝绸之路。上文已经提到,陆上丝绸之路是汉武帝派遣张骞出使西域所形成的基本干道。它以西汉时期的长安为起点,经河西走廊到敦煌,从敦煌分为南北两路抵达大秦。而海上丝绸之路是以南海为中心,它形成于秦汉时期,发展于三国至隋朝,繁荣于唐宋时期,是世界上最为古老的海上航线。由此可见,丝绸之路的时间起点是2000多年前,其主体不仅是中国人,亚欧大陆所有人民都参与其中。丝绸之路的性质也不仅仅是连接几大文明的贸易通道,更是一条人文交流通路,一条文明互鉴之路。经过长期的发展,丝绸之路上逐渐形成了和平合作、开放包容、互学互鉴、互利互赢的丝路精神。

(二) 今日的"一带一路"

今时今日的"一带一路"倡议以中国西北边疆与东南海疆为两大中心点,统筹国际与中国国内两个大局,助推亚洲大陆经济社会的整体振兴与发展。这一战略对于维护中国的国家利益和拓展中国的战略空间具有非凡的意义。西北边境事关中国的安全利益,而东南海疆事关中国的发展利益。"一带一路"倡议的提出与实施,实质上就是要构建一条文明共鉴之路、一条经济繁荣之路。

需要说明的是，"一带一路"不是地缘政治的工具，而是开放合作的产物，因而不能用冷战思维去看待。"一带一路"与美国的跨太平洋伙伴关系协议（Trans-Pacific Partnership Agreement，TPPA）具有本质的不同，它具有以下特性，首先，跨区域性。"一带一路"不是封闭的，不局限于某个特定的区域，而是横跨欧亚非三大洲的跨区域合作。其次，非排他性。"一带一路"建设秉持开放性原则，世界上所有致力于合作的国家都可以参与。再次，非门槛性。"一带一路"不设置门槛，发达国家、发展中国家都是平等的一员。最后，非主导性。"一带一路"非以此主导、支配其他国家，而是强调中国、俄罗斯等大国发挥建设性作用。与此同时，作为"一带一路"倡议的发起国，中国已经成为亚洲最富有发展活力的国家。"一带一路"让中国经济更具活力和效率，让世界文化更具包容性。"一带一路"真正实现了内外突破、海陆并举，促进资金、技术、资源、市场，特别是人才、思想在中国交汇、融合，带动周边国家的共同发展。可以预见，以塑造命运共同体、提供新型公共产品为使命的"一带一路"倡议，将为中国外交赢得话语权。

（三）"一带一路"的文化意蕴

美国学者塞缪尔·亨廷顿在 2004 年出版了《我们是谁》一书。在书中，他深刻论述了 21 世纪美国国家特性面临的种种挑战。他认为全球化时代拉美裔、亚裔、非裔等移民的大量涌入正在解构美国，对以英语和新教为核心的"盎格鲁—撒克逊文化"构成威胁，长此以往，美国将变得面目全非。在这里，塞缪尔·亨廷顿提出了一个世界性的课题，即面对多元文化并存的局面，各国的主流文化应如何追本溯源，又该确立怎样的发展方向。

中华民族由 56 个不同的民族组成。数千年来，各族人民在古老的中华大地上培育了博大精深、源远流长的中华文化。近代以来，特别是改革开放以来，面对西方思潮的冲击，中国社会结构深刻变动，利益格局深刻碰撞，人们的思想观念随之发生深刻的变化，文化多元化趋势日趋明显。在此背景下，如何在社会主义核心价值体系的引领下，重构市场经济条件下多元一体的社会主流价值观，应对西方商业文明和强势文化的入侵，提升中国文化软实力和国际影响力，再造中国文明，实现中华民族的伟大复兴，是摆在所有中国人面前的迫切问题。有学者说:"全球化并不是一个均质化的过程,正在出现的地球村远不是一个单一的有机的整合体,更不是仅仅依据一种模式构建而成,而是以其多样性为基本特征的。"① 在人类进入文明发展十字路口的时候,中国的文明型崛起将成为历史的必然。中华民族经历坎坷而能不断向前发展,是因为我们血液里流淌着的中国文化基因。"一带一路"倡议的顺利实施需要 5000 多年中华文明的文化底蕴、文化纽带、文化动力。

"一带一路"倡议所引领的中国文明型崛起并不简单。文明型崛起需要文化的核心竞争力。当今世界,以美国为代表的西方文化具有超强的核心竞争力。美国是一个移民国家,自诞生之日起就具有对多元文化的包容性和整合性。在先进的教育下,美国的国民素质很高,整个社会的文化氛围崇尚开放和竞争。在价值观领域,"普世价值观"得到民众的广泛认同,加之经济文化的强盛,美国牢牢掌握着全球话语权。但即便强大如美国,在文明发展过程中依然遇到了许多问题。人与自然的冲突、人与社会的冲突、人与人的冲突,共同构成了文明的冲突。"西方不亮东方亮",正值西方文化遭遇发展瓶颈之时,灿烂悠久的中华文明开始在世界文化舞台上绽放光彩。

当前,西方"普世价值"暴露出越来越多的缺陷,人们对西方文化产生了越来越多的疑问。在这种情况下,提倡"贵和尚中"的中国文化开始在国际社会展现出越来越强的核心竞争力。要借助"一带一路"倡议,实现中国的文明型崛起,使中华文化走向世界。为了让"一带一路"倡议在对外文化交流中更接地气、更有底气,必须科学规划,认真研究,按照国外文化市场的需求,以外国观众接受的方式输出文化。在此过程中,要从政策层面进行扶持,调动文化企业和民间团体的积极性,推动对外文化投资和海外并购,官方渠道和民间渠道双管齐下,向世界推广中华文化。除此之外,还要大力提升"一带一路"的国际传播能力。"一带一路"倡议的重要任务之一就是向世界展示一个真实的中国,所以就必须构建起与"一

---

① 〔美〕杜维明:《文明对话的语境:全球化与多样性》,刘德斌译,《史学集刊》2002 年第 1 期。

带一路"倡议相匹配的现代传播体系,这样才能有效利用大众传媒,不断增强中华文化的影响力,让中国在全球治理领域发出中国声音。20世纪英国哲学家、思想家罗素认为,若论统治别人的欲望,中国人比白人弱得多。中国人天生的面貌是非常平和的,中国人天生的态度就是宽容和友好,以礼待人。罗素还认为,要判断一个社会的优劣,必须不仅仅考虑这个社会内部有多少善与恶,也要看它在促使别的社会产生善与恶方面起何作用,还要看这个社会享有的善较之于他处的恶而言有多少。他认为在这些方面,中国是要胜于英国的。罗素进而在《中国问题》一书中阐述了对中国文化的看法,指出中华民族是全世界最富忍耐力和远见的,世界舞台上那些自称"文明"的国度很可能相互残杀而最终消失,中国人则能够自由地追求符合人道的目标。总之,"一带一路"倡议所引领的中国文明型崛起势不可挡,"一带一路"背后的强大传统文化因子正鼓舞着中国人重新整装出发。

"一带一路"对提升中国文化自信具有十分积极的作用。"国民之魂,文以化之",文化是一个民族的血脉和灵魂,是维系民族团结、国家统一的精神纽带,是促进国家发展、实现民族振兴的重要支撑。改革开放以来,西方文化强势进入中国,西方文化鼓吹以个人主义为核心,通过商品、资本、技术大肆传播,极大冲击了国人的人生观和价值观,在国家文化安全领域对中国发起了严峻的挑战。改革开放后,社会主流意识逐渐呈现多元化的特征,个人主义上升、集体主义弱化。当今世界,"文化殖民"现象依然存在。在现代文明状态下,发达国家对发展中国家发动文化意义上的殖民运动。这种文化殖民已不再依靠坚船利炮,而主要是依靠其现代文化的绝对优势,进行所谓"文明式"开发,试图使弱势国家在国家意志、价值观念、国民心理上全面屈服。发展中国家无力应对西方发达国家的文化输出与文化侵略,文化资源被掠夺,文化意志被征服,文化价值被扭曲。文化全球化背景下,维护文化安全的根本途径在于实现高度的文化自觉与文化自信。"一带一路"倡议有助于中国文化的觉醒与文化自信的增强。

文化自觉与文化自信是一个国家、一个民族对自身文化价值的充分肯定,是对自身文化生命力的坚定信念。当今世界,西方国家凭借其强大的经济、政治、军事、传媒实力,掌控国际话语权,以"普世价值"为旗号输出西方价值观念,以影视作品和信息网络为载体推广西方生活方式,形成了西方的文化霸权。这严重冲击着发展中国家的文化与价值观，威胁着文化安全。"一带一路"正是增强文化自信、维护文化安全、建设文化强国的重大战略，而这又需要维护民族精神安全和传统文化安全。所谓"民族精神"，是一个国家得以生存和发展的主体性精神。一个民族占绝大多数的成员所具有的性格、品格、道德和风尚在一种普遍被认同的精神力量作用下，共同构成了民族精神，它反映了整个民族的精神气质和总体风貌。毋庸讳言，民族精神是一个民族屹立于世界民族之林的依据。所谓"传统文化"，则是一个国家的人们对本国文化基因的共同的集体记忆。民族传统文化的复兴和崛起通常是一个民族崛起或复兴的先导，而民族传统文化的颓废和萎靡往往是一个民族衰落或覆灭的先兆。缺乏文化传统的民族，无论经济如何现代化，都无法在国际社会中赢得尊重。总之，要充分认识"一带一路"倡议对提升中国文化自信的作用，通过顶层设计，不断完善国家层面的文化战略，将中国特色社会主义的核心价值观推向世界，增强媒体实力，夺取话语权，利用"一带一路"的文化要素，推动建立更加公平合理的国际文化新秩序。

"一带一路"体现了中国方案的时代新意。"一带一路"倡议一方面是对古代丝绸之路的继承，另一方面也体现了鲜明的时代特征，蕴含了许多新思路和新愿景。作为体现中国对外开放政策的倡议，"一带一路"是中国政府首次对外发出的规模空前的洲际合作倡议，集中展现了中国对构建新型国际关系的设想与方案。当前，全球秩序正发生深刻的变动，未来新型国际关系的价值准则是事关人类发展命运的重大问题，也是与中国切身利益密切相关的时代问题。近年来，中国在国际事务中的影响力和发言权正不断提升，而中国方案也在全球治理领域发挥着越来越多作用。在以往相当长的一段时间里，大国霸权、恃强凌弱是国际关系的主导逻辑，西方发达国家私下自行联合，以牺牲中小国家利益为代价，制定有利于自身的经贸规则。"一带一路"彻底打破了西方发达国家的小圈子，是中国推动构建新型国际关系的重要尝试。新型国际关系之"新"，在于消除"零和博弈"，以合作取代对抗，以供应取代独占。2014年11月底，习近平在中央外事工作会议上首次明确提出了构建"以合作共赢为核心的新型国际关系"的理念，并将"一带一路"建设作为实现合作共赢的重要路径。

从政治角度看,"一带一路"主张通过对接各自发展战略以实现共建、共享,因此并非是由中国一国主导。政治控制从来不在"一带一路"的视野中,中国无意借助"一带一路"来经营所谓"势力范围"。合作共赢才是"一带一路"的现实指向,事实上,在许多场合,中国领导人都提出欢迎域外国家共同参与"一带一路"建设。从经济角度看,中国也并没有借助"一带一路"输出过剩产能或者掠夺他国资源能源,而是在基础设施、产业投资、资源能源等领域,与沿线国家分享资金、装备、技术、工程等优势,促进自身经济转型升级,提供公共产品,提升沿线国家发展能力,从而搭建南南合作和南北合作的新平台。总之,"一带一路"立足当前,面向长远,各项经贸合作的务实开展将大大促进国际政治经济新格局的建立。

"一带一路"打造出对外开放的文化新格局。"一带一路"将构建开放型的经济新体制,受此影响,世界文化新格局正在形成。"一带"即丝绸之路经济带。古时这条经济走廊从洛阳、长安出发,经过撒马尔罕、巴格达、大马士革、拜占庭,最终延伸至罗马。今日的丝绸之路经济带则分别从北、中、南三线将东南亚、中亚、俄罗斯、蒙古、西亚和欧洲联系起来,形成了东西双向开放的文化新格局。随着基础设施的互联互通,整个欧亚大陆的经济、人文、地理都有望重新塑造。"一路"即海上丝绸之路。在历史上,海上丝绸之路的贸易通道从广州、泉州、扬州、宁波开启,到达苏门答腊、爪哇、马六甲、奎隆、亚丁、巴士拉等海港。在当下,21世纪海上丝绸之路依托港口合作网络,实现了中国东部沿海地区与印度洋、马六甲海峡、阿拉伯海、欧洲以及南太平洋地区的互联互通,这条海上丝绸之路商业价值巨大,潜力无限。"一带"与"一路"相互配合,统筹欧亚大陆与海洋,向世界推出了中国模式,展示了中国的大国风范,为沿途各国的发展提出了中国方案。在"一带一路"框架下,中国东部地区的商品既可以从西北陆路进入中亚乃至欧洲,也可以从东南海路到达太平洋和印度洋沿岸各国。西部地区作为丝绸之路经济带的重要桥梁,其战略地位将大大提高。相较于以往的东南沿海开放格局,"一带一路"将吹响西部开放的新号角,从而彻底扭转长期以来东强西弱的局面,打造陆海内外联动、东西双向开放的文化新格局。

"一带一路"创新了对外合作模式。在"一带一路"沿线,遍布着发展中国家和新兴经济体，他们提供了发展所需的资源、能源和市场，通过"一带一路"倡议，中国可以将资金、产品、装备、技术、劳务等与沿线国家相联动，与沿线国家一起创新对外合作模式，实现平等互利、共赢共享。历史上，丝绸之路的经贸往来始终维持平等交换的关系，中国主要出口商品，而沿线国家主要输出原材料。近代资本主义兴起后，原本平等的国际贸易关系发生了改变，在发达国家主导的贸易规则中，发展中国家只能充当商品倾销地，并为发达国家提供原材料。改革开放后，中国加入世界贸易组织，进入了国际经济体系。中国向世界输出的是"中国制造"的产品，需要引进的是大量的资源和能源。"一带一路"的推出标志着中国对外经贸合作进入了新阶段。除了继续加强南南合作外，"一带一路"还在一定程度上对中国与发达国家之间的关系进行改善，重新开打南北合作的局面。

总而言之，中国的"一带一路"倡议统筹了国际和国内两个大局，继承了古代丝绸之路的平等合作精神，展现了时代的新意。随着综合国力的不断增强和发展方式的逐步转变，中国正在创造新型对外开放模式，构建新型开放格局，为新型国际关系的实现提供"中国方案"。

三 全球治理领域的"共赢合作"

随着全球生产力的发展，生产方式开始向互惠共赢转变，从而促进了"共赢合作"型文化模式的产生。近年来，中国的综合国力迅速提升，已成长为仅次于美国的世界第二大经济体，对国际和地区事务的影响力与日俱增。经济的发展、国力的提升大大增强了中国参与全球治理的信心，而较之以往，中国对匹配自身实力的国际地位和话语权的要求更加迫切。改革开放之初，国内经济建设处于优先地位，在对外关系中，我们采取的是韬光养晦的策略。在新的历史方位上，中国的综合国力和国际地位显著提升，国际与国内形势发生了很大的改变，中国与世界的关系面临新的变化。

面对国际社会的期待，中国开始依托国家实力，统筹对外关系，塑造外部环境，并更加广泛地积极参与到国际和地区事务中，为解决各种热点问题、促进区域和全球合作发展发出中国声音、贡献中国智慧、提出中国方案。当前，全球治理体系面临重大调整，国际金融危机的深层次影响继续显现，全球性挑战日益增多，各国面临的发展问题依然严峻。在此背景下，中国有责任为促进全球发展合作、完善全球治理体系提出自己的方案。

习近平在多个场合强调，中国将始终作全球发展的贡献者，坚持奉行互利共赢的开放战略。中国开放的大门永远不会关上，欢迎各国搭乘中国发展的"顺风车"，搭快车也好，搭便车也好，我们都欢迎。① 同时，对中国而言，在全球治理体系变革的历史转折点上，也同样迎来重要的机遇，去争取国际经济话语权、发展主动权、规则制定权等。2015年10月12日，中共中央政治局进行第二十七次集体学习，学习研究全球治理格局和全球治理体制，习近平强调："随着全球性挑战增多，加强全球治理、推进全球治理体制变革已是大势所趋。这不仅事关应对各种全球性挑战，而且事关给国际秩序和国际体系定规则、定方向；不仅事关对发展制高点的争夺，而且事关各国在国际秩序和国际体系长远制度性安排中的地位和作用。我们提出'一带一路'倡议、建立以合作共赢为核心的新型国际关系、坚持正确义利观、构建人类命运共同体等理念和举措，顺应时代潮流，符合各国利益，增加了我国同各国利益汇合点。"②

中国方案所提供的治理方式，对全球治理领域的"共赢合作"具有显著的促进作用。美国著名地缘政治学家布热津斯基在《大失控与大混乱》一书中做出预言，他认为中国的发展如果成功，即使不从意识形态角度宣传其模式，许多发展中国家也会趋之若鹜的。③ 与此同时，中国的非西方背景和有别于西方的政治、社会组织形式，对广大发展中国家具有天然的吸引力，因此在非洲、拉丁美洲、东亚和阿拉伯世界吸引了众多追随者。④

（一）中国治理方式的魅力

经济危机后，中国的经济治理方式吸引了全世界，特别是发展中国家

---

① 习近平：《在亚洲基础设施投资银行开业仪式上的致辞》，《人民日报》2016年1月17日；习近平：《守望相助，共创中蒙关系发展新时代——在蒙古国国家大呼拉尔的演讲》，《人民日报》2014年8月23日。
② 《推动全球治理体制更加公正更加合理为我国发展和世界和平创造有利条件》，《人民日报》2015年10月14日。
③ 〔美〕兹比格涅夫·布热津斯基：《大失控与大混乱》，潘嘉玢、刘瑞祥译，中国社会科学出版社，1994。
④ Stefan Halper, *The Beijing Consensus: How China's Authoritarian Model Will Dominate the Twenty First Century* (Basic Books, 2010).

的目光。经济危机引发了人们在历史和现实层面对社会主义制度和资本主义制度,以及在两种制度主导下对不同发展模式的思考。英国《卫报》网站刊文称"随着全球金融危机的发展,没有什么比中国与美国和欧洲之间的对比更鲜明的了"。美国《时代》周刊网站文章则称:"全球经济衰退暴露出的最大讽刺之一就是,共产党统治的中国在处理资本主义危机时表现得可能要比民主选举出的美国政府更好。"①

国外学者认为,中国的经济政策独具特点,既由国家主导,又自由开放,因而发展动力十足。哈尔珀是剑桥大学资深研究员,也担任华盛顿智库尼克松中心的研究员,他认为,中国正以"增长迅速""(社会)稳定""市场独裁"的治理方式转变亚洲经济增长方式,中国模式深受第三世界国家的推崇。他将中国的经济政策称为市场权威主义,认为这种发展模式正对世界产生巨大的影响,它有两个突出的特点:一是虽然仍保留强烈的国家干预色彩,但基本上实行自由开放的经济政策,允许私营部门发展;二是权威制度继续存在,执政党仍牢牢控制政府、法院、军队及信息传播系统和过程。哈尔珀指出:"在市场民主和自由、市场权威和高增长、稳定、生活水平提高,以及有限制的言论自由之间,大部分发展中国家和中等大小的非西方国家可能都会更倾向于选择市场权威主义。"② 美国的奥克姆研究所发表题为《中国真的提供了一种经济替代模式吗?》一文,认为其他国家可以学习中国道路的经验。西方自由市场式的经济模式由于经济危机的影响备受质疑,而中国的中央计划经济体制行之有效,其经验可以为广大发展中国家提供借鉴。③ 美国《新闻周刊》的评论文章也认为,正是因为务实的领导人着眼于缓慢但稳步的自由市场转型,中国才能在全球经济危机期间运转良好。国家发挥着强大的干预和稳定作用,形成了一种"指令性资本主义"。这种指令与控制型体制在经济衰退时实际上比其他市场体系更

---

① 《国际舆论聚焦中国全面深化改革开放:增添软实力》,《人民日报》2013年11月11日。
② Stefan Halper, *The Beijing Consensus: How China's Authoritarian Model Will Dominate the Twenty First Century* (Basic Books, 2010).
③ Ockham Research, *Does China Truly Offer an Alternate Economic Model*, Dec. 24, 2008, http://seekingalpha.com/article/112205-does-china-truly-offer-an-alternate-economic-model.

为有效。①

中国的经济发展道路不仅促进经济的快速增长，还能够提高人民的生活水平。当今世界，多数发展中国家和多数人口的发展问题并不能通过简单的市场化来解决。相比之下，中国模式却解决了这一问题。针对这一现象，美国双月刊杂志《国家利益》刊文指出："中国共产党通过以往许多政权无法做到的方式改善人民的生活，让中国这列火车保持快速和准点运行。"② 《毛式经济学》一书的作者、意大利经济学家纳波利奥尼也认为："中国共产党的经济模式已经战胜了西方体系，比其他任何模式都更能保障经济增长和人民生活水平的提高。"③

在全球化进程中，中国方案显然更具有普遍的适应性。在纳波利奥尼看来，中国共产党比西方国家的统治集团更加适应今天全球化的经济发展，这正是因为中国共产党自身高度的适应性。另外一些学者持续研究东欧和亚洲的共产主义政体，写成《为什么共产主义没有崩溃：了解亚洲和欧洲权威整体的适应力》一书。该书不仅研究了中国、越南、老挝、朝鲜和古巴五个传统社会主义国家，还研究了包括东欧和蒙古在内的于1989～1991年解体的10个共产主义政体。其研究内容涵盖经济适应性、意识形态适应性、对潜在的对手竞争机制的适应性，以及对全方位立体问责制度的适应性。该书强调制度适应性，认为如果一个整体自身不再能适应变化，那么领导层一次偶然的选择和反应迟缓都可能导致政权奔溃。④

（二）中国政治治理体制的优越性

中国与西方国家发展道路完全不同，中国政治治理体制具有优越性，中国方案是对西方模式，特别是对西方政治体制的超越与挑战。站在西方学者和观察家的角度，根据西方的历史和政治经验，他们很难理解中国政治体制的运行，也无法理解中国模式能够取得普惠全体人民的结果。改革

---

① Rana Foroohar, "Why China Works," *Newsweeks*, 1 (2009).
② 姜加林：《世界视角下的中国道路》，《求是》2013年第11期。
③ Sebastian Heilmann, Elizabeth J. Perry, *Mao's Invisible Hand: The Political Foundations of Adaptive Governance in China*, Cambridge, Mass: Harvard University Asia Center: Distributed by Harvard University Press, 2011.
④ Martin K. Dimitrov, *Why Communism did not Collapse: Understanding Authoritarian Regime Resilience in Asia and Europe* (Cambridge University Press, 2013).

开放以来,中国在多个领域取得了举世瞩目的成就。西方国家震惊于中国在处理地震灾难、举办奥运会、应对全球经济危机等重大挑战时所展现出来的强大动员力和组织力,而中国独具优越性的政治体制也越来越得到西方学者的承认与羡慕。2014年10月,《当中国统治世界》的作者雅克为英国《金融时报》撰文,肯定了三十多年来中国治理方式所取得的成绩,认为正是在这种制度下,中国进行了现代历史上最伟大的经济改革。中国政府非常有能力,能够以战略眼光思考问题,同时也是务实和敢于尝试的。这个政府让中国人民生活水平快速提高,得到了群众的广泛支持。中国大规模的经济转型进程将持续下去,甚至或许会更加令人叹为观止。[1] 美国布鲁金斯学会外交政策研究项目高级研究员、华盛顿大学中国政策研究中心主任沈大伟在《中国共产党:精简和适应》一书中指出,中国共产党在政治领域也在向国外取经,把国外的先进经验与中国实际相结合。因此,中国的政治体制正在逐渐变成一种统一的混合体制。中国像一棵树,根是中国文化,主干是中国特色,各个枝干是借鉴其他国家的先进经验。这种体制非常有适应力和弹性,也有很大的发展潜力。[2] 沈大伟认为,脱胎于传统列宁主义、共产主义、苏联模式的中国共产党现在已经融合了一些现代因素,虽然还带有苏联列宁主义的某些痕迹,但其党内民主和基层民主也正在茁壮成长;中国共产党既强调儒家学说的"贤人政治"理念,又强调现代的善治理念。这样的政治发展经验可供朝鲜、老挝、越南和古巴等列宁主义政党国家借鉴。[3]

在民主政治方面,中国方案的目标、社会要求与发展中国家更为接近。乔治·华盛顿大学国际事务学院院长哈丁通过对中式民主与西方民主的比较研究,认为中国模式是对西方民主的超越。他进一步指出,发展、稳定和人权是第三世界国家民主政治的主要目标,三者之间需要保持某种适当的平衡。与美国强调保障人权为优先的目标不同,中国对人权的定义要比美国宽泛得多,除了个人权利、经济和社会权利、政治和公民权利之外,

---

[1] Martin Jacques, "The Myopic Western View of China's Economic Rice," *Financial Times*, 10 (2014).

[2] David Shambaugh, *China's Communist Party: Atrophy and Adaptation* (University of California Press, 2008).

[3] David Shambaugh, *Is there a China Model?* http://debate.chinadaily.com.cn.

还包括集体人权。① 持相似观点的还有奈斯比特,他认为,虽然目前西方国家仍处于领先地位,但中国已经逐步成长为它们在全球市场上的强大竞争对手。与美国在二百多年前创造了符合自己社会要求的民主体制一样,中国正在创造一种符合自己历史和社会要求、与美国现代民主相抗衡的政治体制。中国模式对西方的影响日益增大,很有可能构成对西方民主治理方式的一种真正挑战。② 雅克则强调了中国这种治理方式的借鉴意义,认为一些西方人对自身制度在当代适应性的理解存有偏差。他认为中国的治理制度是非常成功的,是世界必须学习的。随着西方的衰落,一些人预测,到2030年,中国经济产出可能占到全球产出的1/3,经济规模达到美国的2倍。到那时,美国的实力将一落千丈。这势必影响美国民众对本国政治精英和政治制度的看法。③ 东欧剧变、苏联解体后,曾经宣称西方资本主义自由民主制度已经战胜了其他与之竞争的一切意识形态的福山,在2009年9月的日本政论杂志《中央公论》上发表了一篇题为《日本要直面中国世纪》的专访。文章认为,中国发展模式的价值内核源于延续几千年的政治传统——"负责任的权威体制",即强大的中央集权国家、国家机器和军队由中央政府掌握、高度的行政官僚体制、政治对人民负责等。现在,这种政治传统和现实模式受到越来越多发展中国家的管制。在印度"民主"模式和中国"权威"模式之间,更多国家钟情于中国模式,前者代表分散和拖沓,后者代表集中和高效。福山认为,客观事实证明,西方的自由民主可能并非人类历史进化的终点。随着中国的崛起,所谓"历史终结论"有待进一步推敲和完善,人类思想宝库需为中国传统留有一席之地,中国亦需在自身发展进程中实践民主法制的理念。世界需要在多元基础上实现新的融合。④

---

① "Debating China's Future," *China Security*, 3 (2008).
② 参见〔美〕约翰·奈斯比特、〔奥〕多丽丝·奈斯比特《中国大趋势:新社会的八大支柱》,魏平译,吉林出版集团、中华工商联合出版社,2009,第1~8页。
③ Martin Jacques, "The Myopic Western View of China's Economic Rise," *Financial Times*, 10 (2014).
④ 《中央公论杂志专访福山:日本要直面中国世纪》,http://www.china.com.cn/international/txt/2009-08/20/content_18368184.htm,最后访问日期:2017年8月20日。

(三) 互利共赢的中国经济治理方案

开放带来进步，封闭必然落后。在经济全球化向纵深发展的背景下，依托本国比较优势，积极参与国际分工，提高开放型经济水平已经成为一个国家提升全球竞争力和影响力的战略举措。中国近40年改革开放和加入世界贸易组织十余年来的跨越式发展充分证明了对外开放的必要性。开放型经济已经成为"中国道路""中国模式""中国方案"的显著标签。以开放促改革、促发展、促创新是新形势下进一步提高开放型经济水平和质量、推动经济社会可持续发展的有效举措，对提高我国的国际竞争力和影响力发挥着重要的作用。

把坚持独立自主同参与经济全球化相结合，是我国巩固和发展社会主义的十大宝贵经验之一。全面提高开放型经济水平，适应经济全球化新形势，必须实行更加积极主动的开放策略，完善互利共赢、多元平衡、安全高效的开放型经济体系。这体现了中国实施更加积极主动和互利共赢的开放战略，顺应了中国积极适应经济全球化的大趋势，对我国站在新的历史起点上，进一步扩大对外开放，实现经济社会的持续发展具有重大的意义。

首先，所谓互利互赢，就是相互合作，共同发展。互利共赢符合世界各国的根本利益，是中国所倡导的处理国际经贸关系的基本准则。要向世界推出互利共赢的行为准则，中国必须主动承担国际责任，寻找世界各国利益的共同点。互利共赢不仅是基本的行为准则，更是中国坚定奉行的开放战略。这一战略要求我们一方面要在广泛的国际合作中获利，赢得自身的发展；另一方面要以自身的发展维护世界和地区的稳定，促进共同发展。当前，国际市场与国内市场的联系日益紧密，为了更好地参与更大范围和领域更高层次的国际经贸事务，利用对外开放的契机促进国内的改革，必须坚持互利共赢的开放战略，牢固树立全球意识，不断转变经济增长方式，扬长避短，趋利避害，进一步提高对外开放的水平，在自身发展的同时，不断促进世界其他国家的共同发展。和平发展的中国道路需要互利共赢的开放战略，而互利共赢的中国方案将有利于壮大维护世界和平、促进共同发展的力量。总之，中国的发展必须融入世界的发展，中国的发展离不开世界，世界的发展也离不开中国。贯穿互利共赢精神的中国发展模式，为人类社会和世界历史的发展进步提供了可供借鉴的方案。

其次，所谓多元平衡，就是要在对外开放中坚持统筹协调，注重良性互动，实现多元、平衡发展。当前，世界经济持续低迷，国际市场消费疲软，这使得推进经济体系多元化和平衡化具有重大的现实意义。既要提升制造业开放层次，又要扩大服务业和农业开放；既要实现引资多元化，又要重视出口市场多元化；既要巩固发达国家传统市场，又要开拓发展中国家新兴市场；既要积极参与国际分工，又要进行自主创新；既要进一步提升沿海开放水平，又要加快发展内陆沿边地区。总之，就是通过多元平衡，不断增强开放型经济发展活力与动力。

最后，所谓安全高效，就是在开放型经济发展过程中，转变发展方式，培育自身优势，提高综合效益，增强抵御外部冲击和国际风险的能力。要实现安全高效，就要进一步完善社会主义市场经济体制。通过对外经济管理体制的改革，建立统一高效的对外开放决策、协调、管理与评估机制，以及对外经贸促进体系下的风险防范机制，提高风险防控水平。要充分认识到，中国的开放是以维护国家主权、安全和发展利益为出发点进行自主开放。[①] 因此，要做好战略谋划，加强外交互动，维护本国利益，保障经济安全。在参与国际经济活动的过程中，要提高经济安全监测、预警能力，以及危机反应和处理能力，在提升对外开放经济效益的同时，维护国家经济安全。

从改革开放之初的发展外向型经济到发展开放型经济，再到完善开放型经济体系，提高开放型经济水平，中国的对外开放走过了不寻常的发展历程。一路走来，党中央对改革开放的认识不断深化，理论不断丰富。开放型经济体系是社会主义市场经济体系的重要补充，两者相辅相成，浑然一体，为互利共赢的中国经济治理方案打下基础。

从"拓展对外开放的广度和深度，提高开放型经济水平"到"全面提高开放型经济水平"，全党和全国人民已经在经济发展领域达成共识，那就是全面加速发展开放型经济。这是加快完善社会主义市场经济体制和加快转变经济发展方式的重要途径。从"完善内外联动、互利共赢、安全高效

---

① 陈德铭：《完善互利共赢、多元平衡、安全高效的开放型经济体系》，《人民日报》2012年12月4日。

的开放型经济体系"到"完善互利共赢、多元平衡、安全高效的开放型经济体系",中国开始更加立体地构建开放型经济体系,强调不断增强开放型经济发展的平衡性、协调性和可持续性。习近平多次强调,中国要坚持改革开放不动摇,中国越发展,就越开放。党的十八届三中全会对在新的历史起点上全面深化改革做出重要部署,必将推动社会主义的中国方案产生更加重大而深远的影响。全会通过的《中共中央关于全面深化改革若干重大问题的决定》指出:"适应经济全球化新形势,必须推动对内对外开放相互促进、引进来和走出去更好结合,促进国际国内要素有序自由流动、资源高效配置、市场深度融合,加快培育参与和引领国际经济合作竞争新优势,以开放促改革。"① 这为今后一个时期继续扩大对外开放,全面提升开放型经济水平,提供了互利共赢的"中国方案"。

四 "人类命运共同体"的世界历史意义

马克思说:"为了进行生产,人们相互之间便发生一定的联系和关系;只有在这些社会联系和社会关系的范围内,才会有他们对自然界的影响,才会有生产。"② 人类社会文化发展进步的前提是生产活动和交往实践。而人类的普遍交往恰恰以资本的交往为基础,"只有随着生产力的这种普遍发展,人们的普遍交往才能建立起来;普遍交往,一方面,可以产生一切民族中同时都存在着'没有财产的'群众这一现象(普遍竞争),使每一民族都依赖于其他民族的变革;最后,地域性的个人为世界历史性的、经验上普遍的个人所代替"。③ 最终,"各个相互影响的活动范围在这个发展进程中越是扩大,各民族的原始封闭状态由于日益完善的生产方式、交往以及因交往而自然形成的不同民族之间的分工消灭得越是彻底,历史也就越是成为世界历史"。④

中国始终高举和平、发展、合作、共赢的旗帜,恪守维护世界和平、

---

① 《中共中央关于全面深化改革若干重大问题的决定》,《人民日报》2013年11月16日。
② 《马克思恩格斯选集》第1卷,人民出版社,1995,第344页。
③ 《马克思恩格斯选集》第1卷,人民出版社,1995,第86~87页。
④ 《马克思恩格斯选集》第1卷,人民出版社,1995,第88~89页。

促进共同发展的外交政策宗旨，坚定不移在和平共处五项原则基础上发展同各国的友好合作，推动建设互相尊重、公平正义、合作共赢的新型国际关系。

2017年1月18日，应联合国秘书长古特雷斯邀请，习近平访问联合国日内瓦总部。日内瓦，这一世界多边外交的重要舞台至今保留着令人动容的中国记忆。1954年中华人民共和国成立不久，周恩来总理率领中国代表团出席日内瓦会议，在世界外交舞台上首次发出中国的声音。60多年后的今天，当中国再次步入世界舞台的中心，身份已经从国际治理体系的旁观者变成了建设者、贡献者和引领者。

在万国宫发表主旨演讲时，习近平用一段充满瑞士特色的比喻，向世界诠释携手探索人类共同命题的必要性和可行性。他说："我第一次得到一把瑞士军刀时，我就很佩服人们能赋予它那么多的功能。我想，如果我们能为我们这个世界打造一把精巧的瑞士军刀就好了，人类遇到什么问题，就用其中的一个工具去解决它。我相信只要国际社会不懈努力，这样一把瑞士军刀是可以打造出来的。"①

习近平亮出中国主张，推动经济全球化向开放、包容、普惠、平衡、共赢方向发展，为世界经济发展指明正确方向，影响力旋即传向整个世界。英国《金融时报》一篇文章这样评述2017年初达沃斯小镇迎来的中国时刻："如果现在大家要想想，自己应该走哪条路，未来在哪里，那么就请看一看中国。"宇宙只有一个地球，人类共有一个家园。社会主义的"中国方案"连通起人类的梦想，拨动着世界的心弦。

如何推动全球治理体系向更加公正合理的方向前行，如何为促进世界和平与发展凝聚更多力量，构建人类命运共同体、实现共赢共享的中国方案，给世界带来了希望。中国古人说："善学者尽其理，善行者究其难。"构建人类命运共同体是一个美好的目标，需要一代又一代人共同而不懈的努力才能实现。时代赋予了中国外交新的历史使命，中国正在用实际行动推动着这些目标的实现。

---

① 《习近平主席在联合国日内瓦总部的演讲》，新华网，http://news.xinhuanet.com/world/2017-01/19/c_1120340081.htm，最后访问日期：2017年12月5日。

第七章 "中国方案"与人类命运共同体

党的十八大以来,中国紧扣时代命题,创新全球治理理念和实践。面对深刻变化的国际形势和日益突出的全球性问题,习近平提出了全球治理观、新安全观、新发展观、全球化观等一系列新理念、新主张。正如习近平指出,中国发展得益于国际社会,中国也为全球发展做出了贡献。近五年来,中国对世界经济增长的贡献率保持在30%左右,中国创造惠及世界,对外投资显著跃升,消费市场不断扩大,国际合作日益深化。未来5年,中国还将进口8万亿美元的商品,吸收6000亿美元的外来投资,中国对外投资总额将达到7500亿美元,出境旅游将达到7亿人次。中国将与世界各国共同发展,创造更多机遇。

辩证唯物主义认为,整体是指事物的各内在要素相互联系构成的有机统一体及发展的全过程,部分是指组成有机统一体的各个要素。整体包含局部,局部离不开整体,局部离开整体功能就无法得到发挥。作为世界的重要构成部分,中国的发展离不开世界。一方面,世界大发展为中国的发展提供机遇和空间;另一方面,中国的发展又反过来促进了世界的发展。因此,世界梦连接着中国梦,中国梦的实现将推进世界梦的实现。正如习近平所说的那样,我们生活在同一个地球村,应该牢固树立命运共同体意识,顺应时代潮流,把握正确方向,坚持同舟共济,推动亚洲和世界发展不断迈上新台阶。20世纪80年代以来,全球化浪潮席卷世界。经济全球化、政治全球化、文化全球化一度被视为发展中国家走向现代化的必由之路。然而,现实却让人们头脑中的想象幻灭了。30余年来,全球化非但没有带动发展中国家的现代化,反而使发达国家更强,使落后国家更弱,加剧了全球经济发展的不平衡,造成了日益悬殊的贫富差距,助长了世界文明冲突。人们开始认识到,全球化是把名副其实的双刃剑。

当今世界依然呈现出多方面的矛盾和冲突。一是全球经济失衡的矛盾加剧。2008年爆发的金融危机使全球经济从繁荣的峰巅迅速跌至危机的低谷,以金融危机为分水岭,国际经济比例开始严重失衡。一方面,以美国为代表的发达国家依托科技实力,开始"去工业化",逐渐放弃实体经济,转而发展金融和知识服务;另一方面,广大发展中国家科技依附性强、经济实力弱,金融市场不健全,尚需大力发展工业和制造业,依靠输出产品而获得贸易顺差;此外,那些资源输出国,例如俄罗斯、沙特和巴西纷纷借助全球能源价格的上涨，坐享经济全球化的红利。在表面的和谐下，全球经济的弊病却在日积月累。利益分配的不均、运行规则的不合理、生态环境的破坏、能源价格的飙升等问题导致经济全球化的危机不可避免。如何克服这一危机？社会主义的中国方案是实施以"一带一路"为代表的经济新战略，推进开放型经济体系建设，促进经济结构升级转型，建设共同市场，创造发展机遇，最终实现国际经济增量的再平衡。

二是世界贫富差距的矛盾加剧。透过危机的表象可以发现，全球经济失衡的实质在于经济全球化所导致的贫富差距持续扩大。在经济全球化规则下，国家间的贫富悬殊是国际市场的自由竞争所引起，而国内市场的自由竞争又造成了社会阶层间的贫富两极分化。当前，贫富差距的日益悬殊已经成为一个全球性的问题。生产力水平的差异和现行国际经济秩序和规则的不合理、不公正是世界贫富差距扩大的主要原因。众所周知，西方发达国家不仅掌握经济全球化的话语权，还制定相关游戏规则，因而在全球财富分配过程中，西方发达国家就成了实际的最大受益者。社会主义的中国方案认为，要解决世界贫富差距问题，关键在于构建以合作共赢为核心的新型国际政治经济新秩序，从制度安排的角度入手，逐步解决国际政治经济不公的问题。

三是文明冲突的矛盾加剧。工业文明由西方发达资本主义所催生，由经济全球化所推动和引领。西方文明必然要在此过程中占据强势地位，制定对资本主义发展有利的规则与标准，以便占据全球的财富。西方国家在全球化进程中以领导者自居，以西方的价值观念衡量现实问题。在西方文明的视角下，发达国家与发展中国家间的矛盾是一种文明的冲突，塞缪尔·森·亨廷顿所提出的"文明冲突论"恰恰迎合了西方社会的需要，将世界其他文明看作竞争对手和假想敌。然而，文明之间会有矛盾，但不一定必然走向冲突和对抗，完全可以通过对话、交流、互鉴、包容和融合等方式化解所谓的"文明冲突"。正如习近平所指出，文明因交流而多彩，文明因互鉴而丰富。交流和互鉴是推动人类文明进步和世界和平发展的重要动力。

在全球化呈现出多方面的矛盾和冲突的当今时代，中国正积极参与全球经济新规则的磋商，为构建更为公开、公平、公正、平等的国际经济秩序而努力。2013年，习近平在出访中亚和东南亚国家期间，先后提出共建

"丝绸之路经济带"与"21世纪海上丝绸之路"两项重大倡议。2015年，中国政府制定并发布《推动共建丝绸之路经济带和21世纪海上丝绸之路的愿景与行动》。中国的"一带一路"倡议，不仅仅是深化对外开放的重要举措，更是对国际合作以及全球治理新模式的有益探索，它符合世界各国人民的共同利益和价值诉求，也彰显了人类社会对共同理想和美好生活的向往与追求。总之，当今世界格局正在加快演变，要让世界实现和平、永续的发展，各国必须摒弃冷战的旧思维，积极树立"双赢、多赢、共赢"的国际合作新理念，推动建立以合作共赢为核心的新型国际关系，共建人类命运共同体，共享人类文明发展成果。

当前，人类文明的发展正进入新阶段。自18世纪工业革命以来的短短两百多年里，人类社会的发展超过了几千年的农业文明时代，人类创造了巨大的物质财富。然而，科技革命在为人类带来财富和繁荣的同时，也给人类带来了灾难——资源短缺、环境污染日益严重，震惊世界的公害事件频频出现，工业文明陷入严重的危机之中。这种危机既突出地表现在人类与自然的关系中，也尖锐地表现在人类社会自身的关系之中。人类不得不对工业文明进行深刻的反思，并探索建立新的文明形态。在人类新文明的发展道路上，中国提出了很多新理念、新战略、新主张和新举措，建构了人类文明的新范式。中共十八大提出了"五位一体"的生态文明建设战略，十八届五中全会又提出了绿色发展的新理念，从而开辟了具有东方智慧的人类文明新道路。绿色发展是坚持可持续发展，我们要坚定走生产发展、生活富裕、生态良好的文明发展道路。

在整个人类文明发展史上，工业文明是一个不可缺少的重要阶段。以中国为代表的广大发展中国家要现实现代化，就必须先实现工业化。鉴于传统工业化道路所暴露的弊端难以消除，发展中国家显然不能再效仿西方发达国家的工业化模式。当历史的车轮已经驶入后工业文明时代，人们开始探索有效方案，以消除工业化造成的人与自然相对立、人与人相对立的现象。人们憧憬在未来回归生命的本真，实现人与自然的平衡与协调，建设物质与精神、技术与人文和谐共生的文明社会。要实现这一具有世界意义的美好目标，不仅需要日新月异的科学技术，还需要人类古老文明的智慧。在世界探索新型工业化道路的实践中，中国正成为积极的探索者和先行者。中国方案注重挖掘中国传统文化的思想精髓,并赋予它们时代价值,为世界文明化解人与人、人与自然的冲突贡献东方智慧。

"中国方案"认为,当今世界的发展潮流和趋势,就是利用区域共同市场来为发展创造新契机,构建人类命运共同体。

首先,形成区域共同市场。区域共同市场并不是新鲜事物。早在1958年,欧洲共同市场成立,这个区域共同市场在原欧洲煤钢联盟基础上建立,是二战以来的第一个区域共同市场;1967年,东南亚国家联盟市场建立,参建国有印度尼西亚、泰国、新加坡、菲律宾、马来西亚;1994年,北美自由贸易区成立,参建国有美国、加拿大和墨西哥;2002年,非洲联盟成立,参建国有非洲的54个国家。区域共同市场是与全球化相向而行的,众多区域合作组织的出现不仅无碍全球化,甚至会对全球化进程起到推动作用。在未来,互助互利的共同体是区域共同市场的高级形态,在共同体中,各个国家和地区可以共同发展、共促繁荣。当前,中国正在加强与周边的国家如俄罗斯,中亚、东盟各国的交往与合作,"一带一路"倡议的提出使这种交往与合作更加紧密,无论是通过陆上丝绸之路还是海上丝绸之路经济带,中国都可以实现与世界的互联互通。为促进区域经济一体化,中国还要通过"一带一路"统筹构建陆海互联、东西互惠的全方位开放新格局,通过新一轮产业升级,打造区域共同市场。

其次,应对后全球化时代的挑战。今日的全球化不同于以往,全球化的模式已经发生变化,后全球化时代已经来临。对发展中国家来说,打造多个国家共同创造、共同享有的区域经济新架构正当其时。中国应通过"一带一路",与沿线国家共同建设国际经济合作新通道,实现基础设施的互联互通。在此基础上,把区域间的能源资源合作推进至新的水平,在教育、科技、文化、旅游、卫生、环保等领域加强合作,推动世界向多极化发展。为应对后全球化时代的挑战,中国还应发挥大国作用,承担大国责任,整合区域产业链,建立区域利益共同体和命运共同体,使世界各国实现政治互信、经济融合、文化包容,在经济社会领域互助互利,共谋发展。

最后,构建人类命运共同体。当今时代,世界各国的利益和命运更加紧密地联系在一起,形成了你中有我、我中有你的命运共同体。但与此同时,国际经济秩序仍以促进自由贸易为基本特征,各国政府的政策因缺乏统筹而不利于共同体的构建,当原有的国际治理机制的平衡被打破,国际社会陷入纷争与困扰,人们不知道出路在哪里。事实上,当今世界的问题早已不是一国或少数几国就能应对的,世界各国只有通力合作,才能解决人类所共同面临的问题。面对机遇和挑战,同住地球村的世界各个民族,都应具有命运共同体意识,共建人类命运共同体。打造人类命运共同体是具有前瞻意义的理念,它符合联合国宪章精神,符合中国的国际秩序观,符合国际关系新走势。少数一部分人的文明进步,并不能代表整个人类文明的进步,只有全人类打破民族与宗教的隔阂,消除不必要的纷争和冲突,团结互助,风雨同舟,才能实现和平发展与合作共赢,从而把握人类的命运走向。在人类命运共同体中,世界各国都能收获发展与繁荣,世界经济、科技、文化成果可以为所有国家所共享,自由、公平、包容的国际政治经济新秩序也就建立起来。中国所提出的"一带一路"倡议,可为人类命运共同体的建设开辟路径,并提供重要的支撑。在中国政府所倡导的命运共同体意识指引与影响下,中国与周边国家和地区正在加深基础设施的互联互通,以及经贸、人文领域的互利共赢,中国与"一带一路"沿线国家一道,正在形成一个不可分割的命运共同体。

可以说,人类命运共同体不仅是"一带一路"的建设目标,也是事关中国国家前途和道路的重大战略选择。人类命运共同体的主要内涵包括三个层面:一是利益共同体,二是情感共同体,三是责任共同体。人类命运共同体这一战略构想不仅反映了中国的利益诉求,也考虑到世界各国、各地区的利益与愿望。打造人类命运共同体,就要根据以上三个层面制定方案。一是致力于打造利益共同体,促进中国与沿线国家和区域要素有序自由流动、资源高效配置和市场的深度融合,推动各国实现经济政策协调,实现利益共享均沾,打造开放、包容、均衡、普惠的区域经济合作框架,保障各国人民的根本利益。二是致力于打造情感共同体,将亲、诚、惠、容的理念内化于心、外化于行,与各国加强交流与对话,尊重别国历史与文化,以开放包容的心态促进不同文明的和平共处。三是致力于打造责任共同体,不仅要致力于本国的发展,还要重视对世界的责任。动荡是祸,稳定是福。和平稳定的地区环境是世界发展的基础保障。世界各国应在安全领域应开展广泛而真诚的合作,致力于建设和平、繁荣的责任共同体。

综上所述，完成打造"人类命运共同体"这个任务，道路是漫长的，同时也是曲折的。打造人类命运共同体，是美好的愿景，不可能在一朝一夕实现。因此，要有充分的思想准备和克服困难的决心。我们越是接近世界舞台的中心，就越要始终如一地高举"人类命运共同体"这面旗帜，越要全力以赴地引导国际社会与我们相向而行，共同推动整个世界历史的进程。

参考文献

《马克思恩格斯文集》第1~10卷，人民出版社，2009。

《马克思恩格斯选集》第1~4卷，人民出版社，1995。

《列宁选集》第1~4卷，人民出版社，1995。

《毛泽东文集》第3卷，人民出版社，1996。

《毛泽东选集》第1~4卷，人民出版社，1991。

《邓小平文选》第1~2卷，人民出版社，1994。

《邓小平文选》第3卷，人民出版社，1993。

《江泽民文选》第1~3卷，人民出版社，2006。

中共中央文献研究室编《十八大以来重要文献选编》（上），中央文献出版社，2014。

《改革开放30年重要文献选编》（上）、（中），中央文献出版社，2008。

《十六大以来重要文献选编》（下），中央文献出版社，2008。

《十七大以来重要文献选编》（下），中央文献出版社，2013。

《习近平谈治国理政》，外文出版社，2014。

《习近平总书记系列重要讲话读本》，学习出版社、人民出版社，2016。

〔德〕霍克海默、阿多尔诺：《启蒙辩证法》，渠敬东、曹卫东译，上海人民出版社，2003。

〔德〕黑格尔：《哲学史演讲录》第1卷，贺麟、王太庆译，商务印书馆，1956。

〔德〕海德格尔：《路标》，孙周兴译，商务印书馆，2001。

〔德〕黑格尔：《历史哲学》，王造时译，上海书店出版社，2001。

〔德〕康德：《历史理性批判文集》，何兆武译，商务印书馆，1996。

陈先达：《马克思主义和中国传统文化》，人民出版社，2015。

陈先达：《文化自信与中华民族伟大复兴》，人民出版社，2017。

张允熠：《中国文化与马克思主义》，人民出版社，2015。

叶启绩：《当代中国社会主义意识形态与文化和谐发展研究》，人民出版社，2010。

衣俊卿、胡长栓：《马克思主义文化理论研究》，北京师范大学出版社，2012。

陈学明：《中国道路的世界意义》，天津人民出版社，2015。

耿超：《中国特色社会主义文化自信论》，广西师范大学出版社，2016。

胡海波、郭凤志：《马克思恩格斯文化观研究》，中国书籍出版社，2015。

张小平：《中国特色社会主义文化发展道路研究》，天津人民出版社，2015。

蒋锐、鲁法芹：《社会主义思潮与中国文化的相遇》，山东人民出版社，2016。

魏光奇：《选择与重构——近代中国精英的历史文化观》，中国社会科学出版社，2015。

姚洋：《中国道路的世界意义》，北京大学出版社，2011。

朱志敏：《中国近现代文化与马克思主义中国化》，人民出版社，2016。

章传家、马占魁、赵周贤：《中国自信》，人民出版社，2016。

张造群：《优秀传统文化的当代价值——中国特色社会主义视角的省察》，中国社会科学出版社，2015。

陈纯柱、何关银：《中国道路与中国模式创新研究》，中国社会科学出版社，2015。

李晓元：《文化世界的意义结构——马克思主义哲学中国化向度》，中国社会科学出版社，2017。

陈锦华：《中国模式与中国制度》，人民出版社，2012。

后　记

"踏遍青山人未老，风景这边独好。"

这本小书完稿之际，正值党的十九大胜利闭幕。这一盛会的召开标志着中国特色社会主义进入新时代。近五年来，以习近平同志为核心的党中央科学把握国内外发展大势，顺应实践要求和人民愿望，以巨大的政治勇气和强烈的责任担当，举旗定向、谋篇布局，迎难而上、开拓进取，取得了改革开放和社会主义现代化建设的历史性成就，推动党和国家事业发生历史性变革。

当今中国正处在"两个一百年"奋斗目标的历史交汇期。从全面建成小康社会到基本实现现代化，再到全面建成富强民主文明和谐美丽的社会主义现代化强国，新时代中国特色社会主义的发展战略可谓蓝图宏伟，目标远大。在国内，中国梦和社会主义核心价值观深入人心，爱国主义、集体主义、社会主义思想广泛弘扬，全体人民的文化自信、文化自觉和文化凝聚力不断提高。放眼世界舞台，中国正秉持共商共建共享的全球治理观，积极参与全球治理体系改革和建设，不断贡献中国智慧和力量。

在"中国方案"扬帆起航之际，我的思绪却沿着时光隧道，飞回100多年前。18世纪后期，英国的工业革命、美国的独立战争以及法国的大革命，深刻地改变了人类文明的进程。人类社会的现代化，已成为不可阻挡的历史潮流。随着西方殖民主义的扩张，"三千年未遇之大变局"向中华民族袭来。发生于1840年的鸦片战争是中国历史的一块界碑。100多年来，中国有无数的仁人志士为了救国图存，无时无刻不在寻找各种"方案"，并为之前赴后继。他们何曾想到，今日之中国不仅以崭新的姿态屹立于世界东方，而且还为人类对更好社会制度的探索提供"中国方案"。

恩格斯指出:"一切社会变迁和政治变革的终极原因,不应当到人们的头脑中,到人们对永恒的真理和正义的日益增进的认识中去寻找,而应当到生产方式和交换方式的变更中去寻找。"90余年来,中国共产党领导中国人民以马克思主义理论为指导,坚持独立自主,实现了民族的独立与解放,建立了社会主义制度,实行改革开放,在世界交往中推进社会主义现代化。社会主义的"中国方案"是科学社会主义理论逻辑和中国社会发展历史逻辑的辩证统一,具有鲜明的中国特色、中国风格、中国气派。

当今世界正处于大发展大变革大调整时期,文化等诸领域的机遇与挑战前所未有。习近平同志指出:"独特的文化传统,独特的历史命运,独特的基本国情,注定了我们必然要走适合自己特点的发展道路。"中国道路所提供的"中国方案"继承了源远流长的中华文化,也一定能够在世界民族之林中创造出中华文化新的辉煌。对此我深信不疑。

本书能够得以出版,要感谢东北大学马克思主义学院,感谢社会科学文献出版社。

理论水平和认识能力所限,请读者朋友批评指正。

"不要人夸颜色好,只留清气满乾坤。"

田鹏颖

2017 年 10 月 25 日

图书在版编目(CIP)数据

文化哲学视野中的"中国方案"/田鹏颖,郭辰著.--北京:社会科学文献出版社,2017.12
 ISBN 978-7-5201-1927-6

Ⅰ.①文… Ⅱ.①田…②郭… Ⅲ.①文化哲学-研究-中国 Ⅳ.①G02

中国版本图书馆CIP数据核字(2017)第297884号

文化哲学视野中的"中国方案"

著　　者 / 田鹏颖　郭　辰

出 版 人 / 谢寿光
项目统筹 / 曹义恒
责任编辑 / 刘　荣　吕霞云　岳梦夏

出　　版 / 社会科学文献出版社·社会政法分社（010）59367156
　　　　　 地址：北京市北三环中路甲29号院华龙大厦　邮编：100029
　　　　　 网址：www.ssap.com.cn

发　　行 / 市场营销中心（010）59367081　59367018
印　　装 / 北京季蜂印刷有限公司

规　　格 / 开　本：787mm×1092mm　1/16
　　　　　 印　张：15.75　字　数：248千字
版　　次 / 2017年12月第1版　2017年12月第1次印刷
书　　号 / ISBN 978-7-5201-1927-6
定　　价 / 79.00元

本书如有印装质量问题，请与读者服务中心（010-59367028）联系

版权所有 翻印必究